전남대학교 인문학연구원
HK+가족커뮤니티사업단
시민문화총서 **04**

우리 시대의 가족을 묻다:

인문학과 종교의 대화

전남대학교 인문학연구원
HK⁺가족커뮤니티사업단
시민문화총서 04

류도향 · 오영은 · 정미라 · 최대희 · 추주희 · 한의숭
김상용 · 김정용 · 정규현 · 정영빈 · 최종훈 · 허수정 공저

우리 시대의 가족을 묻다:

인문학과 종교의 대화

전남대학교출판문화원

책이 발간되기까지

인문학연구원은 2018년 〈초개인화 시대, 통합과 소통을 위한 가족커뮤니티인문학〉이라는 아젠다로 한국연구재단 인문한국플러스(HK$^+$) 국가전략 사업에 선정되어, 2024년까지 전국 최대 규모 가족 관련 융복합연구를 수행하고 있습니다.

그러던 중 올해 봄 3월, 천주교광주대교구가 인문학연구원에 '가정사목 공동세미나'를 제안해왔습니다. 반갑고 기뻤습니다. 인문학과 종교 사이에 어떤 대화가 가능할까 마음 한편에는 염려도 있었지만, 강단 바깥에서 소통하면서 우리지역 사목현장의 생생한 목소리를 청취하고 싶었습니다.

가족에 대한 몇 가지 핵심 주제들을 선정한 후에 4월부터 7월까지 일곱 차례의 공동세미나를 개최했습니다. 공동세미나를 하면서 천주교가 헌신해온 가정사목의 역사와 코로나 펜데믹 속에서 종교계의 무거운 고뇌를 이해하게 되었습니다. 인문학은 휴머니즘의 기초 위에서 모든 사람과 모든 존재의 동등한 존중과 상호인정을 지향하는 학문입니다. 이것은 대학의 문·사·철의 분과학문을 지칭하는 말이 아니라, 시대의 고통과 혼란의 중심에서 공동체의 희망을 모으고 더불어 잘살기를 실천하는 모든 지식체계를 포괄합니다. 그래서 인문학이 인문학다우려면 사랑과 나눔을 실천해온 종교와 계속 대화하고 종교로부터 배워야 한다는 것을 새삼 깨달았습니다.

이 책은 총 3부로 구성되어 있습니다. 1부에서는 전남대 인문학연구원 소속 여섯 명의 교수진이 최근 가족의 변화와 시대 흐름을 문학, 사학, 철학, 통계 및 사회학의 관점에서 펼쳐 보입니다. 2부는 천주교광주대교구 사목국 소속 신부님 네 분과 수녀님 한 분, 그리고 광주가톨릭대학교 신부님 한 분의 참여로 성경과 가톨릭 교회에서의 가정 개념을 논의하고, 가정사목이 지나온 역사와 미래 방향성을 탐색합니다. 마지막으로 3부는 이 책의 필진들이 한 자리에 모여 대담한 내용으로 구성되어 있습니다. 가족다양화 현상을 어떻게 이해해야 할지, 낙태나 출산 파업과 같은 사회적 이슈에서 무엇이 문제인지, 가정의 정의와 범위는 어떻게 설정해야하는지… 시의적이고 논쟁적인 주제로 자유롭게 토론한 내용입니다. 여기에는 인문학과 종교의 좁혀지지 않는 입장 차이와 불협화음도 담겨 있습니다.

지역사회에서 학계와 종교계가 이렇게 지속적인 만남을 가져책을 출간한 것은 아주 드문 일입니다. 책이 나오기까지 함께 고생하신 필진 여러분과 교열을 맡아준 조난주 대학원생에게 감사드립니다. 인문학을 환대해주신 천주교광주대교구 식구들과 옥현진 주교님께도 머리 숙여 깊이 감사드립니다.

이 책이 인문학과 종교의 영역에 새로운 화두를 던지기를, 어떤 해답을 찾기보다는 함께 가슴을 맞대고 고민할 문제들을 찾아가는 데 도움이 되길 바랍니다.

2022년 2월

전남대학교 인문학연구원 교수 **류도향**

■ 인문학과 종교의 만남, 그리고 뜻깊은 결실

인문학과 종교 간 만남과 대화의 시작은, '오늘의 가정은 어디에 있으며, 어디를 향해 가고 있는가?'라는 물음에서부터였습니다. 이 물음은 오늘을 사는 인간의 삶에 대한 물음과 별반 다를 바가 없을 것입니다. 인문학이 '인간의 삶과 인간의 물음'에 대하여 답을 찾고 탐구하는 학문이라면, 종교 또한 그런 물음 저편에 놓여 있지는 않습니다. 인문학과 종교가 서로의 차이에도 불구하고, 만나고 대화할 수 있는 까닭입니다.

천주교는 IMF 이후 가족위기 담론이 본격화되던 2005년경부터 '카나혼인강좌', '아버지학교' 등 다양한 가정사목 프로그램을 개발·운영하면서 우리 사회의 현안에 적극적으로 대응해왔습니다. 천주교광주대교구 사목국은 최근 급변하고 있는 현대 가정의 현실 속에서 가정 사목의 방향을 새롭게 점검하고 살펴보아야 했습니다. 오늘의 가정은 어떤 현실에 놓여 있는지, 우리 교회는 가정을 어떻게 동반해야 하는지, 또 본당공동체와 다양한 현장에서 일하고 있는 사목자와 협력자들이 가정을 위해 함께 할 수 있는 것은 무엇인지 깊은 고민이 필요한 시점이었습니다. 우리는 이런 고민을 나누기 위해 전남대학교 인문학연구원에 현대사회의 가정에 대한 공동세미나를 제안하였습니다.

인문학연구원은 우리의 제안을 흔쾌히 수용하여 2021년 4월부터 7월까지 열정과 정성을 다하여 일곱 차례의 세미나를 함께 해주셨습니다. 무엇보다도 류도향 교수님과 최대희 교수님의 강의에서 우리는 인간과 가족, 가정에 대한 전문적인 해석과 더불어 인간과 가족을 바라보는 따뜻하고 열린 시선에 깊이 공감하였고, 우리의 이해 지평을 넓히고 심화하는데 많은 도움을 얻을 수 있었습니다.

가족과 가정에 대한 개념사적, 역사적 이해에서부터 현대 한국 사회에서 압도적인 1인 가구의 현상에 대한 해석, 이민사를 통하여 살펴본 인간의 애절한 자기실현(행복 추구)의 역사, 현대인의 삶의 조건과 미래의 가족과 공동체에 대한 전망 등에 대하여 넉넉히 숙고할 수 있는 계기가 되었습니다. 우리가 함께 했던 숙고와 토론의 여정을 이렇게 책으로 엮어낸 건 매우 뜻깊은 결실이라 생각됩니다.

우리 시대의 징표들, 특히 변화 속에 놓여 있는 가족과 인간 삶의 현실 그리고 그를 둘러싼 특성들을 인식하고, 그에 알맞은 방법과 길을 찾아 인간과 가정의 구원에 협력해야 하는 것은 교회 본연의 과제이며 사명입니다. 이 사명에 기꺼이 함께해주신 인문학연구원의 열린 참여는, 대학이 어떻게 지역사회(교회)의 고민과 현안에 협력할 수 있는지를 보여주는 귀중한 사례가 되리라 의심치 않습니다.

천주교 광주대교구의 가정 사목을 위하여 함께해주신 모든 분을 소중히 기억합니다. 세미나 전 과정 동안 함께해주시고 지지해주신 옥현진 주교님, 전남대 인문학 연구원장 정미라 교수님, 류도향 교수님, 최대희 교수님, 그리고 총서 작업에 함께 참여해주신 한의숭 교수님, 오영은 교수님, 추주희 교수님 그리고 광주가톨릭대학교의 김상용 신부님께도 깊은 감사를 드립니다.

2022년 2월

천주교 광주대교구청 사목국장 **김정용 신부**

■ 차 례

제 I 부

인문학이 바라본 한국가족의 개념과 현실

가족, 가정, 가구에 대한 개념적 접근

가족을 보는 두 개의 창(窓): 제도로서 가족과 삶으로서 가족

통계로 본 최근 한국가족의 변화

코로나 19로 본 가족의 위기와 사회 불평등

21세기 초국적 가족과 '방법론 국가주의'의 극복

인륜적 공동체와 예술종교

가족, 가정, 가구에 대한 개념적 접근

한의숭
(전남대 인문학연구원 교수)

머리말

한국에서 가족은 1960년대에 새롭게 부상하는 인구개념을 통해 포착되면서 인구를 조절하기 위한 통치의 도구로 정치의 전면에 등장했다.[1] 이 점은 한국 사회에서 가족이 산업화의 이행 과정과 맞물려 정치 수단으로 변화하고 적응하였음을 의미한다. 한국의 가족은 전통시대에서 일제강점기를 거쳐 근대 산업화의 시대를 지나는 동안 가족을 중심으로 한 운명공동체적 시각에 입각한 가족주의가 강고하게 자리 잡고 있다. 때문에 가족이 일종의 신화화된 현상에 머물러 있고, 이에 따라 정상가족과 비정상가족이라는 이분법적 사고틀에 매몰되어 있기도 하다. 이러한 인식이 강하게 작동하고 있기 때문에 가족의 다양성이 공론화되거나 인정받을 수 있는 여지는 상대적으로 빈약했다. 이런 측면에서 가족은 겉으로는 별다른 문제가 없는 잔잔한 호

1) 조은주, 『가족과 통치』, 창비, 2018, 272쪽.

수인 것처럼 보이지만 내부에는 작은 돌 하나만 던져도 큰 파장을 불러일으킬 만큼 본질적 문제를 안고 있는 휴화산에 비유할 수 있을 정도이기도 하다.

하지만 오늘날 한국 사회는 가족을 둘러싼 다양한 변화를 경험하고 있다. 가족에 관한 제도로서의 가족은 불확실성이 증가할 것이며, 친밀한 환경을 만들어 가기 위한 과정으로서의 의미가 강화될 것으로 예상된다. 이때 가족의 불확실성이 증가할 것이라는 것은 이혼율 급증, 출산율 감소, 고령사회 진입 등의 인구학적 반란과 더불어 다양한 가족형태가 증가하게 될 것임을 의미한다. 따라서 모든 가족생활 영역에서 과거는 당연시되어오던 것이 이제는 의식적인 선택영역으로 변화하게 되었음을 나타낸다.

특히 한국 사회의 가족 변화에서 흥미로운 현상은 개인적 자유와 자아실현이 결혼과 양육, 부양보다 중요하게 부각되면서 가족이 점차 취약한 제도로 떨어지게 될 것이라는 주장이다. 한국 사회에서 이혼이 늘어나고 비혼자가 증가하며 출산이 줄어드는 현상은 전통적 가족제도가 약화됨과 동시에 다양한 가족형태가 확장되는 것을 의미한다.

그러나 시민의 인식 변화는 가족 형태의 변화 속도를 따라가지 못하고 있다. 예를 들어 변화된 가족의 모습으로 패치워크 가족을 이야기할 때, 아버지와 어머니가 다른 아이들이 하나의 가족을 이루어 한 가정에서 자라는 모습은 우리 사회가 받아들여야 할 자연스러운 가족 변화의 실체로 인정되어야 할 부분에 해당된다. 이들 가족은 여느 가족과 다름없는 가족이며, 공동체의 한 구성원이기 때문이다. 이들 가족은 혈연의 공고함을 뛰어넘어 친밀성에 기반한 정서적 돌봄과 나눔의 실천을 경험한다는 측면에서 가족이란 게 어떠한 가치와 의미를 지향해야 하는지 잘 보여준다. 이들은 불안전한 사회에서 네트워크에 바탕을 둔 실질적 지원을 공유하며 살아간다는 측면에서 다양한 가족의 가치를 증명하는 실제임에 틀림없는 것이다.

이렇듯 한국 사회의 가족을 둘러싼 다양한 변화의 양상은 현 시점에서 우리 주변에 펼쳐지고 있는 삶의 모습으로 기억될 필요가 있다. 가족의 변화는 근본적으로 '과연 가족이란 무엇인가?'라는 의문을 던진다. 그러기 위해서는 가족 개념의 변화상을 돌이켜 볼 필요가 생긴다. 이와 함께 가족과 유사한 의미로 다가오는 가정, 가구의 개념에 대해서도 의미를 점검해 볼 필요가 있다.

가족에 대한 다양한 접근

가족은 사전적으로 부부를 중심으로 하여 그로부터 생겨난 아들, 딸, 손자, 손녀 등으로 구성된 집단을 가리킨다. 혈연관계와는 상관없이 주거와 생계를 같이하는 단위인 가구와 구분된다. 하지만 현대 한국 사회에서 발생한 다양한 가족의 양상을 통해 "가족이란 구성원의 역할과 행위를 둘러싼 환경변화에 맞추도록 조정하는 역사적 구성물이자, 인간관계의 다양한 집합이며, 보편적인 형태를 가지고 있는 고정된 실체가 아님"[2]을 인식하게 된다. 때문에 가족을 둘러싼 용어나 개념, 그리고 학문 분야에서 가족에 접근하는 시각 등이 다양한 스펙트럼을 가지고 있음을 주시할 필요가 있다.

예를 들어 가족에 대한 용어들에 있어서 가족(the family),[3] 가족들(families),[4] 가족 실천(family practice)[5] 이라는 비슷한 듯 미세한 차이를 보이는 개념들이 등장하고 오늘날 가족의 변화 양상을 설명하고 있는 것을 통해 대표적으로 확인할 수 있다.

뿐만 아니라 역사학이나 인류학, 사회학에서 다가서는 가족에 대한 이론적 접근에 있어서도 시각의 차이를 우리는 다음과 같이 확인할 수 있다. 먼저 역사학에서는 가족을 다음과 같이 정리하고 있다.

> 가족은 결혼과 혈연을 통해서 구성된 생활 공동체로서 부모와 자녀를 근간으로 한다는 점에서는 변화가 없었지만, 서구 문화권의 가족의 경우 구성원의 범위, 구성원 간의 내적인 구조, 사회적 기능 등은 경제·정치·종교 등 여타의 제도들과 가족이 맺고 있는 관련성에 따라 역사적으로 변모해 왔다.

---

2) 조앤 월라치 스콧·루이스 A. 틸리 지음, 『여성 노동 가족 - 근대유럽의 여성노동과 가족전략』, 김영 옮김, 앨피, 2021, 30쪽.

3) 거주, 혈연 및 혼인에 기반한 긴밀한 유대, 자녀돌봄 등과 같은 상호 관련된 문제가 경제, 고용, 교육체제와 같은 주요 사회제도와 어떻게 관련되는지 검토하는 것이다.

4) 생활방식의 다양성과 관계를 인정하는 것을 나타낸다.

5) 명사로서 가족에서 동사로서 가족으로 이행하는 것으로 가족의 삶(family lives), 가족생활을 하다(doing family) 등으로 표현된다.

> (중략) 부모와 자녀에 더해 결혼하지 않은 친척들, 그리고 견습공들을 포함하는 가족 형태가 중세 이래로 지배적이었지만, 산업화·도시화 및 중간 계급의 성장과 더불어 공동체 사회로부터 분리되어 부부가 중심이 되는 '근대 가족'이 형성되었다는 것이다.[6)]

이때 근대 가족의 형성 안에서 남성과 여성의 역할이 구분되기 시작하는데, 남성은 부양자로 여성은 어머니, 배우자, 주부로 역할이 구분되면서 여성의 사회적 배제가 뒤따르게 되었다. 때문에 서구 근대 가족의 형성에는 유럽의 자본주의의 발전과 맥을 같이하고 있는 것을 볼 수 있다.

한편 인류학에서 가족은 혼인과 혈연으로 연결된 사람들이 동거 집단을 이루고 동재(동재)를 나누어 갖는 집단을 이루는 것을 말한다.[7)] 특히 가족을 의미하는 단어의 어원과 관련하여 다음과 같은 내용은 가족의 구성원에 대한 접근으로 시작된다.

> 파밀리아(familia)라는 단어는 라틴어에서 비롯되었다. 이 단어는 파물루스(famulis : 하인)라는 단어의 파생어로 로마 시대에 나타났지만, 우리가 보통 그 단어에서 떠올릴 수 있는 어의와는 전혀 부합되지 않는다. "파밀리아는 우선 한 지붕 아래 거주하는 노예와 하인, 그리고 온 가족과 주인을 지칭

---

6) 서울대학교 역사연구소 편, 『역사용어사전』, 서울대학교출판문화원, 2015, 7~9쪽.

7) 이광규, 「인류학에서의 가족연구」, 『가족학논집』 제5권, 1993, 111~127쪽, 재인용.

> 했으며 또한 주인의 지배하에 있었던 안주인과 아이들 그리고 하인을 가리켰다. 파밀리아는 그 의미가 확대되어 아그나티(agnati : 부계친족) 과 코그나티(cognati: 모계친족)을 지칭하게 되었다. 적어도 당시 일상용어에서는 씨족(gens)과 같은 뜻으로 쓰이게 되었다."[8]

가족의 어원과 관련해 그 의미를 생각해보면 한 지붕이라는 공동 거주 공간에 살아가는 구성원 전부를 가리키는 것으로 혈연과 계급을 포함하고 있다. 하지만 이후 가족은 이른바 혈연을 중심으로 한 친족 관계로 범위가 좁혀지게 된다.

한편 사회학에서는 가족을 다음과 같이 정리하고 있다.

> 가족은 특유한 인식·행위 논리를 갖고 독자적으로 사회적 상호작용에 임하는 조합적 행위체(corporate actor), 독특한 양식의 생산·소비·출산·양육·보호·사회화 기능을 하는 사회제도(social institution), 여러 사회집단, 개인, 국가가 지배·저항·타협의 사회적 과정에 활용하는 전략적 통제 기제(control mechanism), 혈연 등으로 묶인 일정 범위의 세대 및 남녀 사이에 경쟁·협력·지배와 같은 상호작용이 발생하는 사회정치적 장(sociopolitical area), 사회관계의 일정한 기초, 범위, 내용, 성격 등에 대한 관습적·사상적·제도적 규정들을 담은 사회이념(social ideology), 일정한 인적구성의 원리에 기초하여 형성된 후 확대, 분리, 축소, 사멸 등의 과정을 거치는 사회조직으로서 매우 복합적인 이론적 성격을 띠고 20

8) 앙드레 뷔르기에르 외, 『가족의 역사』 1, 장철웅 옮김, 이학사, 2001, 21~23쪽.

> 세기 한국 사회의 역사변동과 사회구조에 결정적 영향을 미쳐왔다. 한국인들 스스로가 인정하는 이른바 가족주의 사회로서의 한국은 그 독특한 근대성의 형성과 변화 과정이 사회와 개인 사이의 관계를 매개하는 가족의 복잡 다양한 영향력으로 점철되어 있다.[9)]

이는 한국 사회를 가족주의 사회로 지칭하면서 전통시대에서 일제강점기와 근대 산업화 시대를 거치는 과정을 통해 독특한 모습으로 변화, 진행하는 양상을 주목한 것이기도 하다. 특히 가족은 정치질서, 재산분배의 문제와 관련이 있는데 헤겔이 가족이 소유권의 도입과 연관되어 있다고 언급한 것이나, 엥겔스가 일부일처제 가족은 공동소유질서가 사적 소유질서로 변화하면서 발생한 것, 알튀세르가 부르주아 지배의 재생산을 위한 하나의 이데올로기로 가족을 본 것 등이 대표적인 사례에 해당된다.[10)]

이렇듯 가족을 둘러싼 학문 분과별 논의와 시각은 가족이 가진 역사성을 중심으로 정치사회체계와 긴밀하게 연결되어 시대에 따라 함의가 달라지고 있음을 보여준다. 이는 오늘날 무지개 가족, 비혼 동거, 주말 가족, 패치워크 가족 등 다양한 형태의 가족 모델이 출현하고 있는 것을 통해 확인된다. 특히 다양한 가족의 변화 양상을 통해 가족을 새롭게 모색하는 여정은 우리

---

9) 장경섭, 『가족·생애·정치경제 - 압축적 근대성의 미시적 기초』, 창비, 2009, 317쪽.

10) 김동춘, 『한국인의 에너지, 가족주의』, 피어나, 2014, 34쪽.

사회의 인식 변화 지점과 맞물려 진행되는 것임을 주목할 필요가 있다.

가정의 개념에 대한 이해

가정(Home)은 물리적 공간으로 친밀감, 안착, 소속, 결속, 안정 그리고 사생활과 같은 친족 관계에서의 사회적·정서적 이상을 전하는 곳으로 지칭된다. 가정이란 개념은 물리적, 공간적 장소로 인식되지만, 가족의 일원으로 자신을 생각하는 사람들의 정서적 공감과 소통의 장소라는 의미가 내포되어 있다. 특히 산업화과정에서 가구와 같은 가정에서 일터의 분리를 야기하면서 경쟁적인 공적 세계로부터의 피난처나 안식처로서, 가족과 개인적인 삶을 위해 주요한 물리적이고 정서적인 환경으로 가정을 조망하게 된 점이 중요하다.

하지만 가정 내 구성원들 사이에서는 각자 다른 것을 의미하는 것일 수도 있다. 즉, 가정의 생계를 일정 부분 책임지는 남성과 전업주부인 여성 사이에서 가정은 성역할 임무에 따른 잠재적이고 암묵적인 불평등이 존재하는 장소이기도 하다. 이러한 가정 안에서 구성원들은 서로에게 대한 권력의 행사를 수행하기도 하지만, 연대감이나 안정감 등을 만들어내기도 한다.

특히 구성원들 사이의 돌봄이 일어나는 가장 적절한 공간으로 가정을 주목하기도 하는데, 이때 돌봄을 받는 쪽에 해당되는 아동에게 있어서 가정은 육체적이고 정신적 수행이 구성되는 장으로 중요한 역할을 담당한다. 따라서 특정한 시기에 어떤 집단의 신념과 이상을 통해 가정을 안식처로 이해하는 것이 어느 정도 구성될 수 있다.[11)]

이처럼 가정은 구성원들 사이의 정서적 공감과 소통의 장으로 바라보고 역할을 규정하는 시각이 우세하다. 즉, 육체적 휴식의 장소로 존재함과 동시에 안식, 헌신 등과 같은 구성원들 사이의 정서적 관계성이 중요한 구성 요소임을 강조하고 있는 것이다. 이런 측면에서 본다면 가정은 정서적 교류와 충돌 사이에 빚어지는 구성원들의 관계성이 내밀하게 발현되는 장소로 주목할 필요가 있다.

가구의 개념에 대한 시각

가구(household)의 사전적 의미를 살펴보면 현실적으로 주거 및 생계를 같이하는 사람이나 집단과 세는 단위까지 포괄된 것으로 정리되고 있다. 이는 가구가 가족이 될 수도 있고 그렇지 않을 수도 있는 개인이나 사회적 집단을 포함하는 물리적 구조임을 의미하는 것이기도 하다. 가구는 연관된 사회집단의 특징, 형태, 크기 그리고 그들이 일상생활을 구성하는 방식, 또한 그

11) Jane Ribbens McCarthy, Rosalind Edwards 지음, 『가족학의 핵심개념』, 전영주 외 옮김, 시그마프레스, 2013, 13~17쪽.

들이 거주하는 생활공간의 구조와 경계에 따라 상당히 다양할 수 있다.

예를 들어 한국 사회에서 가장 많은 비중을 차지하고 있는 가구는 1인 가구로, 1인 가구는 한 개인으로 구성되는 것을 의미한다. 이처럼 가구는 사람들이 일상생활 방식을 바꾸고 가족, 친족집단, 공동거주지를 전입·전출하는 것에 따라 유동적이다. 때문에 가구의 개념은 일상적이고 실질적 삶의 형태에 직접적 관심을 둔다.[12)]

따라서 가구는 앞서 가족이나 가정과는 달리 형태를 중심으로 집중하는 양상을 띠게 된다. 오늘날과 같이 가구의 형태가 4인 가족 중심의 가구에서 1인 가구 중심으로 변화하면서 그에 따른 생활 방식 또한 달라지고 있는데, 이러한 것이 삶의 패턴 변화와 연결된다는 점에서 중요하다. 특히 한국 사회에서 주된 가구 형태로 등장하고 있는 1인 가구의 등장은 주거 방식, 식습관 등 생활 전반의 변화를 야기하고 결국 정부 정책의 수립과 수정에까지 연계된다는 점에서 더욱 그러하다. 이는 한국 사회에서 가구란 개인 또는 가족 구성원의 질적 관계에 초점을 맞추기보다 인구 구성과 가구의 형태 변화를 통해 정책 방향과 연동되는 특징을 지닌다. 한국 사회가 인구 감소 및 초고령화 사회로 접어드는 것과 맞물려 주목되는 게 바로 가구라 할 수 있다.

---

12) Jane Ribbens McCarthy, Rosalind Edwards 지음, 『가족학의 핵심개념』, 18~22쪽.

맺음말

지금은 코로나19라는 전염병으로 인해 개인과 가족, 국가의 위기가 전면화되고 있다. 이전까지는 테러와 기후 변화 등과 같은 전지구적 위험이 주목되었으나, 코로나19의 글로벌적 침략에 의해 전지구적 네트워크는 전염병 위기에 대한 대처로 급속하게 빨려들고 있다. 전지구적 위험은 개별 국가에게 위기 관리 능력을 요구한다. 국가의 존재 이유에 대해 강하게 의문을 표시하고 있는 것이다.

위험사회로부터 개인과 시민사회의 안전을 담보해야 하는 책임은 국가에게 있다. 위험 자체를 완전히 없앨 수는 없더라도 일정 부분에 대해서는 관리할 수 있는 것이다. 이에 있어서 중요한 것이 합리적 제도와 정책 설계 및 실천이라는 시스템의 존재 여부다. 그리고 이것은 궁극적으로 개인과 가족에게 직접적인 영향을 끼친다.

이런 점을 통해 가족을 본다면 가족을 둘러싼 가족주의나 가족해체 모두 가족 그 자체가 소중한 가치를 지니고 있는 것임을 의미한다. 특히 우리는 이 가운데 가족 이후의 문제를 돌아볼 필요가 있다. 즉 가족 이후에는 무엇이 오는가? 라는 문제가 그것이다. 이점에 대해 엘리자베트 벡-게른스하임은 다음과 같이 이야기한 바 있다.

> "가족 이후에는 무엇이 오는가?" … 바로 가족이다. 이혼, 재혼, 이론으로부터, 너와 나와 우리 과거 가족과 현재 가족의

> 아이들로부터 생겨난 협상 가족, 교환가족, 다수 가족이다. 가족 이후에 오는 것은 핵가족의 발달이고, 그것의 시간적 진행이며, 개별화된 자들의 연합이고, 핵가족의 약화인 동시에 증대이다. 이러한 현상은 위험사회이자 복지사회인 현 사회 속에서 이와는 대립되는 살만한 세계라고 인식되는 핵가족이 획득한 독점적 지위에서 비롯된다.[13)]

"가족 이후에 무엇이 오는가?"에 대한 답으로 다시 '가족'을 주목한 것은 가족의 해체나 위기라는 구호를 일정 부분 무색하게 만든다. 가족 이후의 가족은 이혼과 재혼과 이혼으로부터 과거 가족과 현재 가족의 아이들이 협상가족, 교환가족, 다수가족을 만들어내는 것을 의미하는데, 개별화된 자들의 연합, 핵가족의 유약화인 동시에 증대로 이해된다.

즉 '연속적 결혼', '다부모 가족', '패치워크 가정' 등의 새로운 가족 형태의 구성은 혈연관계를 중심으로 맺어진 가족 관계를 해체시킨다. 그러면서도 새로운 가족 구성원들 사이의 긴장 관계를 형성시켜 그들 사이에서 좀 더 친밀한 사람들 간의 관계를 생성해 나간다. 이러는 사이에 자연스럽게 혈연관계는 희석화되고 친밀성이 구성원 사이의 관계 형성에 중요한 요소로 자리잡게 된다. 그렇다면 앞서 언급한 새로운 가족 형태들은 이혼과 재혼이라는 기존 가족의 해체라는 부정적 시각에서 파생된 것이나 오히려 그 결과가 가족을 재형성하는 형태로 가족이라는

---

13) 엘리자베트 벡-게른스하임 지음, 『가족 이후에 무엇이 오는가?』, 박은주 옮김, 새물결, 2005, 23~24쪽.

근본을 거부하거나 파괴시키는 것이 아니라는 점에서 중요한 역할을 담당한다.

따라서 가족과 관련된 논의를 통해 가장 주목되는 시각은 가족의 위기나 해체를 부정적으로만 인식할 필요가 없다는 점이다. 이는 다양한 가족 형태에 대한 개인과 사회 전반의 인식 문제와 결부되어 있다. 그렇다면 '가족'의 문제를 고민하면서 '혈연'이라는 전통적 가족 구성 방식의 틀에서 벗어나면서도 우리가 새로운 형태의 가족을 '가족'이라 당당하게 부를 수 있는 '혈연'의 대체제를 마련하는 걸 고민할 필요가 있다.

그러한 대체제를 우리는 오히려 전통적으로 존재한 '人情', '끈끈함', '헌신' 등의 개념을 통해 추려낼 수 있을 듯하다. 왜냐하면 새로운 가족 구성원들은 혈연이 배제되어 있거나 일정부분만 작동하고, 각자 서로 남에서 출발하되 가족이라는 틀로 묶이게 된다. 새로운 가족 안에서 구성원들을 동질감, 일체감으로 묶어낼 수 있는 것들이 바로 정서적 요인으로 거론되는 것들인 것이다. 따라서 가족은 혈연 중심의 사고에서 벗어나 혈연의 대체제로 우리를 가족이란 이름으로 부르는 데 주저함이 없는 도구를 새롭게 발견할 필요가 있다.

■ 참고문헌

김동춘, 『한국인의 에너지, 가족주의』, 피어나, 2014.

서울대학교 역사연구소 편, 『역사용어사전』, 서울대학교출판문화원, 2015.

이광규, 「인류학에서의 가족연구」, 『가족학논집』 5, 1993.

장경섭, 『가족·생애·정치경제-압축적 근대성의 미시적 기초』, 창비, 2009.

조은주, 『가족과 통치』, 창비, 2018.

앙드레 뷔르기에르 외, 장철웅 옮김, 『가족의 역사』 1, 이학사, 2001.

엘리자베트 벡-게른스하임 지음, 박은주 옮김, 『가족 이후에 무엇이 오는가?』, 새물결, 2005.

Jane Ribbens McCarthy, Rosalind Edwards 지음, 전영주·원성희·황경란·양무희·배덕경·송정숙·이복숙·정수빈 옮김, 『가족학의 핵심개념』, 시그마프레스, 2013.

조앤 월라치 스콧·루이스 A. 틸리 지음, 김영 옮김, 『여성 노동 가족 - 근대유럽의 여성노동과 가족전략』, 앨피, 2021.

가족을 보는 두 개의 창(窓)
: 제도로서 가족과 삶으로서 가족

류도향
(전남대 인문학연구원 교수)

들어가며
가족을 어떻게 바라봐야 할까?

모든 앎은 인식의 창(窓)을 통해 생겨난다. 어떤 대상을 접할 때 그것을 어떤 틀에 비춰 바라보느냐에 따라 해석이 달라지기 때문이다. 언어학자 레이코프(George Lakoff)는 모든 인간은 '프레임'에 갇힌 채 살아간다고 말한다.[1] 즉 우리 중 누구도 객관적 사실을 있는 그대로 중립적으로 보지 못하며, 무의식중에 특정한 가치기준이 투영된 사실을 받아들이고 생각한다는 것이다. 쉽게 말해서 프레임은 우리가 세상을 볼 때 쓰는 색안경으로 비유될 수 있다.

가족이라는 대상도 마찬가지다. 우리는 가족 하면 아버지, 어머니, 자녀가 함께 사는 집을 떠올린다. 그리고 이런 이미지를

1) 조지 레이코프, 『프레임전쟁』, 나익주 옮김, 창비, 2007 참조.

통해 가족을 생각하고 가족에 대한 기대와 욕망을 품고 살아간다. 성인이 된 자녀가 결혼하기를 바라는 부모의 마음, 결혼한 부부에게 자녀는 몇이냐고 물어보거나, 이혼한 사실을 주변에 숨기는 사람들의 심리 속에도 부부와 자녀로 구성된 가족 프레임이 자리 잡고 있기 때문일 것이다.

하지만 우리 현실에서 가족을 단일한 프레임으로 이해하기가 점점 어려워지고 있다. 이혼이 흔해졌고 결혼을 선택이라고 생각하는 이들도 증가하고 있다. 또한 결혼을 해도 아이를 낳지 않는 딩크족도 많다. 혼인, 혈연과 무관하게 가족이 될 수 있다고 생각하는 사람들의 수치가 70%에 가까운 조사결과를 보면, 가족에 대한 재정의가 필요해 보인다.2)

2000년대까지만 하더라도 가족의 변화를 심각한 위기로 받아들이는 분위기였다. 가족해체가 심각한 사회 문제로 부상했고, 정부는 <건강가정기본법>을 제정해서 가족을 정상화하는 데 총력을 기울였다. 하지만 1인가구가 폭발적으로 증가한 2015년을 기점으로 가족의 변화가 더 이상 거스를 수 없는 시대흐름이라는 인식이 커지고 있다.3)

---

2) 2020년 여성가족부가 실시한 〈가족다양성에 대한 국민여론조사〉에 따르면 69.7%가 혼인, 혈연과 무관하게 생계와 주거를 공유할 경우 가족으로 인정될 수 있다고 답변했다. 올해 여성가족부는 제4차 「건강가정기본계획(2021~2025)」을 발표하고 "세상 모든 가족과 함께"라는 캐치프레이즈를 내세워 모든 가족, 모든 가족구성원을 차별 없이 존중하는 사회기반 구축을 목표로 삼고 있다.

3) 2020년 통계청 조사에 따르면 부부와 자녀로 구성된 가구는 전체 가구의 3분의 1이 채 되지 않는다. 가장 보편적인 가구 형태는 1인 가구로 전체 가구의 31.7%를 차지한다. 10가구 중 3가구는 혼자 사는 집인 셈이다.

세계적 추세를 보면 변화는 더 발 빠르다. 가까운 일본은 지난 15년간 1인가구 비율이 급격히 증가해서 2020년에는 36.9%에 달했다. 유럽연합 통계청에 따르면 2018년 기준 유럽 평균은 33.9%인데, 그 중 스웨덴은 56.6%, 덴마크, 핀란드, 독일 등은 40%를 상회한다. 이에 각국 정부는 혼자 사는 사람들을 위한 주거 지원과 돌봄 정책을 강화하고, 동거커플, 한부모가정, 입양가족, 동성결혼, 주거공동체, 노인공동체 등 개인들이 자유롭게 맺은 다양한 관계를 가족의 형태로 인정하는 새로운 제도를 도입하고 있다.

대표적으로 프랑스는 시민연대협약(PACs, 팍스)이라는 제도를 통해 결혼하지 않은 파트너에게 결혼한 부부와 거의 유사한 법적 권리와 의무를 인정하고 있다. 이와 비슷한 제도로 덴마크의 시민동반자 등록제(Registreret partnerskab), 영국의 시민 파트너십(Civil Partnership), 독일의 생활동반자(Lebensgemeinschaft) 제도 등이 있다.

우리나라에서도 서울시의회가 2016년에 전국 최초로 <서울특별시 사회적 가족도시 구현을 위한 1인가구 지원 기본 조례>를 제정했는데, 여기서 '사회적 가족'이라는 새로운 용어가 등장한다. 이는 '사회적 관계로 맺어졌지만 마치 가족처럼 생활하는 이들'을 가리킨다.

21세기 가족이 이렇게 느슨한 연대의 형태로 변화하는 이유는 무엇일까? 혼자 사는 가구가 대세가 되면 앞으로 가족은 영영 사라지는 것일까?(실제로 일부일처제에 근간한 근대적 결혼 제도와 가족이 사라질 것이라고 주장하는 미래학자들이 있다)[4] 미래의 가족은 어떻게 변해갈까? 가족의 이런 변화를 우리는 어떻게 받아들이고 무엇을 준비해야 할까?

이 글은 한국사회에서 가족이 발생된 역사를 돌아보면서 우리에게 익숙한 가족프레임을 성찰해보고, 사람과 사람을 잇는 삶의 궤적 속에서 끊임없이 새롭게 탄생하는 가족적 관계성을 상기하는 데 목적이 있다.

가족은 태초부터 있어왔던 가장 오래된 공동체이다. 하지만 기나긴 시간동안 가족은 항상 똑같은 모습으로 있었던 것이 아니라, 시대마다 특화된 의미와 형태로 매번 다르게 산출되었다. 단순하게 말하자면 원시시대에는 유목민 부족이, 농경사회에서는 대가족이, 산업사회에서는 핵가족이 새로운 제도로 자리매김되었듯이, 가족은 가족을 둘러싼 사회의 경향과 법칙의 영향 하에 계속 변화해왔고 앞으로도 불연속적인 이행을 겪을 것이다.

그러나 가족 프레임이 변해도, 변하지 않는 가족의 인문적 속성을 찾을 수 있다. 바로 인간을 근원적으로 연결하는 관계성이다. 보통 사회에서 맺는 도구적·기능적 관계가 아닌, 삶의 목적 자체이자 자기존재의 바탕이 되는 소중한 관계가 있다. 우리가 그 소중한 이들을 가족이라 명명할 때, 그것은 혈연관계에만 한정되지 않는 확장된 의미(친구, 이웃, 공동체, 반려동물, 지구,

4) 프랑스 미래학자 자크 아탈리(Jacques Attali)는 "앞으로 결혼은 유연한 동거제도로 변화할 것"이라고 내다봤다. 자크 아탈리, 『자크 아탈리의 미래 대예측』, 김보희 옮김, 세종연구원, 2018 참조 : 근대적 가족이 사라진다는 진단에 대해서는 야마다 마사히로, 『우리가 알던 가족의 종말-오늘날 일본가족의 재구조화』, 장화경 옮김, 그린비, 2010.

신…)를 갖기도 한다. 가족이나 다름없는 친구, 또 하나의 가족이 된 이웃과 공동체, 가족보다 더 많은 시간을 함께 하는 개와 고양이, 가장 넓은 의미에서 가족공동체인 지구…. 소중한 관계를 지향하는 인간 삶의 관점에서 보면 가족은 혈연보다 훨씬 큰 외연을 갖는 공동체로 재의미화될 수 있다.

조선시대, 전통적인 대가족 제도의 정립

가족이 뭘까? 선뜻 대답하기 쉽지 않은 질문이다. 오히려 물으면 물을수록 가족은 마치 숨 쉬는 공기처럼 당연한 존재로 여겨지고, 가족을 설명할 수 있는 다른 말이 떠오르지 않는다. 그만큼 가족은 우리 몸에 익숙하게 체화되어 있고, 자연발생적으로 생겨난 운명공동체로 여겨진다.

하지만 사회학자 부르디외(Pierre Bourdieu)는 가족이 자연적인 공동체가 아니라, 어떤 사회를 형성하는 기본 집단으로 가정된 "제도적/인위적 작업의 산물"[5]이라고 말한다. 즉 사회마다 법제화 작업을 통해 특정한 가족 형태를 조장하고, 그 형태 안에서 개인들이 '가족애'(애정, 헌신, 관용, 유대 등)를 지속적으로 생성시킴으로써 가족이라는 실제 집단이 탄생된다는 것이다.

예를 들어 우리나라의 전통적인 대가족이 탄생한 역사를 돌

5) 피에르 부르디외, 『실천이성 : 행동의 이론에 대하여』, 김웅권 옮김, 동문선, 2005, 154쪽 참조.

아보자. 전통가족은 어떤 역사적 배경 속에서 어떤 제도적/인위적 작업을 통해 발생했을까?

전통적인 대가족의 관념은 조선시대 후기에 확립되었다. 이때는 가족이라는 말 대신에 '가(家)'라는 말이 일반적으로 통용되었다.

> 가(家)라 함은 오인(吾人)의 주거하는 가옥을 위(謂)함이 아니오 또 그 중에 주거(住居)하는 가족을 위(謂)함이 아니오 조상 이래로 세세상계(世世相繼)하여 단절함이 무(無)한 혈통을 위(謂)함이니 차(此) 혈통을 계속하고 또 익익(益益)히 기영광을 증진함은 호주된 자의 의무니라.[6]

1906년 대한제국 시절에 쓰였던 윤리교과서에 실린 '가'의 정의를 보면, 당시 가족은 한 집에 함께 사는 구성원들을 가리키는 말이 아니라, 조상, 부모, 형제, 자손 등 혈통(나로부터 아버지, 할아버지, 증조부, 고조부까지 4대조, 종으로는 8촌에 이르는 방대한 일가친척)을 의미했음을 알 수 있다. 즉 조선시대에는 부부가 중심이 아니라, 부계혈통의 집안, 가문(家門), 문중(門中)과 같은 혈족집단이 가족으로 정의되었다.

이때 '가'의 핵심 기능은 혈통을 잇는 것이었다. 다시 말해 아들을 낳아 다음 대를 잇고 제사를 지내고 조상을 기리는 집단이 가족에 대한 사회적 규정이었던 것이다. 이렇게 혈통계승이 중

6) 보성중학교 『윤리교과서』 1906; 최재석, 『한국제도사연구』, 일지사, 1983, 228~229쪽 재인용.

요했던 이유는 조선사회의 신분제도와 밀접한 관련이 있다. 조선시대에는 양반, 상민, 천민의 신분 구별이 엄격했고, 어떤 가족 또는 친족에서 태어났느냐에 따라 개인의 신분이 결정되었다. 따라서 혈통을 나누고 가족을 위계적으로 규율하는 것은 전체 사회의 질서를 확고히 세우는 기초토대가 되었다.

조선왕조는 양반들의 지배하는 사회질서를 유지하기 위해 제사의 계승과 친족 제도의 기본이 되는 종법(宗法)을 정비하는데 심혈을 기울였다.[7] 조선시대 종법의 가장 핵심적인 기제였던 제사는 "제사를 올리는 당대 후손들을 통해 조상이 존속한다고 믿어지는 하나의 구체화된 종교적 형식"[8]으로 부계혈통의 조상에만 한정되었다. 즉 제사의식에서 섬김을 받는 조상은 모든 조상이 아니라 부계혈통의 조상이었고, 제사의 의무를 계승하는 후손 또한 장남, 장손, 장증손의 남성들에만 한정되었다.

조선시대의 종법 하에 개인들은 제사라는 공동의례를 정기적으로 치르면서 가족애를 나누고 가족관계를 체험한다. 제사는 부계혈족과 인척들을 조직화하고 통합하면서 동시에 가족과 비가족, 본가와 분가(分家), 장자와 차자 등을 세심하게 구별짓기하는 행사였다. 제사의 사회적·정치적 성격이 조상 영혼과의 교류라는 신성한 의미와 결합하면서, 가부장적 혈족은 감히 범접할 수 없는 운명적 집단으로 받아들여졌다.[9] 제사뿐만 아

7) 양현아, 『한국가족법 읽기: 전통 식민지성 젠더의 교차로에서』, 창비, 2011, 220~221쪽 참조.

8) 양현아, 『한국가족법 읽기: 전통 식민지성 젠더의 교차로에서』, 창비, 2011, 185쪽.

니라, 족보, 혼인과 재혼, 재산상속 등의 가족을 둘러싼 다양한 문제를 규율하는 종법을 통해 개인들은 당시 가족의 의미와 관계형식을 학습하고 체화해갔을 것이다.[10] 이렇게 가부장적인 대가족의 관념은 조선사회 후기에 강화된 특정한 종법체계 및 국가정치와 맞닿아 있었다. 이런 관념은 양반 계급의 관행을 기준으로 한 것이기도 하다.

하지만 조선시대의 모든 가족이 이렇게 부계혈통 중심의 가부장적 가족양식에 부합했던 것은 아니다. 한 예로 조선시대 천주교도들은 조선의 가부장적 가족질서에 맞서 새로운 가족을 만든 이들이었다. 1801년 신유박해 이후 조선정부는 천주교가 "폐족, 서얼 등 뜻을 잃고 국가를 원망하는 무리를 규합하여 … 시정의 거간꾼과 농사꾼, 여자까지 불러 모았다"[11]고 개탄했다. 1801년 2월 18일 조선의 문신 목반중(1727~1810)은 "비록 부자 형제라 해도 천주교에 들지 않으면 원수가 되고, 동서남북을 떠도는 모르는 사람이라도 일단 천주교에 들어오면 골육처럼 여긴다"고 상소를 했다.[12] 천주교 신자들은 자신도 굶주리

9) 양현아, 『한국가족법 읽기 : 전통 식민지성 젠더의 교차로에서』, 창비, 2011, 187쪽 참조.

10) 이렇게 부계혈통만을 가족의 범위에 포함시킨 종법질서는 조선 후기에 이르러서 공고화되었다. 예를 들어 조선시대 초기까지만 하더라도 오복친(五服親 : 서로 상복을 입는 친족의 네트워크)은 한 사람(남성)을 중심으로 하여 130개가 넘는 관계(친척)들로 이루어져 있었고, 이 거대한 조직망에는 부계혈족뿐만 아니라 처계혈족도 포함되어 있었다. 정광현, 『한국 친족상속법 연구』, 서울대학교출판부, 1967, 464~466쪽.

11) 정병설, 『죽음을 넘어서 : 순교자 이순이의 옥중 편지』, 민음사, 2014, 169쪽.

12) 정병설, 『죽음을 넘어서 : 순교자 이순이의 옥중 편지』, 민음사, 2014, 169쪽.

면서 과부와 고아를 받아들이고 자기가 가진 것을 나누었다. 이는 혈연이 아니어도 평등 의식을 기반으로 강한 가족애를 발휘한 사건으로, 우리가 가족이라는 개념에서 재발견해야 하는 관계의 개방성과 역동성을 보여준다.

일제강점기, 근대적인 핵가족 제도의 도입

지금은 친척과 가문 중심의 가족 관념이 쇠퇴하고 핵가족이 일반화되었다. 그렇다면 언제부터 부부 중심의 핵가족이 가족의 중심 의미로 자리 잡게 되었을까? 그것은 조선이 망한 후 20세기 초 일제강점기로 거슬러 올라간다.

1910년 우리의 국권을 강탈한 일본은 보다 효율적인 조선통치를 위해 1912년 조선민사령(朝鮮民事令)을 제정하고 근대적 가족제도인 호주제를 도입했다. 호주제는 각 집의 가장인 호주를 중심으로 가족관계를 등록하는 제도로, 일본이 1800년대 후반부터 산업사회로 진입할 때 일본식으로 받아들인 핵가족 모델이다. 일본은 호주제를 통해 결혼, 출생, 사망, 분가 시에 가족의 모든 변동사항을 국가에 알리도록 함으로써 한국의 전통가족을 근대적으로 재편해갔다. 지금 우리에게 익숙한 '가족(家族)'이라는 말도 일본어를 번역한 용어로 이때부터 통용된 것이다.

일본은 전통적인 가를 해체시키기 위해 매우 의도적인 노력을 기울였다. 대표적으로 1939년 조선민사령 3차 개정에 따른 창씨개명은 집안과 가문으로부터 독립된 핵가족을 제도화하는 데 결정적인 계기가 되었다.[13] 조선총독부가 부계혈통에 따른 전통적인 성(性)을 버리고 각 가정마다 별도로 일본식 씨(氏)를 정하도록 강제한 것은 전통가족의 연대를 느슨하게 하고 조선인을 천황의 신민으로 만드는 국민 통치술의 일환이었다.

해방 이후에 미군정기를 거쳐 1948년 제헌헌법이 제정되었지만, 일본 조선민사령을 대체할 새로운 민법이 제정되기까지는 시간이 필요했다. 1950년 발발한 한국전쟁이 끝나고 1958년에서야 대한민국 민법이 제정된 것이다. 새로 제정된 민법 제799조에는 가족의 범위를 규정하는 내용이 다음과 같이 담겼다.

> 대한민국 민법 제779조(가족의 범위)
> 호주의 배우자, 혈족과 그 배우자 기타 본법의 규정에 의하여 그 가에 입적한 자는 가족이 된다.

위 가족의 범위에서 호주라는 말이 사용된 것이 눈에 띄는데,

---

13) 한국은 성과 이름을 성명(姓名)이라고 하는 데 비해 일본은 씨명(시메이 氏名)이라고 한다. 일본은 조선민사령 3차 개정을 통해 정해진 기간 안에 새로운 씨를 정하여 신고하거나 기존의 성을 씨로 대체하도록 했다. 새로운 씨를 설정하는 것은 '설정창시'(設定創氏)라고 하고, 기간 내 씨의 신고가 없는 경우 호주의 성을 그대로 씨로 삼는 형식을 '법정창시'(法定創氏)라고 불렀다. 원래 조선에서는 사는 곳에 관계 없이 같은 혈통일 경우 '김', '이'처럼 같은 성(性)을 사용했다. 성은 혈족 집단의 동질성을 상징하는 것이었다. 창씨개명은 조선의 종족집단인 '가'들을 가능한 여러 '씨'로 분할시킴으로써 종족집단의 힘을 약화시키고 천황제 국가주의를 강화하려는 정치적 기획이라 할 수 있다. 양현아, 『한국가족법 읽기』, 창비, 2011, 146~159쪽 참조.

이는 대한민국 민법의 가족 범위가 일본의 호주제를 본 따 정해졌기 때문이다. 보통의 근대국가는 개인의 출생, 혼인, 사망 등의 신분변동사항을 '나'를 중심으로 기재한 1인 1적 제도를 채택한 반면, 우리나라는 2차 세계대전 이후 유일하게 호적제도를 사용한 국가였다. 일본은 1947년 가족법 개혁을 하면서 가족범위를 부모와 그들의 미혼자녀로 축소하고 호주제를 폐지했지만, 한국에서는 호주제가 계속 유지된 것이다.

호주제는 남성이 우선 호주가 될 수 있는 제도여서, 여성은 결혼 전에는 아버지, 결혼하면 남편, 남편이 사망하면 아들을 호주로 삼아야 했다. 또한 호주제에 따르면 여성은 이혼 이후 6개월 동안 재혼이 금지되고, 상속을 받을 때도 남성과 차등적 대우를 받았다. 이 때문에 호주제는 가부장주의, 남아선호사상, 성차별을 정당화한다는 비판을 받아왔다. 오랜 시간이 흘러 2005년 3월, 민법이 제정된 지 50여년 만에 호주제 폐지 법률안이 국회에서 통과되고 2008년부터 새로운 민법 개정안이 시행되었다. 호주제가 폐지될 때 가족의 범위에 대한 조항을 함께 삭제할 계획이었지만, 가족 범위를 삭제하면 가족이 해체될 수 있다는 비판여론 때문에 가족의 범위는 또 한 번 다음과 같은 형태로 변경되었다.

민법 제779조(가족의 범위)

1. 배우자, 직계혈족 및 형제자매
2. 직계혈족의 배우자, 배우자의 직계혈족 및 배우자의 형제자매

가족은 전체 사회를 구성하는 기본단위 또는 사회를 유지시켜주는 가장 기초적인 제도로 정의되어왔다. 여기서 제도(in-stitution)라는 낱말은 '버티다' 또는 '안정적이다'라는 뜻의 'stare'에서 유래했다.14) 즉 가족을 제도로서 바라보는 것은 사회를 통합하고 안정적으로 만드는 규범 또는 체계로서 가족을 중요하게 생각하는 것이다.15) 개인은 사회적 정한 형태의 가족에 속해야만 사회의 정상적인 구성원으로 승인받을 수 있고 안정된 삶을 영위할 수 있다.

한국의 제도적 가족은 혈연적 동질성을 근간으로 삼는 특징이 있다. 혈연은 자연적 본성이자 섭리여서 전 세계 국가에서 그렇지 않느냐고 묻는 사람이 있겠지만, 그렇지 않다. 몸속의 피는 타고난 것이지만, 혈연관계를 어떻게 인식하고 받아들이냐는 타고난 것이기 아니기 때문이다. 즉 혈연은 순수하게 생물학적인 것이 아니라, 제도적이고 규범적인 의미가 개입된 사회적 구성물이라 할 수 있다.

한 예로 독일에서는 사회법전 제7조 급부수급권자 규정에서 다양한 가족을 포괄하는 용어로 '필요공동체'(Bedarfsgemeinschaft)라는 말을 사용한다.16) 서로의 필요에 의해 주거를 공유하고 함

---

14) 영어로 인슈티튜트(Institute)는 '안'이라는 뜻의 접두어 'in'과 '서다'(to stand), '안정적으로 만들다, 견고히 하다'(make firm)라는 뜻의 'statuere'가 결합된 라틴어에서 유래했다.

15) 국어사전에서 제도는 '규범이나 사회 구조의 체계'로 정의된다. 한자어로 제(制)는 '절제하다', '억제하다'는 의미이며, 도(度)는 '국가가 정한 기준으로 길이를 잰다'는 의미에서 '법'을 의미한다.

16) 이은정, 「가족의 범위」, 『가족법연구』 Vol. 20, No. 1, 2006 참조.

께 살아간다면, 그들을 가족에 포함시킬 수 있다는 유연한 정의를 내린 것이다. 이에 반해 한국은 혈연관계를 가족으로 법문화하고 있으며, 이런 제도적 정의는 개인이 가족을 인식하고 실천하는 방식에 지대한 영향을 미칠 수밖에 없다.

산업화 시기, 국가에 의해 계획된 혈연가족

한국 가족의 혈연의식은 50년대 이후 산업화 시기를 거치면서 더욱 강고해졌다. 일제강점기를 지나 한국전쟁을 겪고 폐허가 된 한반도에서 생존을 위해서는 가족 단위의 연대는 필수였다. 국가의 복지정책과 사회안전망이 부재한 상태에서 기본적인 생계유지부터 양육과 교육, 부양과 의료 등 생활의 모든 문제를 가족이 해결해야 했기 때문에, 가족의 결속력이 더욱 강해질 수 밖에 없었던 것이다. 국가는 혈연가족을 작은 톱니바퀴삼아 부국강병의 공장기계를 돌렸고, 가족구성원은 국가가 만든 질서와 규칙 하에 각자 제 역할을 하면서 끈끈한 공동체의식을 형성했다.

특히 1960~80년대 한국의 가족계획사업은 혈연가족이 사회적으로 어떻게 계획되고 현실화되었는지 잘 보여주는 사례다. 가족계획은 건강하고 행복한 가정생활을 영위할 수 있도록 부부가 사회경제적 조건과 육체적 건강상태를 고려하여 적절하게 자녀수와 출산간격을 조절하는 것을 의미한다. 그런데 가족계획사업에서 가족계획의 주체는 가족 당사자가 아니라, 국가라는 것이 중요하다.

국가는 경제발전의 효율성을 제고하기 위해 늘어나는 인구수를 억제하고자 혈연가족의 정상성을 10년 단위로 다르게 정의했다. 60년대에는 3자녀를, 70년대에는 2자녀를, 80년대에는 1자녀를 낳는 것이 이상적 모범으로 제시되었다. 적은 수의 자녀가 사회적 성공과 안정적인 삶의 조건으로 홍보되었고, 피임과 낙태가 권장되었다. 사회적 분위기가 이렇다 보니, 아이가 많은 집은 다산을 수치스럽게 여기기까지 했다.[17)]

혈연가족이 중요한 생존전략이었던 한국인은 개인으로서 '나'보다는 아버지, 어머니, 남편, 아내, 아들, 딸이라는 '가족 안에서 역할'로 자신의 정체성을 규정하는 경향이 강하다. 이는 정상적인 가족의 틀에서 벗어나는 인생은 사회적으로 인정받을 수 없음을 의미하기도 한다.

출처: https://m.blog.naver.com/PostView.naver?isHttpsRedirect=true&blogId=hyouncho&logNo=50042586124

---

17)『가정의 벗』 1968년 창간호 창간사 참조.

2021년 정자를 기증받아 아버지 없이 출산해 사회적 관심을 모았던 방송인 후지타 사유리는 우리 사회에 '비혼 출산'을 포함한 다양한 가족 형태에 중요한 화두를 던졌다. 한편에서는 사유리의 용기 있는 행동을 응원하는 이들이 있었지만, 다른 한편에서는 비난도 거셌다. 한 예로 당시 청와대 국민청원 게시판에는 "비혼모 출산 부추기는 공중파 방영을 즉각 중단해 주세요"라는 제목의 글이 올라오기도 했다. 공영방송이 올바른 가족관을 제시하고 결혼과 정상적인 출산을 장려해야 한다는 항의였다. 이런 주장에는 출산과 혈연관계에도 '정상'과 '비정상'이 있다는 전제가 포함되어 있다.

혈연관계에도 정상과 비정상이 있을까? 있다면, 그 차이는 어디에서 비롯할까? 혈연에 대한 사람들의 의식을 곰곰이 따져보면, 그것은 현재 사회가 용인하는 제도적 기준에 다름 아님을 알 수 있다. 즉 결혼이라는 절차를 거쳤는지, 법적인 아버지와 어머니가 생존해 있는지가 정상적인 혈연의 의미를 구성하는 핵심이 되는 것이다.

가족제도는 사회질서를 안정적으로 조직하고 유지하는 규율 형식이기 때문에 반드시 강력한 규범성을 띄기 마련이다. 개인들은 혈연이어도 결혼을 하지 않은 비혼모가 낳은 친자관계나 이혼해서 한 부모가 홀로 아이를 키우는 것을 비정상으로 여긴다. 가족의 정상성에 대한 표준을 만들고 이 표준에 맞지 않는 친밀한 관계맺음을 결손으로 보는 미묘한 사회분위기가 아직 팽배한 것이다.

어느 시대든 가족의 역사는 내적인 편차를 보이는 끊임없는 형성과 해체의 역동적 과정을 갖는다. 각자 삶의 맥락에 따라 법의 규정이나 사회적 기준에 부합하지 않는 다양한 가족관계성이 발생하기 때문이다. 그러므로 지금까지 우리 사회에서 당연시된 가족양식을 현실의 가족과 동일시하는 것은 제한된 인식의 폭력일 수 있다.

새로운 가족에 대한 예술적 상상
나/너의 이분법을 탈피한 외존(Exposition)의 사건

과연 혈연이 아니어도 가족이 될 수 있을까? 한 뱃속에서 태어나지 않은 이들이 서로를 끝까지 책임지고 믿을 수 있을까? 가족이 죽거나 불가피한 이유로 가족과 헤어져 살게 된다면 나는 누구와 사랑과 우정을 나눌 수 있을까? 이런 질문을 던져보는 계기로 2018년에 개봉한 일본 고레에다 히르카즈 감독의 영화 〈어느 가족〉을 소개하고자 한다. 2018년 칸영화제 최우수상인 황금종려상을 수상한 이 작품은 새롭고 창발적인 가족적 관계맺음이 가능하다는 생각의 전환을 보여준데 의의가 있다.

<어느 가족>에 등장한 가족은 피가 한 방울도 섞이지 않은 사이다. 이혼한 전남편의 연금을 받아 생활하는 시바타 하츠에 할머니, 그녀의 집에 더부살이 하는 노부요와 오사무는 동거 관계이다. 오사무는 노부요에게 폭력을 휘두르는 남편을 살해하고, 그 뒤부터 노부요와 함께 살게 되었다. 이 두 사람은 길거리를 배회하는 아키를 데려와 쇼타라는 새 이름을 붙여주고 아들처럼 키운다.

이들은 할머니, 부부, 자녀, 3대가 모여 사는 단란한 가정으로 보인다. 하나 같이 사회의 하위 계층인 이들은 할머니의 연금과 좀도둑질로 어렵게 생계를 이어가지만 나름의 행복을 느끼며 오순도순 살고 있다. 그러던 어느 날 가정 학대를 당하는 유리라는 여자 아이를 집에 데려오는 사건을 발단으로 영화의 서사가 시작된다. 오사무와 노부요는 유리에게 린이라는 새로운 이름을 붙여주고 아이를 친딸처럼 아끼고 돌본다. 린은 자신과 같은 폭력의 상처를 공유하는 노부요를 통해 친엄마에게 받지 못한 사랑을 느끼고 마음을 열게 된다. 서로를 가족으로 받아들인 이들은 바다를 한 번도 본 적이 없는 린을 위해 다 같이 바다 여행을 떠나 행복한 시간을 보낸다.

하지만 여행에서 돌아와서부터 비극이 시작된다. 할머니가 사망하게 되고, 할머니의 연금을 포기할 수 없는 가족은 장례 절차 없이 시신을 욕실에 암매장한다. 우여곡절 끝에 이 사실이 발각되면서 가족은 뿔뿔이 흩어지게 된다. 노부요는 유리를 유괴한 죄와 할머니를 암매장한 혐의로 체포되고, 쇼타는 새로운 부모에게 입양이 된다. 유리는 집으로 돌려보내져 이전처럼 친부모에게 학대받는 생활을 한다.

감독은 한 인터뷰에서 "가족은 어때야 한다든지 좋은 가족이란 어떤 것이라든지 이런 식의 정의를 내리지 않으려 한다. 어떤 형태로 규정하지 않는 것이 최선이라는 생각으로 <어느 가족>을 만들었다. … 궁극적으로 혈연이 아닌 사람들이 모여 가족 공동체를 이룰 수 있다는 것을 보여주고 싶었다"라고 말했다. 이 가족은 피를 나눈 사이도 아니고, 심지어 법적인 테두리를 벗어난 범죄자들이지만, 이런 극단적인 상황 설정을 통해 오히려 감독은 우리에게 익숙한 사회적 관성을 탈피해 가족이 될 수 있는 진정한 조건을 되묻게 한다. 우리는 영화 속 장면들 속에서 몇 가지 인문학적 요소들을 발견할 수 있다.

첫째, 가족은 의식적인 관계 이전에 몸과 몸이 맞닿는 신체적 공생의 관계를 조건으로 한다. 영화에서 노부요가 린을 꼭 안아주면서 "사랑하면, 때리는 게 아니라 꼭 안아주는 거야"라고 속삭이는 장면은 가족 간에 가장 깊은 소통을 보여주는 핵심장면 중 하나다. 눈과 눈, 살과 살이 맞닿는 신체 접촉은 일상생활에서 서로 구별된 것처럼 보이는 것들이 유기적으로 연결되어 있음을 체험하게 한다. 이는 단순히 육체의 접촉에만 그치는 것이 아니라, 서로의 가장 연약한 부위를 맞대고 서로의 존재 자체에 공명하면서 근원적으로 결속하는 힘을 만들어낸다.

둘째, 가족은 상호적인 변화를 감내하는 사이다. 오사무과 노부요를 폭력에서 구해줬을 때, 하츠에 할머니가 오사무, 노부요와 함께 살기로 결정했을 때, 노부요가 유리를 학대가정으로 돌려보내지 않고 다시 집으로 데려왔을 때, 이 모든 행동은 낯선 타인을 향해 자신의 삶을 개방하고 앞으로 벌어질 사건을 타인과 함께 겪어내겠다는 의지를 보여 준다. 서로 영향을 주고받으면서 상대방을 통해 나를 부정하고 애써 변화시키려는 태도가 시간 속에서 축적되어 갈 때 보통의 사회적 관계와 다른 가족적 관계가 맺어진다.

셋째, 가족은 상호적인 돌봄을 실천하는 관계다. 영화는 우연히 시작돼 서로 부딪히고 비틀리기도 하지만 주어진 조건에서 최선을 다해 서로를 돌보는 모습을 섬세하게 재현한다. 죽기 직전 바닷가로 놀러간 여행 장면에서 하츠에 할머니는 늙어버린 자신의 몸을 바라보며 잠시 안타까워하다가 "다들 …… 고마웠어" 혼잣말을 한다. 끝까지 오사무를 아빠라고 부르지 않던 쇼타는 아버지와 마지막 이별을 하고 난 후에야 속으로 조용히 "아빠…." 라고 부른다. 서로를 부르는 이 마음의 소리는 관객들에게 담론적 언어를 넘어선 애틋한 가족애를 전달해준다. 죽음, 병듦, 헤어짐, 가난 등 슬픔과 좌절, 위기의 순간에 곁에 있어주고 힘이 되어주는 시간이야말로 서로에게 가족이 되는 절대체험일 것이다.

위 세 가지 계기 이외에도 영화 곳곳에서 우리는 가족이 되는 조건을 다르게 해석해볼 수 있다. 영화에서 가족은 끝내 가족으로 살아갈 수 없었다. 생활하는 데 필요한 의식주, 양육과 교육, 애정과 소속감 등이 제도를 위반하고 법의 테두리를 벗어났기에 당연한 귀결이다. 하지만 감독은 가족이 무참히 해체되어가는 과정 속에서도 그들이 체험했을 가족적 관계의 진실을 담아낸다. 노부요는 체포되어 취조를 받는 과정에서 왜 할머니의 시신을 유기했냐는 질문에 다음과 같이 답한다. “버린 게 아닙니다. 버린 게 아니라고요. 주운 겁니다. 누군가가 버린 걸 주웠습니다. 버린 사람은 따로 있는 것 아닙니까?”

취조관에게 자신은 버린 게 아니라고 당당하게 말하는 노부요는 사회의 형식적인 법들, 기준들, 관념들, 이론들에 포섭되지 않는 가족의 실재를 지시하는 것처럼 보인다. 하이데거의 말을 빌려오자면 그것은 서로를 느끼고 공감하고 돌보는 관계에서 일어난 어떤 외존(外存, Exposition)의 사건이라 할 수 있다. 외존은 바깥을 향해(Ex)+있음(posititition), 즉 이기적 나를 넘어 타인이라는 바깥에 함께 머무름을 뜻한다.

누구보다 가족을 사랑하고 가족을 위해 희생하며 산다지만, 그 사랑과 희생이 나를 보존하고 나의 소유물을 지키는 수단일 수도 있다. 한 예로 자식을 훈계하기 위해 반복적인 언어폭력이나 체벌을 하는 부모는 자신도 모르게 자식을 통제할 수 있다는 권위주의에 사로잡혀 있는 것이다. 그는 자식을 자신의 걱정과 불안이 투사된 대상으로만 대할 뿐, 자신과 다른 독립된 인격적 존재로 바라보는 법을 모른다. 이런 경우 부모와 자식 사이에 많은 말이 오가도 진정한 내적 소통은 이루어지기 어려울 것이다.

가족이 되는 조건은 나(주체)와 대상(객체) 항 가운데 어느 한편에 근거하는 것이 아니라, 그 두 항 사이에서 일어난 동사적 움직임에 있다. 나와 네가 눈을 맞추며 상대의 마음을 경청할 때, 나의 바깥인 너에게로 향해 너의 자리에서 공감할 때,

우리는 가족의 제도적 틀 안에서 쉽게 망각되는 관계의 지향점을 다시 상기하게 된다. 가족이란 서로 기대서 있는 사람인(人)의 형상처럼 나와 다른 타자와의 깊은 연결 속에서 만들어지는 삶의 과정에 다름 아님을….

혈연에서 관계로!
새로운 가족실천

한국의 가족은 과거에 비해 다양화되고 있으며, 가족구성의 방식이나 관계에 있어서도 유연하고 평등한 방향으로 변화하고 있다. 앞으로 혈연이라는 동질성에 기초한 가족중심성보다는 개인들이 자발적으로 협력하는 관계성을 더 중시하는 경향이 강화될 것이다. 가족이 혈연에서 관계로 패러다임을 전환하는 것이다.

이렇게 패러다임이 바뀌는 한 가지 이유는 국가가 설정했던 가족제도의 보편적 당위가 약화되고 있다는 데 있다. 결혼, 출산, 육아, 부양 국가가 승인하는 인생경로를 따르기보다, 개인과 개인, 개인과 공동체, 공동체와 공동체를 연결하면서 다양한 방식으로 가족적 관계망을 형성하는 시도가 많아지고 있다.

예를 들어 『셋이서 집 짓고 삽니다만』이라는 책의 저자 부추와 우엉과 돌김은 서로를 별명으로 부르는 비제도적 가족이다. 이들은 부부 두 사람과 그들의 친구 한 명으로 구성되었는데 가족을 자처한다. 처음부터 가족이란 말을 쓰고 싶었던 것은 아니다. 그런데 "너희는 왜 같이 살아?", "너희가 가족이야"라는 질문을 받으면서 "같이 살고 싶은 사람이 서로 가족이라고 하는 게 뭐가 어때서"라는 반발심이 들었다고 한다.[18] 부부와 다른 한 사람이 거주하는 모습은 민법의 규정을 기준으로 하면 불륜과 비정상 관계로 비칠 수 있다. 하지만 그들은 서로를 신뢰하고 힘이 돼 주는 가족 같은 관계성이 잘 맺어져 있다면, 형태야 어떻든 모두가 정상가족으로 받아들여져야 한다고 생각한다.

우리보다 30여년 앞서 위와 같은 변화를 겪었던 서구 사회에서는 가족의 새로운 변화에 대처하기 위해 '가족실천'(family practice)이라는 학술 개념을 도입했다. 모건(D. H. Morgan)이라는 사회학자가 만든 용어인데 '가족'(family)을 명사처럼 불변하는 제도가 아닌, 형용사처럼 움직이는 '실천'(practice)으로 이해하사는 의노를 담고 있다. 모건에 따르면 "무엇이 가족이냐"가 아닌, "어떻게 가족을 행하는가"가 중요하다. 더 이상 가족을 제도로만 인식하지 말고, 가족으로 살아가는 삶 자체를 지지하고 제도적으로 뒷받침해야 한다는 것이다.

비슷한 맥락에서 20년 가까이 수양부모운동을 벌이며 3만 명 이상의 아이들을 돌봐 온 유엔미래포럼 박영숙 대표는 가족, 핏줄, 부모-자식관계는 특별한 것이 아니라 "습관"이라고 말한다.

> 1979년 미시간 시댁에 첫 인사를 갔습니다. 우리나라도 잘 산다는 것을 보여주려고 멋내고 갔는데 시부모님은 당시 한

18) 우엉, 부추, 돌김, 『셋이서 집 짓고 삽니다만 : 함께 사는 우리, 가족이 될 수 있을까?』, 900KM, 2020.

국 아이 3명을 입양해 키우고 있었습니다. 시어머니가 '너희 나라는 잘산다면서 왜 아이를 버리냐'고 묻기에 우리나라는 족보나 핏줄을 특별하게 생각한다고 대답했죠. 그때 시어머니가 '그건 특별해서가 아니고 습관이다'라고 말했습니다. 습관이 가족을 만드는 겁니다.19)

가족은 한번 맺어지면 완결되는 것이 아니라, 서로를 어떻게 생각하고 대하느냐에 따라 변화하는 유동적 관계다. 혈연으로 맺어진 가족도 그냥 처음부터 가족이 아니라, 가족이 되려는 의지와 실천이 지속되어야 한다. 또한 그런 의지와 실천을 지원하는 새로운 교육 및 문화 복지 기반이 마련되어야 한다. 아무리 가깝게 지내는 사이라도 끝까지 믿고 의지할 수 있는 것은 부모 혈육뿐이라고 말하는 이들이 많다. 하지만 피 한 방울 섞이지 않아도 가족처럼 서로를 돌보는 일이 가능하다면, 이런 습관과 태도를 정상으로 간주하는 것이야말로 가족의 참된 가치를 보존하는 일일 것이다.

지금 가족은 종말하는 것이 아니라, 진화하고 있다. 불안하지만 한동안 여러 가지 갈등과 변화를 거치면서, 다양한 가족들이 함께 살아갈 수 있는 방법을 토론하고 합의해가야 할 것이다. 다양한 가족적 관계망을 만들어가는 일은 개인의 선택과 의지만으로 불가능하다. 자본과 국가의 힘에 의해 연결되는 주류적

---

19) 「2016 신가족 보고서 가족혁명이 시작됐다」, 『주간조선』 스페셜 리포트, 2016년 7월 11일(http://weekly.chosun.com/client/news/viw.asp?ctcd=c02&nNewsNumb=002415100011).

환경에 맞서 서로 믿고 의지할 수 있는 우정의 공동체를 만드는 공동의 실천이 필요하다. 가족이 행복하려면 도움을 받을 수 있는 친지와 이웃이 필요하고, 살림살이를 나누는 마을도 필요하다. 좋은 학교가 있어야 하고 편리한 문화시설, 영성이 깊은 교회도 있어야 한다. 내 자식, 내 가족만 행복하면 된다는 단선적 접근방식으로는 모두가 각자도생하는 불안한 사회 조건을 끝내 벗어날 수 없다. 무엇보다 시급한 것은 서로의 취약함을 드러내고 마음으로 대화하며 돌볼 수 있는 포용적 연결의 장소들을 더 많이 생산하는 일일 것이다.

■ 참고 문헌

류도향, 「확장하는 가족 - 은유로서 가족적인 것의 가능성 -」, 『인문학연구』 제58집, 2019.

마사히로, 야마다, 『우리가 알고 있던 가족의 종말-오늘날 일본가족의 재구조화』, 장화경 옮김, 그린비, 2010.

부르디외, 피에르, 『실천이성: 행동의 이론에 대하여』, 김응권 옮김, 동문선, 2005.

아탈리, 자크, 『자크 아탈리의 미래대예측』, 김보희 옮김, 세종연구원, 2018.

양현아, 『한국가족법 읽기』, 창비, 2011.

우엉, 부추, 돌김, 『셋이서 집 짓고 삽니다만 : 함께 사는 우리, 가족이 될 수 있을까?』, 900KM, 2020.

조지 레이코프, 『프레임 전쟁』, 나익주 옮김, 창비, 2007.

정광현, 『한국 친족상속법 연구』, 서울대학교출판부, 1967.

정병설, 『죽음을 넘어서: 순교자 이순이의 옥중 편지』, 민음사, 2014.
최재석, 『한국제도사연구』, 일지사, 1983.

통계로 본 최근 한국가족의 변화

오영은
(전남대학교 인문학연구원 HK연구교수)

본 장에서는 가족의 현재와 미래를 살펴보는 작업에 있어서 사회통계를 통해서 한국의 가구와 의식들이 어떻게 변하고 있는지 그리고 구체적인 가족실천은 어떻게 행해지고 있는지를 살펴보고 이에 대한 실증적인 시사점을 이해하는데 그 목적을 두고자 한다.

가족의 구조적 변화

한국의 총 가구 수는 점점 증가하고 있는 추세이다. 2015년 한국의 총 가구 수는 19,111가구, 2017년 19,674가구, 2019년 20,343가구로 점점 증가하고 있다. 가구증가율은 1인 가구의 증가세가 반영된 것으로 보이는데 2015년 1인가구는 5,203가구로 그 비율은 27.2%, 2017년 28.6%, 2019년 30.2%로 나타났다. 1인 가구 증가에 따라서 전체 가구 수도 함께 증가하고 있음을 알 수 있다.

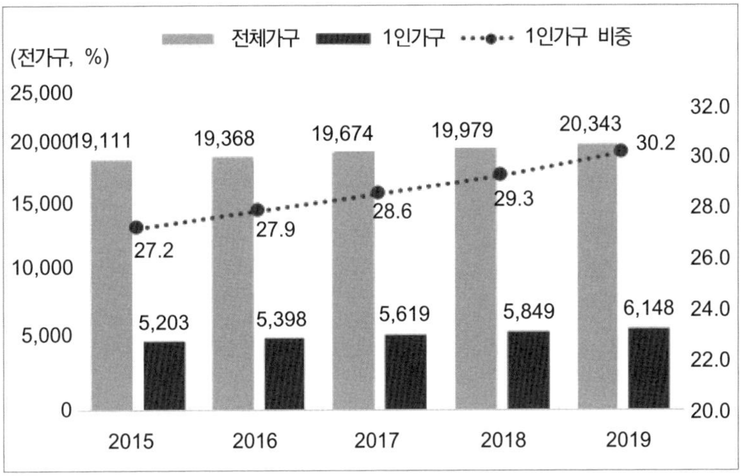

출처: 통계청(2020). 통계로 보는 1인 가구.

그림 1. 전체 가구 중 1인 가구 비율

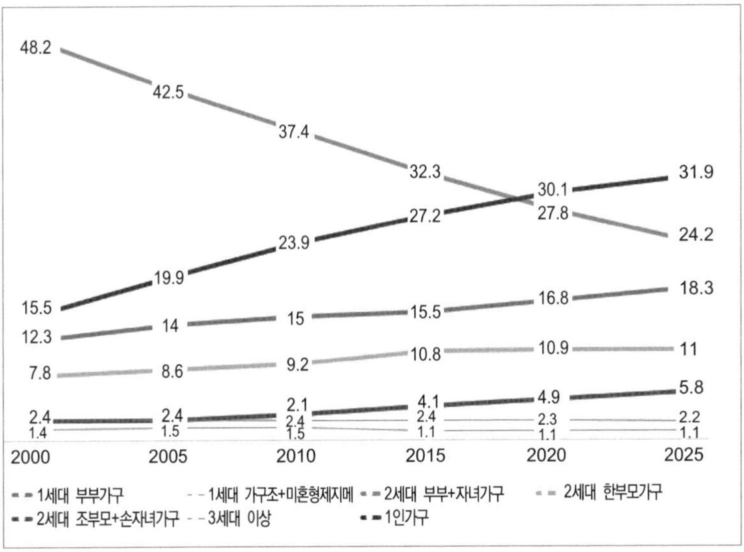

출처: 통계청(2019). 장래가구추계.

그림 2. 장래가구추계

다음으로 전체 가구의 구성별 가구비율을 살펴보자. 2020년을 기준으로 가구 중 가장 많은 비중은 차지하는 가구는 1인 가구가 되었다. 핵가족 가구 비율과 1인 가구 비율이 역전된 것이다. 2020년부터 가장 흔히 볼 수 있는 가구는 1인 가구이며, 다음으로 핵가족, 부부가족, 한부모 가족, 조손가족 등의 순으로 나타났다. 통계를 통해서 살펴볼 수 있듯이 우리사회는 1인 가구 시대의 도래, 초개인화 시대로 접어들고 있다는 사실을 알 수 있다.

먼저 2021년 현재 가장 높은 비중을 차지하고 있는 1인 가구 특성에 초점을 두고 살펴보자. 1인 가구는 성과 연령별 차이가 비교적 뚜렷하게 나타나고 있는데 20대부터 50대까지 남성 1인 가구 비율은 여성보다 높게 나타나는 반면, 60대 이상부터는 여성 1인 가구 비율이 남성보다 더 높아지는 현상을 관찰해볼 수 있다.

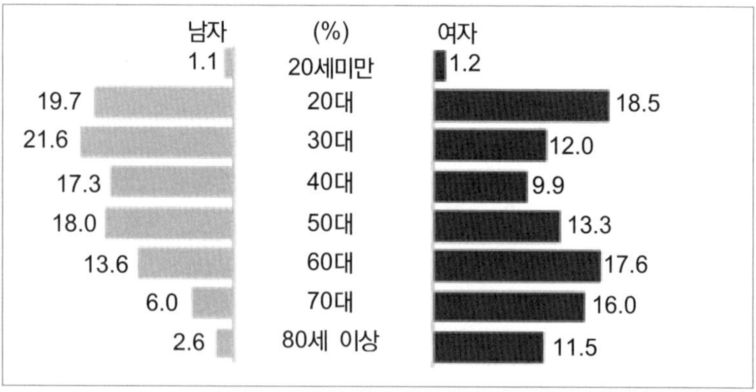

출처: 통계청(2020). 통계로 보는 1인 가구.

그림 3. 1인 가구 성, 연령별 비중

먼저 남성 1인 가구의 경우 30대와 40대 남성 1인 가구는 미혼상태로 이들이 결혼을 하지 않은 이유는 비자발적인 이유가 높게 나타났다. 반면 여성의 경우 30대 중후반을 제외하고는 자발적인 이유로 이성교제를 하지 않았다. 이성교제를 하지 않은 남성의 가장 많은 비율은 '적당한 상대를 만나지 못해서'였다. 20대 후반의 남성은 '이성의 필요성을 아직 느끼지 못해서', '지금 열중할 일이 있어서', '혼자만의 자유로움과 편안함을 잃고 싶지 않아서' 등의 비자발적 이유로 교제를 하지 않았지만, 30대 40대의 남성은 비자발적으로 1인 가구를 선택한 비율이 높았다. 그러나 반면, 20대 1인 가구 남성은 취업준비로 미뤄지는 이성교제, 이성교제가 가지는 매력보다는 홀로 쉴 수 있는 여유와 편안함에 대한 선호, 특별한 이성교제 없이 즐기는 취미나 오락의 즐거움 등으로 인해 혼자의 삶을 선택하는 경향이 높은 것으로 나타났다.

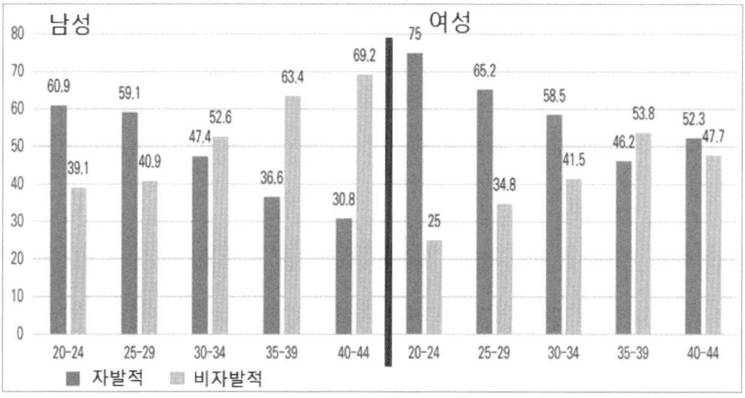

한국보건사회연구원(2018) 전국출산력 및 가족보건복지 실태조사.

그림 4. 교제상대가 없는 미혼남녀의 이성교제 안하는 이유

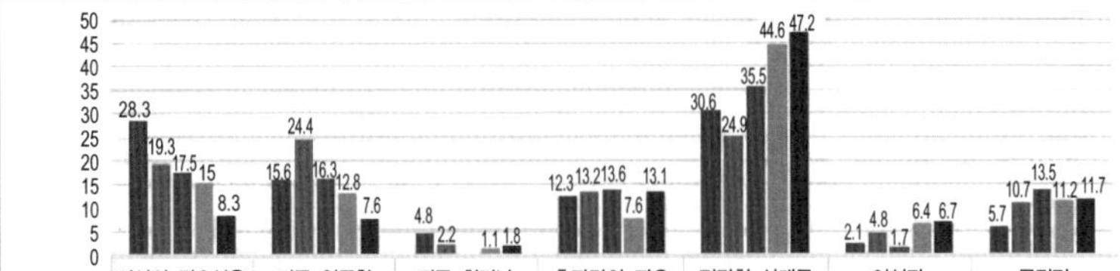

	이성의 필요성을 아직 느끼지 못해서	지금 열중할 일이 있어서	지금 취미나 오락을 즐기려고	혼자만의 자유로움과 편함을 잃고 싶지 않아	적당한 상대를 만나지 못해서	이성과 잘못 사귀어서	금전적 부담때문에
남성 20-24	28.3	15.6	4.8	12.3	30.6	2.1	5.7
남성 25-29	19.3	24.4	2.2	13.2	24.9	4.8	10.7
남성 30-34	17.5	16.3		13.6	35.5	1.7	13.5
남성 35-39	15	12.8	1.1	7.6	44.6	6.4	11.2
남성 40-44	8.3	7.6	1.8	13.1	47.2	6.7	11.7

한국보건사회연구원(2018) 전국출산력 및 가족보건복지 실태조사.

그림 5. 교제상대가 없는 미혼남성의 이성교제 안하는 이유

여성의 경우 1인 가구를 이루게 된 사유로 '배우자의 사망', '본인의 학업이나 직장취업으로' 인한 비율이 높았다. 60대 1인 가구의 경우 '본인의 이혼으로', 70대는 '배우자의 사망'이 1인 가구를 이루는 주된 이유로 나타났다. 60대와 70대의 경우 이전에 다양한 가구유형을 거쳐 1인 가구가 된 경우가 높은 것을 알 수 있다.

1인 가구가 겪는 가장 큰 어려움은 '균형잡힌 식사의 어려움'(42.4%)으로 나타났다. 다음으로 어려운 점은 '아프거나 위급할 때 혼자서 대처하는 것에 대한 어려움'(30.9%), '가사의 어려움(25.0%)', '부양가족의 부재로 인한 경제적 어려움'(19.5%), '외로움'(18.3%) 등의 순으로 나타났다. 1인 가구는 외로움 등의 정서적 어려움 보다는 식사, 가사, 돌봄 등 일상생활 유지에 필요한 활동으로 인한 어려움을 더 많이 겪고 있었다.

표 1. 1인 가구 사유

	혼자 살고 싶어서	가족과 지내는 것이 불편해서	본인의 학업·직장	배우자의 사망	본인의 이혼	배우자의 학업·직장	자녀의 학업·직장	부모나 자녀의 사망	자녀의 이혼	부모의 이혼	부모의 직장	기타
전체	16.2	4.1	24.4	23.4	15.6	1.8	4.9	4.0	0.0	0.3	0.4	4.8
남자	19.2	4.5	33.7	8.3	20.0	1.0	3.4	5.4	0	0.6	0.4	3.6
여자	13.6	3.8	16.1	36.8	11.8	2.5	6.4	2.7	0	0.0	0.5	5.8
12~19세	22.5	3.3	68.1	0.0	0.0	0.0	0.0	0.0	0.0	6.1	0.0	0.0
20~29세	19.9	5.0	70.0	0.0	0.5	0.3	1.1	1.2	0.0	0.1	0.6	1.4
30~39세	25.8	3.9	58.5	0.5	1.8	0.6	0.8	3.1	0.0	1.1	1.8	2.1
40~49세	29.8	6.3	30.9	0.6	17.1	2.7	1.8	8.5	0.0	0.6	0.7	1.1
50~59세	16.4	4.0	13.5	7.1	35.0	3.5	6.7	6.1	0.0	0.0	0.2	7.6
60~69세	9.3	3.6	4.3	25.2	31.0	3.9	9.7	5.3	0.0	0.0	0.0	7.8
70세 이상	8.6	3.3	0.8	65.1	8.0	0.4	6.1	2.0	0.0	0.1	0.0	5.8

자료: 여성가족부(2021). 2020년 가족실태조사 분석연구.

표 2. 1인 가구의 어려움

(단위: %)

	다른 사람들로부터 고립되어 있어 외롭다	아프거나 위급할 때 혼자서 대처하기 어렵다	균형잡힌 식사를 하기 어렵다	가사 (식사준비, 주거관리, 장보기) 등을 하기 어렵다	주거 환경이 안전하지 않다	범죄로부터 안전하지 않다	나를 부양해주는 가족이 없어 경제적으로 불안하다	사회적으로 부정적인 시선이 있다
전체	18.3	30.9	42.4	25.0	11.5	9.6	19.5	9.9
남자	18.7	28.0	47.1	28.5	11.7	7.4	18.8	11.0
여자	18.1	33.6	38.1	22.0	11.4	11.6	20.2	9.2
12~19세	19.5	26.1	56.9	30.7	19.3	19.3	23.2	16.7
20~29세	8.0	15.3	46.6	23.4	9.6	12.4	6.7	7.8
30~39세	9.1	17.3	42.8	21.1	10.6	8.2	8.7	7.1
40~49세	9.5	17.6	32.3	11.5	7.3	5.5	12.4	13.0
50~59세	16.0	27.4	34.2	18.9	12.2	8.8	26.7	11.5
60~69세	25.8	38.6	42.3	26.4	12.4	9.3	28.7	14.2
70세 이상	27.8	47.9	48.4	35.8	13.4	10.8	23.4	7.0

자료: 여성가족부(2021). 2020년 가족실태조사 분석연구.

'균형잡힌 식사의 어려움'에 대해서는 여성보다 남성인 경우, 연령대가 30대 이하로 갈수록, 60대 이상으로 갈수록 식사의 어려움을 가지고 있는 것을 볼 수 있다. 60세 이상의 1인가구 노인인 경우 다양한 위험에 노출되어 있다는 사실을 알 수 있는데 균형 잡힌 식사의 어려움, 아프거나 위급할 때 혼자 대처하는 어려움, 다른 이들로부터 고립되어 외로움을 느끼는 비율이 높게 나타났다.

가족공동체 의식 변화

가족의 범주를 살펴보면 2020년을 기준으로 부모(87.4%), 자녀(85.4%), 배우자(83.5%), 형제자매(76.1%), 배우자의 부모(55.8%), 배우자의 형제자매(42.1%), 친조부모(41.6%), 형제자매의 배우자(35.7%), 며느리(34.5%), 친손자녀(34%), 외조부모(32.2%), 사위(30.5%), 외손자녀(29.6%), 배우자의 형제자매의 배우자(27.2%), 조카(23.2%), 이모(23.1%), 고모(22.7%), 아버지의 형제 및 배우자(22.5%), 외삼촌(21.3%), 함께 살고 있는 비혈연자(3.5%), 기타(0.4%)순으로 나타났다. 2015년에 비해 가족범주인식 비율이 증가한 구성원은 배우자, 자녀, 부모, 형제자매, 사위, 며느리, 친손자녀, 외손자녀, 함께 살고 있는 비혈연자, 기타 등으로 나타났다. 가족의 범주에서 혈연중심의 방위가족, 생식가족 구성원은 여전히 공고하며 오히려 친인척은 그 중요성이 줄어들고 오히려 비혈연 동거자의 중요성은 증가한 것으로 나타났다.

표 3. 가족의 범주에 대한 생각

구분	2015			2020			2015 대비 변화량
	전체	남성	여성	전체	남성	여성	전체
배우자	82.1	81.9	82.2	83.5	83.1	84.0	1.4
자녀	83.8	82.3	85.3	85.4	83.8	86.9	1.6
부모	86.3	88.3	84.2	87.4	88.8	86.0	1.1
배우자의 부모	56.9	57.5	56.4	55.8	56.7	55.0	−1.1
형제자매	76.0	77.5	74.5	76.1	77.7	74.5	0.1
배우자의 형제자매	43.2	44.0	42.4	42.1	43.5	40.7	−1.1
형제자매의 배우자 (형수, 제수, 올케 등)	38.6	40.7	36.6	35.7	37.5	34.0	−2.9
배우자의 형제자매의 배우자 (동서, 처남댁 등)	29.2	29.9	28.4	27.2	28.3	26.1	−2.0
친조부모(친할아버지, 친할머니)	42.8	44.9	40.7	41.6	43.7	39.5	−1.2
외조부모(외할아버지, 외할머니)	33.2	33.3	33.2	32.2	32.7	31.7	−1.0
아버지의 형제 및 그 배우자	25.3	26.9	23.6	22.5	24.5	20.4	−2.8
고모	25.9	26.8	25.0	22.7	23.8	21.6	−3.2
이모	26.5	26.6	26.5	23.1	23.8	22.3	−3.4
외삼촌	24.3	25.0	23.6	21.3	22.2	20.4	−3.0
조카(친조카, 배우자의 조카)	26.5	27.0	26.0	23.2	24.0	22.4	−3.3
사위	30.4	29.4	31.2	30.5	29.5	31.5	0.1
며느리	34.5	33.9	35.1	34.5	33.5	35.5	0.0
친손자녀	33.3	32.3	34.3	34.0	32.5	35.4	0.7
외손자녀	29.0	27.8	30.2	29.6	28.0	31.1	0.6
함께 살고 있는 비혈연자	3.3	3.6	3.1	3.5	3.6	3.4	0.2
기타	0.2	0.0	0.3	0.4	0.3	0.6	0.2

자료: 여성가족부(2021). 2020년 가족실태조사 분석연구.

또 다른 가족구성원
반려동물

가족의 범주를 살펴봄에 있어서 또 다른 구성원으로 반려동물을 살펴 볼 수 있다. 우리나라 전체 가구 중 반려동물을 키우는 가구는 15%로 나타났는데 여성이 남성보다, 배우자가 있거나 이혼한 경우, 1인 가구보다는 1세대 이상의 동거가족원이 있는 경우 반려동물을 키우고 있었다. 전남대학교 인문학연구원(2020)의 자료에 의하면 가족에 포함되는 대상 중 반려동식물이 차지하는 비율은 11.4%로 친구나 선후배 이웃 2.2%보다 훨씬 더 높은 비율로 나타났다.

표 4. 가구주의 혼인상태, 세대구성별 반려동물 가구

(단위 : 천 가구, %)

	계	반려동물 안키움	반려동물 키움			
				개	고양이	기타
계	20,927 (100.0)	17,798 (85.0)	3,129 (15.0)	2,423 (11.6)	717 (3.4)	150 (0.7)
남성	14,081 (100.0)	12,033 (85.5)	2,048 (14.5)	1,603 (11.4)	441 (3.1)	109 (0.8)
여성	6,845 (100.0)	5,764 (84.2)	1,081 (15.8)	821 (12.0)	276 (4.0)	41 (0.6)
미혼	4,185 (100.0)	3,689 (88.1)	496 (11.9)	331 (7.9)	170 (4.1)	18 (0.4)
배우자 있음	12,641 (100.0)	10,559 (83.5)	2,082 (16.5)	1,643 (13.0)	436 (3.5)	114 (0.9)
사별	2,094 (100.0)	1,859 (88.7)	236 (11.3)	201 (9.6)	39 (1.8)	8 (0.4)
이혼	2,006 (100.0)	1,691 (84.3)	315 (15.7)	249 (12.4)	72 (3.6)	11 (0.5)

	계	반려동물 안키움	반려동물 키움			
				개	고양이	기타
1세대 가구	4,152 (100.0)	3,505 (84.4)	647 (15.6)	533 (12.8)	130 (3.1)	19 (0.4)
2세대 가구	9,209 (100.0)	7,559 (82.1)	1,650 (17.9)	1,271 (13.8)	367 (4.0)	98 (1.1)
3세대 이상 가구	719 (100.0)	575 (79.9)	144 (20.1)	118 (16.4)	29 (4.0)	8 (1.1)
1인 가구	6,643 (100.0)	5,993 (90.2)	650 (9.8)	476 (7.2)	178 (2.7)	24 (0.4)
비친족 가구	204 (100.0)	166 (81.5)	38 (18.5)	25 (12.5)	14 (6.7)	1 (0.5)

통계청(2020). 인구주택총조사.

다음으로 가족의 정의를 살펴보면 가족은 혈연관계이다(89.0%). 가족은 법적으로 연결된 관계이다(83.7%). 가족은 함께 살지 않아도 심리적으로 유대감을 느끼는 친밀한 관계이다(82.8%). 가족은 경제적으로 생계를 함께 하는 관계이다(68.8%). 가족은 내가 선택하고 구성할 수 있는 관계이다(64.7%). 순으로 나타났다. 가족에 대한 속성은 혈연과 혼인에 의해 주어지는 관계로 인식되는 동시에 비록 함께 살지 않아도 심리적으로 유대감을 느끼는 정서적 친밀성도 중요한 요소로 보고 있었다. 가족인식의 속성 중 심리적 유대감은 생계와 공동거주보다 더 중요하게 인식되고 있음을 알 수 있다.

전남대학교 인문학연구원(2020) 자료를 통해 보다 구체적으로 결과를 해석해 볼 수 있다. 가장 가까운 가족관계를 유지하기 위한 요소에 대한 응답으로 혈연 등 '생물학적 관계'(22.9%), '함께 하는 시간과 추억'(20.9%), '경제력'(12.6%), '성격'(11.1%),

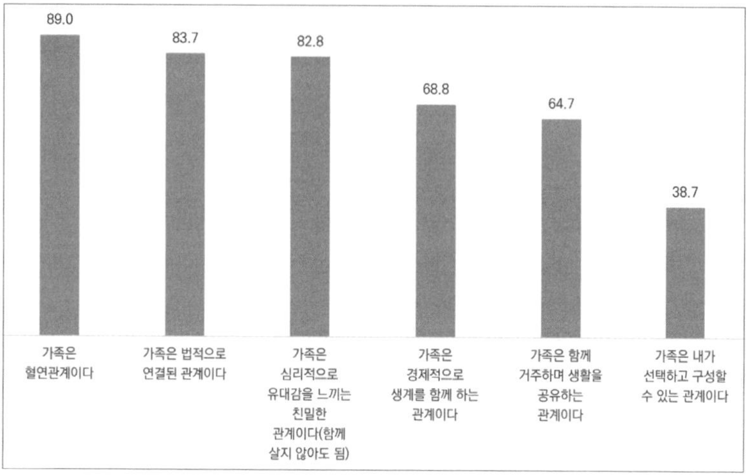

자료: 여성가족부(2021). 2020년 가족실태조사 분석연구.

그림 6. 가족의 정의에 대한 생각

'희생과 헌신'(9.5%), '가치관, 이념, 지향'(5.9%), '법적인 지위가 부여된 관계'(5.5%), '민주적 소통'(5.2%), '고통분담'(3.4%), '1차 욕구 충족'(1.7%), '취미 및 취향'(1.1%)으로 나타났다. 생물학적 관계가 여전히 중요한 가운데 함께하는 시간을 통해 가족이 함께함의 추억과 유대감을 쌓아가는 것이 가까운 가족관계 유지에 중요한 요인으로 생각되는 것이다.

다음으로 어려운 일이 생겼을 때 가장 의지가 되는 사람을 살펴본 결과 배우자(48%), 부모(27.5%), 자녀(11.1%), 형제자매(4.0%), 친구(3.2%), 자기자신(3.0%), 의지할 사람 없음(1.5%), 성직자(0.3), 동료(0.1), 이웃(0.2%) 순으로 나타났다. 전체적으로 위급한 문제 발생 시 혈연가구로부터 문제해결을 하는 것을 알 수 있으며 친구나 이웃, 성직자 등은 자기 자신보다 의지하지 않는 것으로 나타나 가족구성원들에게 의존을 많이 하지만,

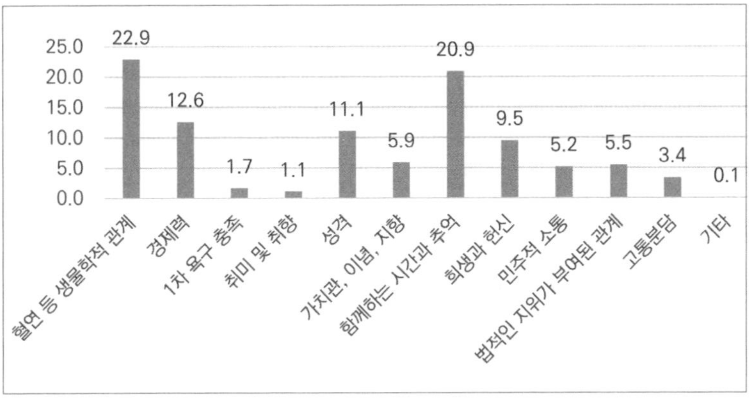

자료: 전남대학교 인문학연구원(2020). 가족실천 및 가족상황 차별 실태조사.

그림 7. 가장 가까운 가족관계를 유지하기 위한 요소

공동체를 통해 문제를 해결하거나 도움을 얻는 경우는 적음을 알 수 있으며, 2020년은 친구, 성직자 등의 의지율이 더 낮아졌다. 코로나 19 팬데믹 상황에서 이들은 오히려 더 가족에게 의지할 가능성을 시사한다. 외부활동의 제한은 공동체 안에서의 활동과 삶보다는 가족중심의 활동으로 계획되고 이들이 의존할 수 있는 공동체의 사회적 관계망은 오히려 더 줄어들 수 있을 것이다.

의지할 구성원은 혈연 내 가족구성원이지만 실제 가족이 함께하며 공존하는 시간과 공간 안에서는 친밀과 유대의 경험을 통해 힘을 받기도 하고, 동시에 상처와 폭력의 경험을 통해 트라우마를 경험하기도 하는 두 가지의 얼굴을 모두 가지고 있다. 우리나라 가정폭력실태 조사(2019) 결과 응답자 중 여성의 28.9%, 남성의 26%가 지난 1년 동안 신체적 폭력, 성적 폭력, 경제적 폭력, 정서적 폭력, 통제의 피해 중 하나라도 경험한 적

표 5. 가장 의지가 되는 사람

(단위 : %, %p)

구분	2015	2020	2015 대비 변화량
부모	27.4	27.5	0.1
배우자	48.5	48.0	-0.5
자녀	9.9	11.1	1.2
애인	0.8	0.9	0.1
형제자매	3.9	4.0	0.1
친구	3.5	3.2	-0.3
동료	0.1	0.2	0.1
이웃	0.2	0.2	-
성직자(목사, 신부, 수녀, 스님 등)	0.6	0.3	-0.3
자기 자신	3.4	3.0	-0.4
기타	0.3	0.3	-
의지할 사람 없음	1.3	1.5	0.2

자료: 여성가족부(2021). 2020년 가족실태조사 분석연구.

표 6. 가정폭력 유형별 비중

(단위 : %)

구분		5개유형폭력							
		4개유형폭력						통제	피해율 계
		신체적/성적폭력			경제적 폭력	정서적 폭력	피해율 소계		
		신체적 폭력	성적 폭력	피해율 소계					
전체		1.5	2.6	3.7	1	7.2	8.8	25	27.5
여성		2.1	4.6	5.9	1.2	8.3	10.9	25.4	28.9
남성		0.9	0.6	1.3	0.8	6	6.6	24.5	26
만65세 미만	여성	2.1	4.9	6.1	1.2	8.4	11.2	26.2	29.7
	남성	1	0.7	1.5	0.8	6.1	6.6	25.6	26.7
	소재	1.6	2.9	3.9	1	7.3	9	25.9	28.3
만65세 이상	여성	2.4	2	4	1.3	7.5	8.8	18.5	21.3
	남성	0.3		0.3	1	5.7	6.4	17.9	21.7
	소재	1.2	0.9	1.9	1.2	6.5	7.4	18.2	21.5

자료: 한국여성정책 연구원(2019). 가정폭력실태조사.

이 있다고 응답하였다. 이 중에 통제의 비율이 가장 높았고 다음으로 정서적 폭력이 높았다. 이와 같이 가정 내에서 개인이 폭력으로 느끼는 부분은 성적, 신체적으로 피부에 직접 와 닿는 것이기보다는 보이지 않는 그러나 느낄 수 있는 정서나 통제나 강요 등의 비율이 높은 것이다.

이러한 가정 내 폭력에 별다른 대응을 하지 않거나 자리를 피해 집 밖으로 도망갔다는 소극적 대처 비율(58.1%)이 가장 높았고 배우자에게 맞대응을 했다는 비율이 43.1%로 나타났다. 외부에 도움을 요청한 경우는 단 1%인 것으로 나타났다. 폭력 발생 이후 도움을 요청하지 않은 이유는 폭력의 심각성에 대해서 인식하지 못하는 비중이 과반수였고, 또한 부부만의 문제여서 부부끼리 해결하고자 하는 의식이 높았다. 가족갈등 유발 시 대응방안이 사적인 영역에만 머물러 있으며 이를 적극적으로 대처할 도움을 주는 사람이나 기관 등 중재와 화합의 공동체가 부재하다는 사실을 알 수 있다. 특히 여성의 경우 외부 기관에 대한 도움과 관련 기관에 대한 인식의 부재가 더 높았다. 한국의 높은 가족 중심주의 가치관은 한편으로 신뢰와 소통의 근간이 되기도 하지만 가족 내 폭력 등 문제 발생 시 폐쇄성 강화의 걸림돌로 작용하기도 한다는 사실을 알 수 있다.

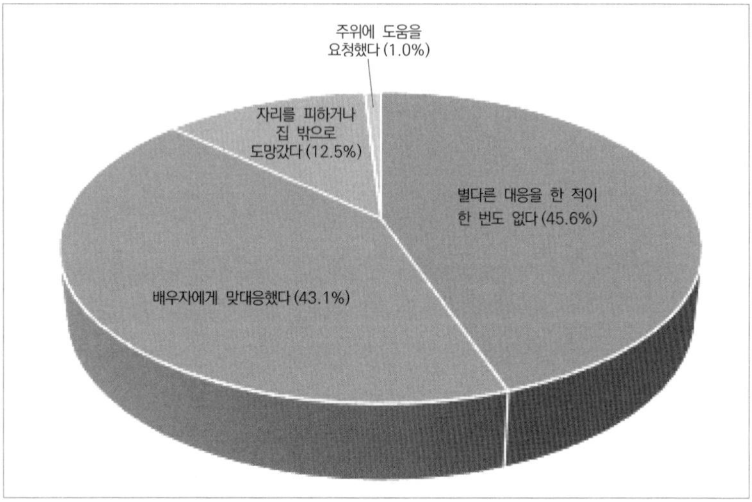

자료: 한국여성정책 연구원(2019). 가정폭력실태조사.

그림 8. 배우자의 폭력행동에 대한 대응 (중복응답)

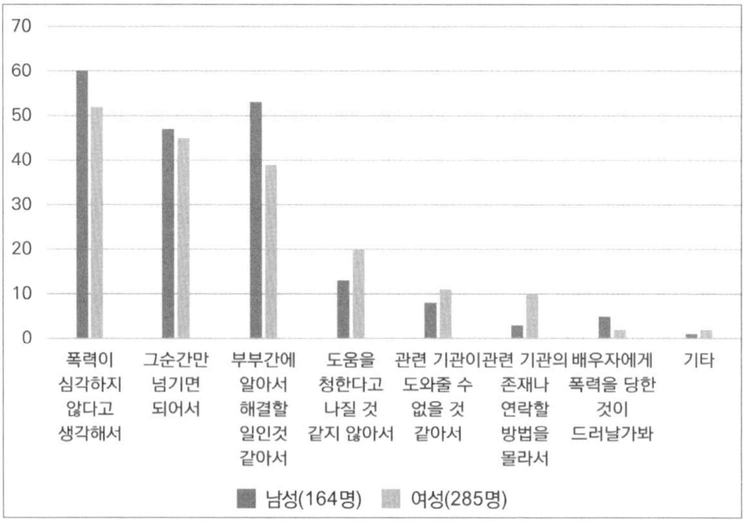

자료: 한국여성정책 연구원(2019). 가정폭력실태조사.

그림 9. 폭력발생 이후 관련 기관에 도움을 요청하지 않은 이유 (중복응답)

가구유형별 가족실천 현황

가구유형별 가족실천은 어떻게 행해지고 있는지 살펴보자. 먼저 생활비 마련영역에서 1인가구의 경우 대다수가 생활비를 '자신이 전담해서 마련하는 것'(90.2%)으로 나타났다. 법적부부와 혈연관계를 포함한 가족의 형태에서는 '내가 주 담당하고 다른 가구원 일부 분담'(26.4%)하거나 '내가 전담'(25.7%)하

표 7. 가구유형별 생활비 마련 현황

	가구형태							전체
	1인 가구	법적 부부 (2인 가구)	법적 부부 + 혈연 관계 포함	파트 너십 동거 관계 (2인 가구)	파트 너십 동거 관계 + 다른 가족 포함	파트 너십 아닌 혈연 관계	파트 너십 아닌 비혈연 관계	
내가 전담	313 (90.2)	26 (11.5)	370 (25.7)	8 (21.1)	13 (28.3)	110 (12.2)	1 (11.1)	841 (28.0)
내가 주로 담당하고 다른 가구원이 일부 분담	10 (2.9)	35 (15.5)	379 (26.4)	8 (21.1)	11 (23.9)	123 (13.7)	1 (11.1)	567 (18.9)
다른 가구원이 주로 담당하고 내가 일부 분담	11 (3.2)	38 (16.8)	310 (21.6)	3 (7.9)	15 (32.6)	266 (29.6)	0 (.0)	643 (21.4)
다른 가구원이 전담	7 (2.0)	41 (18.1)	243 (16.9)	6 (15.8)	3 (6.5)	210 (23.4)	0 (.0)	510 (17.0)
가구원 모두가 골고루 분담	6 (1.7)	86 (38.1)	136 (9.5)	13 (34.2)	4 (8.7)	190 (21.1)	7 (77.8)	442 (14.7)

자료: 전남대학교 인문학연구원(2020). 가족실천 및 가족상황 차별 실태조사.

는 비율이 높았으며, 파트너십 동거관계나 파트너십이 아닌 비혈연관계의 경우 '가구원 모두가 골고루 분담하는 비율'이 높았다.

다음으로 요리, 청소, 세탁 등 가사일의 실천영역에서는 역시 1인가구의 '내가 전담'비율이 93.4%로 가장 높았고, 법적부부의 경우 '가구원 모두 골고루 분담'(33.6%), 혈연관계를 포함한 법적 부부형태에서는 '다른 가구원이 주로 담당하고 내가, 일부 분담'하는 비율(35.3%)이 높았다. 또한 파트너십 동거관계에서는 '내가 주로 담당하고 다른 가구원이 일부 분담'(39.5%)

표 8. 가구유형별 요리, 청소, 세탁 등 가사일 실천현황

	가구형태							전체
	1인 가구	법적부부(2인 가구)	법적부부 I 혈연관계 포함	파트너십 동거관계(2인 가구)	파트너십 동거관계 + 다른 가족 포함	파트너십 아닌 혈연관계	파트너십 아닌 비혈연관계	
내가 전담	323 (93.4)	30 (13.3)	320 (22.3)	5 (13.2)	8 (17.4)	73 (8.1)	1 (11.1)	760 (25.3)
내가 주로 담당하고 다른 가구원이 일부 분담	8 (2.3)	69 (30.5)	358 (24.9)	15 (39.5)	14 (30.4)	111 (12.4)	1 (11.1)	576 (19.2)
다른 가구원이 주로 담당하고 내가 일부 분담	5 (1.4)	47 (20.8)	508 (35.3)	4 (10.5)	17 (37.0)	398 (44.3)	0 (0)	979 (32.6)
다른 가구원이 전담	3 (0.9)	4 (1.8)	99 (6.9)	3 (7.9)	3 (6.5)	150 (16.7)	0 (0)	262 (8.7)
가구원 모두가 골고루 분담	7 (2.60)	76 (33.6)	153 (10.6)	11 (28.9)	4 (8.7)	166 (18.5)	7 (77.8)	424 (14.1)

자료: 전남대학교 인문학연구원(2020). 가족실천 및 가족상황 차별 실태조사.

다른 가족을 포함한 파트너십 동거관계에서는 '다른 가구원이 주로 담당하고 내가 일부분담'(37.0%)의 비율이 높았다. 파트너십 관계가 아닌 비혈연관계에서는 '가구원 모두 골고루 분담'(77.8%)의 비율이 가장 높게 나타났다.

자녀의 양육과 교육의 영역에서의 가족실천도 1인 가구의 '내가 전담'(19.3%)한다는 비율이 가장 높았다. 혈연관계의 자녀를 포함한 법적 부부관계와 파트너십 동거관계에서 나와 다른 가구원이 분담해서 참여하는 경우가 가장 많았다.

표 9. 가구유형별 자녀의 양육과 교육 실천 현황

	가구형태							전체
	1인 가구	법적 부부 (2인 가구)	법적 부부 + 혈연 관계 포함	파트너십 동거 관계 (2인 가구)	파트너십 동거 관계 + 다른 가족 포함	파트너십 아닌 혈연 관계	파트너십 아닌 비혈연 관계	
내가 전담	67 (19.3)	6 (2.7)	268 (18.6)	4 (10.5)	7 (15.2)	49 (5.5)	0 (0)	401 (13.4)
내가 주로 담당하고 다른 가구원이 일부 분담	2 (0.6)	5 (2.2)	395 (27.4)	1 (2.6)	15 (32.6)	34 (3.8)	0 (0)	452 (15.1)
다른 가구원이 주로 담당하고 내가 일부 분담	3 (0.9)	7 (3.1)	479 (33.3)	6 (15.8)	11 (23.9)	56 (6.2)	0 (0)	562 (18.7)
다른 가구원이 전담	8 (2.3)	2 (0.9)	58 (4.0)	0 (0)	1 (2.2)	80 (8.9)	0 (0)	149 (5.0)
가구원 모두가 골고루 분담	4 (1.2)	17 (7.5)	196 (13.6)	0 (0)	7 (15.2)	50 (5.6)	1 (11.1)	275 (9.2)
해당없음	263 (75.8)	189 (83.6)	43 (3.0)	27 (71.1)	5 (10.9)	629 (70.0)	8 (88.9)	1164 (38.8)

자료: 전남대학교 인문학연구원(2020). 가족실천 및 가족상황 차별 실태조사.

노인과 환자의 돌봄에도 여전히 1인가구의 전담비율이 타 가구유형에 비해서 높은 비율을 차지하였다. '혈연관계를 포함한 법적 부부'와 '다른 구성원을 포함한 파트너십 동거관계'는 가구 구성원간 분담률이 높은 것으로 나타났다. '파트너십 아닌 혈연관계' 동거 가구유형은 다른 가구원이 전담하거나 가구원 모두가 분담한다는 응답률이 높아 가구별 상황이 상이함을 알 수 있었다. 1인가구 임에도 불구하고 다른 가구원과 분

표 10.가구유형별 자녀의 노인과 환자의 돌봄 실천 현황

	가구형태							전체
	1인 가구	법적 부부 (2인 가구)	법적 부부 + 혈연 관계 포함	파트너십 동거 관계 (2인 가구)	파트너십 동거 관계 + 다른 가족 포함	파트너십 아닌 혈연 관계	파트너십 아닌 비혈연 관계	
내가 전담	69 (19.9)	6 (2.7)	72 (5.0)	4 (10.8)	4 (8.9)	40 (4.5)	0 (0)	195 (6.5)
내가 주로 담당하고 다른 가구원이 일부 분담	6 (1.7)	6 (2.7)	114 (7.9)	0 (0)	5 (11.1)	45 (5.0)	0 (0)	176 (5.9)
다른 가구원이 주로 담당하고 내가 일부 분담	7 (2.0)	6 (2.7)	120 (8.4)	4 (10.8)	6 (13.3)	64 (7.1)	0 (0)	207 (6.9)
다른 가구원이 전담	6 (1.7)	0 (0)	34 (2.4)	0 (0)	0 (0)	69 (7.7)	0 (0)	109 (3.6)
가구원 모두가 골고루 분담	7 (2.0)	11 (4.9)	69 (4.8)	1 (2.7)	2 (4.4)	73 (8.1)	2 (22.2)	165 (5.5)
해당없음	252 (72.6)	197 (87.2)	1028 (71.5)	28 (75.7)	28 (62.2)	607 (67.6)	7 (77.8)	2147 (71.6)

자료: 전남대학교 인문학연구원(2020). 가족실천 및 가족상황 차별 실태조사.

담하기보다는 오히려 1인 가구이기 때문에 노인과 환자의 돌봄을 전적으로 부담한다는 비율이 높아 이들의 부양부담률은 높을 것으로 예상된다.

다음으로 가구유형별 삶의 만족도 차이를 살펴보았다. 가구유형별 삶의 만족도는 ‘법적 부부’가구가 3.11점으로 ‘가장 높았고, 다음으로 ‘혈연관계를 포함한 법적 부부’ 3.00점, ‘다른 가족 구성원을 포함한 파트너십 동거관계 가구’ 2.76점, ‘파트너십 동거관계 가구’ 2.66점, ‘파트너십 아닌 혈연관계 동거가구’ 2.65점, ‘1인 가구’ 2.59점, ‘파트너십 아닌 비혈연 동거관계 동거가구’ 2.23점으로 나타났다. 법적 부부와 혈연관계를 포함한 법적 부부가구 유형의 삶의 만족도가 다른 가구유형에 비해 높았고, 1인 가구와 비혈연 동거가구의 삶의 만족도가 낮은 수준 이었다. 1인 가구의 삶의 만족감을 향상할 수 있는 사회적 대안을 마련해야할 필요성을 확인해볼 수 있다.

표 11. 가구유형별 삶의 만족도

	가구형태							전체
	1인 가구	법적부부 (2인 가구)	법적부부 + 혈연관계 포함	파트너십 동거관계 (2인 가구)	파트너십 동거관계 + 다른가족 포함	파트너십 아닌 혈연관계	파트너십 아닌 비혈연 관계	
삶의 만족도	2.59	3.11	3.00	2.66	2.76	2.65	2.23	2.85
	ab	c	bc	abc	bc	a	abc	
	F = 19.86***							

자료: 전남대학교 인문학연구원(2020). 가족실천 및 가족상황 차별 실태조사.

최근 가족이해의 시사점

이상으로 가족구조의 변화, 가족가치관과 의식의 변화, 가족실천의 양상을 살펴본 결과를 종합해보면 1인 가구 증가와 더불어 한국사회 가족체계가 재구성되고 있었다. 2020년을 기점으로 한국사회는 더 이상 핵가족화가 아닌 1인 가족화 현상이 가속화 되고 있음을 확인할 수 있었다.

1인 가구는 성별, 연령별로 그 양상이 다르게 나타남을 통계를 통해 확인해볼 수 있었는데, 20대 남성의 독립시기의 장기화, 3040세대 남성의 비자발적 1인 가구 현상, 이혼 사별 등 생애주기에서 다양한 가족형태를 거쳐 마침내 1인 가구가 된 60대 이상 노인의 여성 집중 현상으로 정리할 수 있다. 연령이 젊을수록 1인 가구를 자발적으로 선택하는 비율이 높았고, 연령이 높아질수록 1인 가구를 형성함에 있어 비자발적 경향이 높다는 사실을 알 수 있다.

다음으로 1인 가구가 겪는 가장 큰 어려움은 균형잡힌 식사의 어려움이었다. 특히 젊은 남성의 경우 균형잡힌 영양식을 챙겨 먹는 것에 대한 어려움을 드러냈으며, 60대 이상의 여성은 균형잡힌 식사를 비롯해, 위급상황 시 혼자 대처해야하는 상황에 대한 어려움, 다른 이들로부터 고립되어 외로움을 느끼는 정서적 어려움 등 다중의 어려움을 겪고 있었다.

1인 가구를 바라봄에 있어서 우리는 다양한 스펙트럼으로 이들을 살펴보아야 할 것이다. 젊은 세대를 중심으로 자신의 의지로 가족구조를 선택하고자하는 경향성을 높다는 사실을 알 수 있었다. 구드는 근대의 특성을 부부중심의 핵가족 형태, 핵가족의 기능을 주된 가족적 특징이라고 하였다. 그러나 현재 우리사회는 근대의 가족적 특성에서 벗어나 개인의 행복, 자유에 대한 권한과 개인주의적 가치의 확대로 자아의 중심이 가족에서 개인으로의 옮겨지는 과도기를 경험하고 있다. 1인가구의 증가로 인해 점차적으로 개인의 자의식의 성찰의 중요성, 자기발전에 대한 욕구가 늘어날 것으로 예상해 볼 수 있겠다.

가족에 대한 의식도 함께 살펴볼 수 있는데 가족의 범주에는 배우자, 자녀, 부모, 형제자매 등 혈연가족 중심의 방위가족, 생식가족 구성원의 배치가 당연시되고 있었으며 친인척의 비중은 줄어들고 있었다. 또 다른 가족구성원으로 반려동물로 보고 있었는데 반려동물이 오히려 친구나 선후배, 이웃보다 더 가족으로 보는 경향이 높았다. 이는 가족의 구성 원리에 대한 의식조사를 통해 그 이유를 살펴볼 수 있었는데, 가까운 가족관계를 유지하기 위해서 중요한 요소로 1위는 혈연 등 생물학적 관계, 2위로 함께하는 시간과 추억으로 나타난다. 멀리서 필요와 목적에 따라 단편적으로 만나는 친구나 이웃보다는 함께 거주하면서 시간을 보내는 동물이 오히려 이들에게 가족적인 느낌으로 다가오는 것이라고 할 수 있다.

본인이 어려울 때 의지할 수 있는 사람은 배우자가 가장 많았고 다음으로 부모, 자녀, 형제자매 등 혈연가구의 지원을 주로 받지만, 지역사회의 공동체를 통해서는 도움을 얻는 경우는 극소수인 것을 알 수 있다. 코로나 19의 팬데믹 상황 등 전염병으로 인한 국가적 위기의 상황에서 외부활동의 제한은 지역사회를 무대로 하는 공동체의 활동보다는 가족중심의 생활패턴을 유지하게 되어 이들이 도움을 얻을 수 있는 외부의 사회적 관계망은 오히려 더 줄어들 것으로 전망된다.

가족관계의 속성은 명암이 모두 공존하고 있어 가족구성원 간 관계가 좋을 때는 잘 유지되지만 상황이 악화되거나 갈등이 장기화 될 때에는 본인을 비롯하여 가족원 모두에게 고통이 될 수 있다. 통계조사 결과 가정 내에서 폭력을 경험한 적이 있다고 응답한 응답자의 비율이 높았던 반면, 그에 대한 적극적인 대응이나 해결의 시도가 이루어지지 않은 경우가 과반수였다. 특히 통제나 정서적 폭력이 높았는데 보이지 않지만 느낄 수 있는 영역에서 비중이 높게 나타났다. 한국의 높은 가족 중심주의 가치관은 한편으로 신뢰와 소통의 근간이 되기도 하지만 가족 내 폭력 등의 문제 발생 시 폐쇄성으로 인한 해결되지 않은 상황을 유지하게 되는데, 이들이 경험한 신체적, 정서적, 경제적 폭력을 보고 적극적으로 해소할 수 있는 개인의 민감성 증대의 노력도 필요하겠다. 가장 중요한 것은 가족 갈등 시 이들을 조정하거나 중재해 줄 수 있는 전문가나 종교, 지역사회 기관 등의 접근성을 높이려는 노력이 함께 이루어져야 한다.

가구유형별 가족실천 상황을 살펴본 결과 1인 가구의 개인의 전담비율이 높았다. 이들은 경제활동, 가사일, 자녀의 양육과 교육, 노인과 환자의 돌봄에서 타 가구유형에 비해 높은 전담비율을 가지고 있다. 다양한 이유에서 1인 가구가 되었고 각각의 상황은 다를지라도 1인 가구가 가구 내 생활을 유지하는데 어려움을 겪고 있을 것으로 예상해볼 수 있다. 실제 비혈연 동거관계 다음으로 1인 가구 삶의 만족 비율이 가장 낮게 나타났다.

동거가구원이 없는 1인 가구 구성원은 자신 스스로가 경제적, 도구적, 돌봄적 지원역할에서 부담감이 높지만 정작 자신이 아프거나 노후를 홀로 보내야하는 상황에서는 적절한 대비책이 마련되어 있지 않는 것으로 나타났다(여성가족부, 2021). 따라서 1인 가구의 상황별 추가적 돌봄지원이나 정책을 세워야한다. 1인 가구라 하더라도 원가족으로부터 독립하여 생활하는 것이 아니라 지속적으로 가족부양과 돌봄 제공의 주체가 되고 있음을 고려하고 이에 따른 정책을 수립해야한다.

1인 가구는 성별, 연령별, 가구유형별 상황이 다르고 이들이 경험하고 있는 생활과 사회경제적 수준에 따라서 가지는 욕구도 다를 것이다. 1인 가구가 처한 다중적인 상황을 세심하게 고려해나가면서 개인 중심의 가족정책은 어떻게 이루어가야 하는지에 대한 고민과 실천중심의 대안을 마련해 나가야 할 때이다.

■ 참고문헌

통계청(2020) 통계로 보는 1인 가구.

통계청(2019) 장래가구추계.

여성가족부(2021). 2020년 가족실태조사 분석연구.

전남대학교 인문학연구원(2020). 가족실천 및 가족상황 차별 실태조사.

한국보건사회연구원(2018) 전국출산력 및 가족보건복지 실태조사.

코로나 19로 인한 가족의 위기와 사회 불평등*

추주희
(전남대 인문학연구원 HK연구교수)

팬데믹 이후 안전의 공간으로서 집, 필수적 돌봄을 제공하는 가족은 더 없이 중요해지고 있다. 그러나 가장 필수적이고 안전의 상징이 된 가족은 오랫동안 불평등의 시삭섬이기도 하였다. 생산에 따른 경제적 진보는 결혼과 가족의 형태를 바꾸고, 가부장제를 유지하는 중요한 동력이었다는 점은 근대 사회학자들에게 익숙한 논의이기도 하다. 그러나 사회변동 혹은 위기 상황에서 가족은 안전을 위한 보루이자 변화의 척도이기도 하지만, 오랫동안 지속된 불평등을 더욱 강화하기도 한다. 그렇다면 현재의 상황은 우리 사회의 어떤 변화된 모습을 보여주는 것일까? 현재의 가족과 집은 곧 다가올 미래의 새로운 불평등의 모습을

---

* 이 글은 추주희(2020), “정상가족의 바깥에서 가족을 사유하기”, 『가족인문학: 나는 누구와 함께 살 것인가』(광인문화사)의 문제의식을 확장시키면서 코로나 팬데믹 상황에서 가족을 둘러싼 사회적 불평등을 살핀 내용임을 밝힌다. 또한 한국연구재단의 이슈리포트에 기고한 내용을 일부 수정· 재구성하였음을 밝힌다.

어떻게 강화하고 있는 것일까? 가족 변화 앞에서, 그리고 그 안에서 청년들은 가족을 어떻게 인식할까? 한국사회에서 가족은 청년들에게 위기를 돌파하는 동력이 될까? 아니면 여전히 인류와 국가 발전의 동력이자 재생산의 자원으로 동원되는 하나의 도구에 불가할까? 이러한 질문들은 가족이라는 렌즈 없이 한국사회의 사회적 불평등을 이야기 어렵다는 점을 보여준다. 그렇기에 이 글은 가족이라는 렌즈를 통해 사회적 불평등이 어떻게 재생산되고 있는지 살펴볼 것이다.

코로나 팬데믹, 가족 안전망 다시 부상하다

코로나 팬데믹 이후, 가족의 가치와 돌봄의 필요성이 그 어느 때보다도 중요하게 언급되고 있으며, 이는 재난 및 위기 상황에서 절실하게 요구되는 돌봄과 안전이 다시 사적 영역을 통해 담보되는 상황으로부터 비롯된 결과이기도 하다. 팬데믹 이전에도, 가족은 거의 모든 측면에서 한국사회의 구조변동과 위기의 영향을 받아왔으며, 위기에 대응하는 과정에서 다양한 형태로 분기하고 재구성되었다. 특히 2000년대 이후부터 “저출산과 고령사회”라는 인구구조 변화를 설명하는 핵심적 연령 및 재생산 지표 속에서 가족의 위기는 계속해서 진행 중인 논의이기도 하다. OECD 국가 중 유일하게 합계출산율이 38년째 인구대체율(2.1명)을 하회하고 있고, 2018년도부터 1이하로 내려갔으며 2025년 초고령사회 진입이 예상되는 등 인구변화는 급속하게 진행되고 있다. 인구감소와 인구구조 변화에 의한 경제적 파급력과 사회전반에 닥쳐올 변화는 '지방소멸', '학령인구의 감소' 등으로 또 다른 사회 위기로 전화되었으며, 또한 청년세대의 삶의 가치관 및 생애주기 변화로도 나타났다. 2040세대에서 가족 내 고령자를 부양하는 책임, 결혼-출산-자녀양육으로 이어지는 일련의 표준적 생애주기에 대한 거부와 포기의 양상은 이 모든 변화에서 가장 극명하게 드러났다.

이러한 과정에서 가족의 모습은 다양성의 측면보다는 해체적 의미를 더 담게 된다. 점차 불안정한 삶이 확대되면서, 혈연과 이성애 중심의 제도에 기반한 가족의 지위 역시 불안해졌다. 경제적 변화와 맞물려 근대 산업사회의 초석이 되었던 남성노동자-일인생계부양자 모델과 돌봄의 책임 주체로 가족을 호명하는 시대는 지나갔다는 평가를 받기도 하였다.[1] 그러나 코로나 팬데믹이라는 사회적 위기 앞에 가족과 집은 곧 사라질 것 같았던 '가치'를 다시 인정받고 있다. 이러한 상황에서 청년 당사자에게 '가족'과 '집'은 어떠한 의미를 갖는가?

잘 알고 있듯이, 가족 다양성이든 가족 해체이든 모든 이가 안전망으로 여겨질 만한 '가족'이 있는 것은 아니며, 가족 구성원이 사회적 위기 또는 위험에 대해 동일한 책임을 질 수 없다는 점이 위기 앞에서 다시 확인된다. 또한 사회적 거리두기, 더 정확히 말해, 타인들과의 물리적 거리두기는 실질적으로 감염

1) 구은정. 「일과 삶의 균형, 그 이론적 함의」. 『경제와 사회』 제123권, 2019, 15~181쪽. 최선영·장경섭. 「압축산업화 시대 노동계급가족 가부장제의 물질적 모순」, 『한국 사회학』 제46권 2호, 2012, 203~230쪽.

의 예방과 안전에 최적화된 공간이 자신의 '집'이라는 사실을 환기시킨다. '집'은 한편으로는 가장 중요한 '계급적 자산'이면서도 동시에 안식처나 유일한 피난처로서 그 의미가 강화되었다. 이 과정에서 가족은 개인에게 경제적으로, 사회적으로 보호와 안전망의 구실을, 집은 교환가치를 중심으로 사용가치가 상대화되었지만, 이제는 절대적 측면에서 사용가치가 중요해지고 있다.

코로나 팬데믹과 청년의 삶

이중적 시선에 놓인 청년

실질적으로 청년들의 삶의 궤적에서 현재와 같은 위기가 어떤 전환점을 만들어 내는지 혹은 이를 극복하기 위한 혹은 위험상황을 최소화하기 위한 전략적 도구가 계층, 인종, 성, 지역, 장애 등에 따라 어떻게 다른지는 우리 사회에서 충분히 이야기되지 않았다. 다만, 청년들이 현재 겪는 문제가 비단 코로나와 마찬가지로 갑작스럽게 찾아온 것이 아니라는 점, 코로나 팬데믹 이전부터 있던 청년 문제가 심화되고 있으며, 청년 내부의 차이 역시 강화되고 있다는 점을 상기할 때 이 같은 고민은 반드시 필요한 것이기도 하다.

청년에 대한 기본적인 인식은 정책과 제도에서 선명하게 드러난다. 대표적으로 고용문제를 중심으로 한 청년정책과 청년의 가족구성과 관련한 가족정책, 엄밀히 말해, 인구정책은 청년 당사자를 직접 지원하는 정책이다. 그러나 이 두 정책 속에서 청년은 동일한 정책적 대상의 지위를 갖지 않는다. 청년 정책과 청년을 지원하는 법령, 조례 속에서 청년은 전 사회 영역에 참여할 기회를 보장받으며 자립의 기반을 마련하여 사회발전에 기여하는 존재로 상정된다. 청년은 무엇보다 가까운 미래의 자립할 개인이자 자신들의 사회적, 시민적 권리와 권익 증진을 위한 지원이 필요한 시민이기도 하다. 반면에 가족 정책은 혼인과 혈연 등 특정한 관계를 설정한다는 점에서 청년 개인보다는 청년에 속해야 하거나 속해 있는 가족 형태에 집중한다. 특히 가족 정책이라는 프레임 속에서 청년은 결혼과 출산을 유예하거나 거부하는 존재로 비춰진다. 이때의 청년은 마치 적자생존의 경쟁 속에서 위험을 최소화하기 위해, 자기 이익의 논리에 따라서 자신의 삶을 효율적으로 조직하는 개인이자 결혼과 출산을 선택(거부)하는 자발적이면서 때로는 이기적인 개인으로 비춰진다. 두 정책과 제도에서 청년은 한편으로는 불안한 노동과 사회적 지위로 인해 결혼과 출산을 유예하는 존재이지만, 또 다른 한편으로는 합리적 이해타산에 따라 효율을 극대화하거나 스스로의 삶을 자율적으로 주도하는 주체로 보여진다.

청년들의 만혼현상, 무자녀와 저출산이 심화되고 있지만, 이를 청년들이 자기 삶의 효율성과 이익을 극대화하기 위한 선택으로 볼지, 혹은 '좋은' 양육과 중산층의 핵가족 이데올로기를 재현할 수 있는 안정적이고 건강한 가족형성에 필요한 에너지와 시간을 감내할 준비가 되지 않아서인지는 불분명하다. 실제로 이에 대한 청년세대의 결혼 및 가족 가치관 연구들은 전통적인 가치관과 청년세대의 가치관이 달라졌음을 보여줄 뿐이다.

청년세대의 현실적 가치관의 변화를 표준적 생애주기 쇠퇴로 바로 연결시키기 어려운 지점은 우리 사회의 여러 현상에서 포착된다. 청년들은 N포세대로 불리며, 모든 사회적 관계와 생애주기 속 과업을 유예하고 거부하는 것처럼 보이지만, 한편으로 학벌, 외모, 직업 등을 선별하여 '계급만남'을 주선하는 소셜데이팅 앱과 소개팅 어플을 적극적으로 활용하며 관계를 지속한다. 믿을 만한 사람과 관계에 집착하면서 더욱 더 사적 친밀성을 형성하는데 집중한다. 30대 기혼-청년 여성의 경우, 이른바 '워라벨'(혹은 일생활 균형)을 적극적으로 추구하지만, 이들에게 신자유주의 사회의 양육방식을 적절히 따라야 하는 모성적 실천(예, 매니저 맘)이 요구된다. 이렇듯 청년들의 생애궤적 속에서 드러나는 다양한 사회 문제들의 현상을 통일적으로 포착할 수 있는 설명틀을 찾기란 쉽지 않을 뿐만 아니라 경제적·사회적·문화적 모순 속에서 놓여 있는 청년들의 생애 궤적과 삶을 어떤 표준적 모형으로 설명하는 것 역시 한계가 있다.

그럼에도 불구하고, 청년에게 있어서 가족은 변수가 아니라 하나의 상수일 수 있다는 점을 고려해보자. 그리고 그 상수 위에서 다양한 사회적 위기와 변화를 맞이하는 청년들은 사회적 차별과 갈등, 혐오와 불신을 경험한다. 따라서 기존의 청년에 대한 프레임 속에서 청년 당사자에게만 주목하는 것은 청년을 둘러싼 혹은 청년을 뒷받침해주고 있는 안전망의 의미와 한계를 잘 드러내지 못한다. 동시에 가족을 통해서만 청년을 인식하게 될 때, 청년은 자기 이익과 가족 전체의 전략적 목표 달성을 위해 가족 역시 하나의 가용자원으로 여기는 목적합리적 행위자로 인식하거나 원가족의 질서와 유대관계에 수동적으로 매인 관행적 행위자로 평가하게 된다.

변수가 아닌 상수로서 가족을 놓고 청년의 삶을 볼 때 우리는 다음 두 가지 경우를 상정할 수 있다. 첫 번째는 상수로서 가족만이 가장 안정된 삶을 제공하는 지역 청년의 삶이고, 두 번째는 이 상수마저도 사라진 '벌거벗은 생명'으로 존재하는 청년의 삶이다.

모든 청년들이 가족 안에 머문다고 볼 수 없지만, 한국사회의 청년의 자립은 부모의 지원 없이 불가능한 것이기도 하다. 취업하지 않고 중장년 부모와 사는 일종의 '캥거루족' 청년의 증가는 이런 모순성 잘 드러낸다. 2019년 중장년층 행정통계(2020)에 따르면, 중·장년 연령에 해당하는 가구 중 자녀와 같이 사는 가구 비중은 58.1%이며, 이 가운데 20대 이상은 35.5%였다. 특히 중·장년 가구주와 함께 살고 있는 만 19세 이상 자녀 중 미취업 상태의 자녀(2019년 10월 기준)는 46.8%(237만 6천 명)로 나타났으며, 이 가운데 25세 이상의 미취업자는 평균 35% 정도이다.[2] 특히 지역 청년들 다수는 성적과 집안 형편 등의 이유로 지역대학에 진학했고, 졸업 이후에도 지역에 머무르면서 취업 전망을 가진다. 그러나 실질적인 취업준비 과정에서의 비용과 구직실패를 통해 체감한 부담은 지역을 떠나는 것을 상상조차 할 수 없게 만들기도 한다.

---

2) 통계청. "2019년 중장년층 행정통계 결과", 2020.
http://kostat.go.kr/portal/korea/kor_nw/1/6/8/index.board?bmode=read&aSeq=386979

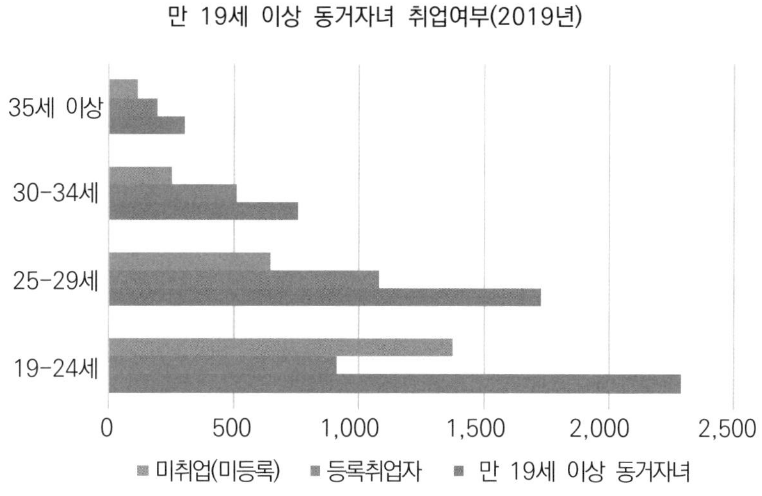

자료: 통계청. 2020. “2019년 중장년층 행정통계 결과”

지역에 머물겠다는 청년들의 의사는 지역에 대한 애착과 연대감보다는 경제적 자원의 한계와 불안정한 노동패턴, 장기화되는 미취업 기간 때문에 주거 상황을 제약한 결과이기도 하다. 그러나 불안과 초조함, 사회경제적 불안정으로 시공간을 제약했다는 것만으로 지역에 머무는 청년들의 삶을 단순화하기 어렵다. 다만 수도권 등 지역으로의 이동 없이 가족 내에서 학령기와 취업준비기를 보내는 청년들은 가족을 통한 사적 자원을 개인의 최소한의 안전망으로 여기고 사회적 돌봄의 공백을 메우고 있다는 점에서 가족중심적 개인주의는 지역 내에서 강화되고 있다고 평가할 수 있다.[3)]

3) 추주희·김지영. 「좌절과 불안을 마주하는 지역청년들의 대응과 전략: 구직 중 ‘자기반성’ 서사를 중심으로」, 『한국융합인문학』 제8권 1호, 2019, 162쪽.

그럼에도 불구하고, 지역과 가족 안에 머무는 삶은 무한 개인책임주의의 사회적 압박을 견디는 발판이 되기도 한다. 또한 '승자독식'이 정당화되는 신자유주의적 규범에 대한 암묵적 거부 또는 이에 대해 어느 정도 거리두기를 하면서 살아갈 수 있는 기회를 제공하기도 한다. 물론 지역에서 살아가는 청년들이 이를 의식하면서 신자유주의적 삶의 논리를 전적으로 거부한다고 예단할 수는 없다. 혹은 지역에 머무는 것만이 이러한 삶의 논리로부터 거리두기를 할 수 있는 유일한 방식은 아니다. 청년들이 지역에서 살아간다고 할 때, 경쟁적이고, 물질적인 이점만을 고려하는 사회체계에 저항하고자 지역에서 살아가겠다는 결정을 내리는 것은 아니기 때문이다.

다만, 지역의 청년들을 바라볼 때, 이들 청년이 전적으로 사회적으로 고립된 존재라거나 원가족에 의존적인 행위자가 아니라는 점도 인식할 필요가 있다. 이들이 지역에 머무는 것이 그나마 낫다고 생각하게 된 맥락에는 단순히 취업 실패, 취업 유예, 취업 준비라는 사적인 이유만 있는 것이 아니다. 이를테면 '헬조선'이나 '망한민국'이라는 신조어에서 볼 수 있듯, 오늘날 한국사회에 대한 청년들의 광범위한 환멸을 불러온 사회적 관계 맥락의 이면 또한 고려될 필요가 있다. 지역, 즉 내가 살고 있는 곳과 가족, 우정, 사랑과 같은 친밀한 관계에서의 유대의 끝자락을 붙잡고 있다면, 한국사회에 대한 불신의 방향은 어디가 될까? 반대로 유일하게 불신하지 않는 관계는 어떻게 유지되는가? 시장 논리의 붕괴와 불확실한 관계, 진짜 친구와의 우정, 자신을 이용하는 사람이 누구인지 잘 아는 게 중요해질수록, 가족 내에서 상호의무와 헌신, 이 가족관계를 유지하고 확립하는 것이 중요하다고 여기게 되며, 그나마 안정적인 관계의 실체는 '가족'을 통해 재생산되고 담보된다.

모순적이지만, 청년들의 사회적 관계가 협소해지고, 사회적 유대가 약화될수록 가족관계와 다른 친밀한 관계들이 더 중요하게 여겨지고, 이에 대한 부담은 가족, 특히 어머니에게 더 많이 전가되기도 한다. 점점 더 자립하지 않고 가족과 함께하는 청년들은 '후기 청소년기'의 연장 속에서 이해되지만, 또 다른 의미에서 '자립'하지 못한 자녀의 양육은 결국 어머니의 자녀 양육의 연장을 의미하는 것이기도 하다. 결국 청년들이 지역에 남아 살아간다는 것은 가족의 옆에 자리함, 또는 부모의 품 안에 파고듦을 뜻한다. 우승열패나 승자독식의 치열한 경쟁의 틈바구니에서가 아니라 비이기적인 방식으로 살아가면서 보살핌을 받을 수 있는 자리가 바로 가족이다. 그 가족이 지역(바로 옆)에 있다. 그 과정에서 널리 퍼져있는 문화적 통념에 기대어 청년들은 가족 안에서 지속적인 모성의 돌봄을 요구하게 되는 것이다. 그리고 그 요구는 과거의 전통적인 부모의 헌신과 돌봄의 방식과 다르다는 점에서 또 다른 가족주의를 만들어내고 있다.

정상 가족'밖, 안전한 '주거'의 밖

코로나 팬데믹 상황에서 많은 사람들이 새로운 위기상황에 직면하게 되었다. 그럼에도 불구하고 한국사회에서 어떠한 안전망 없이 위기를 대면해야 하는 사람들이 있다. 정책적 공백은 '정상가족' 밖의 사람들을 통해서 더 선명하게 보인다. 코로나 팬데믹의 상황에서 노인, 아동, 장애인, 외국인 등과 같은 사회적 약자를 주요한 재난피해자, 즉 일반인과는 달리 특별한 관심이 필요한 재난 취약자들에게 더 특화된 보호체계가 요청되었다.[4] 그러나 현재 상황에서 재난취약자, 감염병 앞의 취약성은 다른 방식에서 조명되고 있는 것 같다. 바로 '방역의 약한 고리'라는 이름이다. 사회서비스 이용수급자격과 무의탁 저소득 취약계층에 대한 시설 보호는 사회적 돌봄의 중지를 통해 버려두거나 시설 보호라는 '격리와 수용'으로 수렴되고 있다.

청소년 쉼터의 경우를 살펴보자. 만 23세까지 이용할 수 있으며, 쉼터에 머무를 수 있는 기간에 따라 일시, 단기, 중장기 쉼터로 구분된다. 일반적으로 가출 이후 갈 곳 없는 청소년은 일시쉼터에서 7일 정도 머무르게 되며, 일시쉼터의 경우 공간도 협소하고 수용인원도 적은 편이다. 게다가 코로나바이러스의 감염 여부가 확인되지 않은 상황에서도 청소년을 수용할 수밖에 없는 사례들로 인해 결국 청소년 쉼터는 '방역의 약한 고리'로 지목되었다. 방역 문제에 대응하는 과정에서 쉼터와 같은 청소년들의 보호시설은 수용 강화 조치를 시행하고 수용자들은 실질적인 사회활동을 제약당하는 어려움을 겪기도 하였다. 특히 중장기 쉼터에서 거주하는 청소년이 아르바이트를 하면서 확진자와 접촉하게 되고 밀접 접촉자로 분류되면서 해당 청소

---

4) 황은정, 「젠더 관점에서 본 재난취약자에 대한 분석 및 지원방안」, 『이화젠더법학』 제7권 2호, 2015, 171~199쪽.

년은 쉼터를 떠나 자가 격리되는 사례도 있었다. 그러나 최악의 경우, 공동 거주하던 청소년들이 실제로 갈 곳이 없게 된다면 또 다른 문제의 발생이 우려되었다. 마스크 등 방역물품이 부족한 상황에서 외부 활동으로 인한 감염의 우려는 청소년 쉼터 폐쇄와 직접적으로 연결되기 때문에 외출이나 외박의 통제 등 강제된 상황들이 자주 발생하게 되고, 청년기로 진입하게 되는 청소년들에게 이는 구직난의 직접적 이유로 언급되기도 하였다.[5)]

> 신규 입소 청소년 대부분은 보건소 선별진료소에서 코로나 19 검사를 받고 오지만 2주간의 자가격리 기간 동안 머물 곳이 없다. 이에 최근 우리들 쉼터에 입소한 한 청소년은 회의실로 사용하는 공간에 침구를 깔고 생활했다.… (<인천일보>, 2020년 9월 6일자)[6)]

쉼터와 같은 시설은 위험에 놓인 청소년과 20대 초반의 청년들, 가족과 시장으로부터 배제되는 이들에게 있어 어느 정도 신변의 안전을 보장해주는 안전장치이기도 하지만, '선도와 재활' 이라는 측면에서 중요한 사회적 위기를 관리하는 기관이기도

---

5) 「노컷뉴스」, "가정에서도, 코로나 방역에서도 소외된 아이들", 2020년 3월 31일. https://www.nocutnews.co.kr/news/5318901. 「중앙일보」, "새벽에도 불쑥불쑥 오는데...방역 약한고리 된 청소년 쉼터", 2020년 9월 8일. https://news.joins.com/article/23867197.

6) 「인천일보」. "코로나 재확산에 여성, 청소년, 노숙인 '긴급보호시설' 이중고", 2020년 9월 6일. http://www.incheonilbo.com/news/articleView.html?idxno=1056589.

하다. 그러나 감염병 위기 속에서 시설이라는 보호망은 언제든지 가장 열악한 수용시설로 전락할 수 있다. 이러한 부분은 가족을 자원화할 수 없는 청소년과 청년들에게 자활과 복귀, 안전망으로서의 '시설보호'는 더 이상 합리적 관리 방식도, 보호의 방식도 될 수 없음을 보여준다.

소위 '성공적으로' 사회와 노동시장에 진입할 수 없는 청년들은 매우 쉽게 위험하고 불안정한 노동인구가 되거나 각종 청년 정책과 청년수당과 같은 복지정책에 의존하는 존재로 호명된다. 대표적으로 팬데믹 이전, 헬조선에서 '니트'로 명명된 청년들의 문제는 일차적으로 노동의 문제로, 그 다음으로 인구재생산의 문제를 통해 주목되었다. 이들 집단의 불확실한 생존방식과 노동 불안을 통해 드러나는 청년들의 삶의 비활동성은 청년들의 열악한 노동환경의 구조적 개선이 아니라 복지정책의 관점에서 접근되는 경향이 있다. 이러한 관점에서 청년들은 원가족과 복지제도에 수동적으로 의존하는 무력한 존재로 여겨진다.

더욱이 코로나 팬데믹 상황은 청년들의 다양한 차이, 성별, 계층, 지역, 인종 등 다양한 차원의 복합적 취약성을 '모두의 공통적 취약성'으로 단순화한다. 모두의 위기로 치환됨으로써 청년 내부의 차이들은 간과되고, 어떤 상황에서도 클럽에 가고 싶어 하는 청년의 모습이나 방역조치에도 거짓말로 슈퍼전파자가 된 청년의 모습 등의 선정적 사례가 청년에 대한 부당한 대표성을 획득하기도 한다. 이러한 선입견적 이미지에 따라 청년은 안일한 인식을 가진 방역의 약한 고리로 여겨지곤 한다. 나아가 팬데믹이 가져온 고용충격 앞에서 더 이상 일자리를 구할 수 없게 된 청년들에게도 여전히 열정과 '노오력'을 요구하는 신자유주의적 서사는 여전히 강고하게 작동한다.

다시 쉼터에 거주하는 청소년의 사례로 돌아가 보자. 반복적 실업상태 속에서 노동시장에서 소외되거나 구직활동을 포기하거나, 일시적 노동의 연장과 비노동을 통해 생계를 유지해온 하층 계층의 청소년들은 어떻게 청년이 되는가? 이들에 대한 '사회적 수용'의 문제는 특수한 차원에서 접근되지 않았다. 도리어 가족 자원을 보유한 첫째 경우의 청년들과 동일한 경우로 다루어져 왔다. 그것은 청년의 자립에 대한 일반화된 사회적 지원과 제도적 관점 속에서 다뤄지고 있으며, '특정한 의존'이 용인되고 있지만, 그것은 여전히 가족을 통해서, 가족 안에서만 허락되고 이해된다는 점에서 청년들의 의존과 자립은 '생산적이고 건강한 자기계발적 주체'의 상을 넘어서지 못한다. 또한 사회적 위기관리에 대한 대처나 안전망은 실질적으로 이들 삶의 안전망이 될 수 없다. 청년이라는 연령적 규정과 자립해야 한다는 도덕적 규범 내에서 안정적으로 노동시장에 안착될 수 있는 노동자 모델에 근거한 청년 정책은 실질적인 가족 보호라는 안전망을 손쉽게 가린 채 개인의 성숙과 책임에 기대어 있기 때문이다.[7)]

가족 '밖'의 또 다른 문제로, 도시에서의 저소득 미(비)혼 청년여성 주거 문제를 거론할 수 있다. 대표적으로 대구 한마음아파트의 사례를 들 수 있는데, 이 경우는 코로나 팬데믹 이후

7) 추주희. 「소년혐오인가 사회위기인가?: 위기청소년 담론에 대한 비판적 시론」. 『경제와사회』 제124권, 2019, 157쪽.

첫 코호트 격리가 시행되었으며, 주민 142명 중 94명이 신천지 교인이라는 것이 확인되면서 더 큰 논란이 가중되기도 하였다.[8] 그러나 또 다른 측면에서 이 사례는 저소득 여성들의 안전의 공간으로서 '집'의 지위와 의미를 보여주며, 동시에 안전을 보장하는 것이 아니라 위협적 마주침이 언제든지 가능한 공간적, 구조적 조건 속에서 여성들의 주거 전략이나 실천의 의미와 한계를 돌아보게 했다.

도시에서 거주하는 1인 가구, 특히 청년 여성 저임금노동자는 주거지의 안전보다는 접근성 및 주거지 비용을 우선적으로 고려할 수밖에 없다. 대구 한마음 아파트에서 청년 여성들이 종교를 중심으로 한 집단 거주는 단순히 청년들의 주거지원 사업으로 해결될 수 없는 관계의 지형과 사회구조적 불안전성의 단면을 보여준다. 실제로 한마음아파트는 저임금 여성노동자에게 비교적 안정적이면서도 싼 값에 주거공간을 제공해주는 주거복지사업이다. 그러나 도시에서 저임금-비혼-청년-여성의 의식주와 관련된 필요와 욕구를 충족하는 것만으로 삶의 질이 보장되는 것이 아님을 누구나 알고 있다. 다시 말해 생존의 측면뿐만 아니라 각 개인들이 맺는 사적이고, 때로는 지역적인 돌봄이 뒷받침될 수 없을 때, 가족 실천 및 관계들을 지지하고 보장되지 못할 때 사회적 지원의 공백이 드러난다.

---

8) 「경향신문」. "대구 한마음아파트 주민 3분의 2는 왜 신천지 교인이 됐을까", 2020년 3월 8일.
http://news.khan.co.kr/kh_news/khan_art_view.html?art_id=202003081803001.

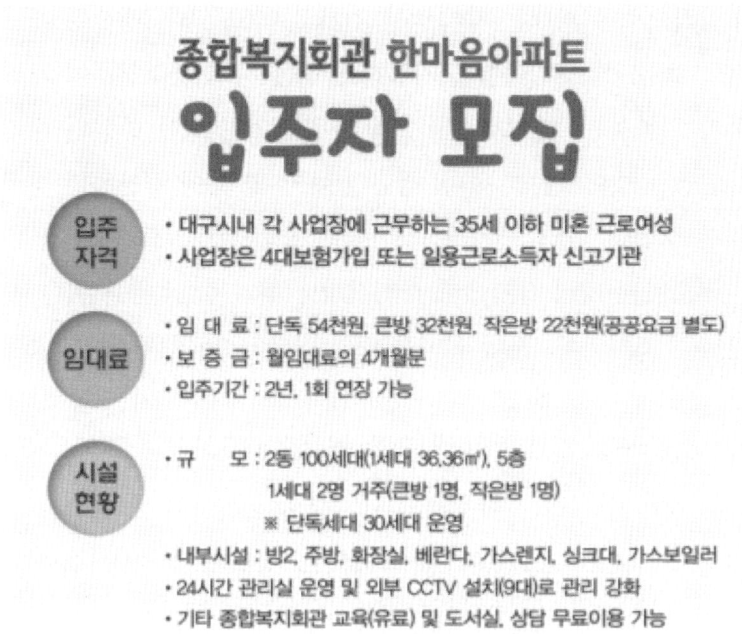

그림 1. 대구 한마음아파트 입주자모집공고 내용

한마음아파트 사례는 적어도 도시의 하위주거 공간에서 청년 여성들의 불안과 공포가 종교적 측면과 만나 집단적 주거, 내지 집합적 관계의 측면을 만들어내고, 그 돌파구를 찾았다는 점에서 사회적 돌봄, 혹은 청년 정책의 주거 정책의 한계 지점을 보여준다. 도시 공간에서 취약한 위치에 있는 사람들이 돌봄을 주고받는 방식, 서로를 함께 돌보는 방식으로 나아가기 위해서는 우리 사회에서 청년을 대하는 방식, 청년들에게 필요한 정책들의 우선순위를 매기는 방식에 대한 점검이 필요하다. 청년 정책이 제한된 예산의 '공정한 분배'라는 논의 이면에는 여전히 '생산적 노동자', '경쟁 속에서도 실패와 패배를 긍정적으로, 혹은

초인적으로 이겨내는 자아상'을 전제로 하고 있다. 생산이 아닌 서로 돌봄, 상호적 돌봄을 가능하게 하는 사회적 조건들이 가능하기 위해서는 무엇보다 자기 착취에 근거한 생산 중심의 패러다임에서 벗어나야만 하며, 청년의 주거 및 삶에 접근하는 정책 역시 생산이 아닌 관계의 측면에서 재접근될 필요가 있다.

코로나 팬데믹 상황에서 사회적 거리두기는 '안전'을 위한 기본적인 조처였다. 팬데믹 이후에도 이러한 '안전'은 청년여성에게 어떻게 다시 확보될 수 있을까? 사회적 거리두기는 공적 영역, 사적 영역 모두에서 물리적 공간을 공유하지 않는 것, 최적화된 물리적 거리를 확보하라는 지침을 포함한다. 실제로 공존의 공간, 상호부조의 공간을 삭제하고, 감염될 수 있는 관계망, '깜깜이'로 통칭되는 불길한 접촉가능성, 회피하고 조절되어야 하는 어떤 조건들을 절대화하는 것이기도 하다. 그러나 그러한 조건 이면에는 젠더, 계층, 노동의 조건이 맞물려 있다. 시설 거주 청년, 도시의 비혼 1인 가구 청년들의 사례는 가족에게서 안전과 돌봄을 보증 받을 수 없는 사람들의 삶의 권리, 돌봄 받을 권리를 사회 속에서 다시 살펴봐야 함을 보여준다.

가족에 대한 사회적 상상

코로나 팬데믹은 새로운 위기이기도 하지만, 한국사회에서 오랫동안 내재해 왔던 돌봄 관계를 둘러싼 총체적 위기를 보여준다. 팬데믹 상황에서 재조명된 돌봄의 가치와 윤리의 이면에는 '좋은' 혹은 '건강한' 돌봄에 대한 전제가 놓여 있다. 그 과정에서 부모와 자녀, 사회와 가족의 안녕이 강화되며, 더 책임감 있는 부모와 더 따뜻한 공동체(?)로서 가족이 재조명된다. 이를 돌파하기 위해서는 사회적 돌봄의 재조직화가 필요하다. 유사한 맥락에서 청년 정책 역시 포스트 코로나 이후 과도한 정부 주도 정책('포용국가')이 불러올 후견주의와 가족중심주의의 사이에 놓여 있다. 청년들은 가난을 증명해야 하는 과정에서, 가구소득/세대주 수령으로 귀결된 재난지원금 앞에서 개인보다는 가족의 이름 속에서 언제든지 호명되며, 혹은 그와는 반대로 더 적극적으로 이 위기를 개인의 역량을 통해서 돌파해야 하는 주체로 그려질 수도 있다. 핵심은 청년이 스스로의 삶에 대한 통제력을 강화하라고 요구하는 목소리의 이면이다. 현재의 청년 담론과 정책적 논의들은 '정상 가족'내의 청년의 삶을 표준으로 전제하고 있어서 표준에서 이탈한 가족 자원이 없는 사회적 약자에 대한 공적 돌봄의 문제는 부차적인 것으로 여겨진다.

독자적이고 독립적인 개인으로 조명되는 청년들은 실질적으로 가족의 그림자 속에 놓여 있으며, 그 그림자를 정확하게 비추지 않고서는 청년의 삶과 사회적 불평등의 맥락을 조명하기 어렵다. 삶에 대한 통제력은 '자발성'을 의미하기보다는 '생존력'을 의미한다. 그러나 이 생존력은 여전히 시장중심적이고 신자유주의적인 프레임에 갇혀 있다. 지금 가족을 둘러싼 청년들의 문제는 사회적 약자와 소수자들의 사회적 관계의 취약성 문제를 그대로 드러낸다. 한국사회에서 돌봄의 측면은 일생활균형정책, 가족친화정책들을 통해서, 청년을 취약계층으로 인식하는 사회정책들을 통해서 새로운 사회복지의 틀이 구상되고 있지만, 여전히 노동과 돌봄에 대한 관행적 사고방식은 강력하다. 이 때문에 제한된 조건과 환경 속에서 가족을 형성하고, 그 안의 관계에 기생하는 청년들을 위한 자리도, 역으로 그 관계를 거부한 청년들을 위한 자리도 없다.

청년들에게 가족은 그림자이자 그늘이다. 그리고 그림자 속에 '좋은 돌봄', '건강한 돌봄'은 성인-혈연관계-가족과 안전한 주거를 그 전제로 하고 있다. 이러한 전제하에서는 사회적 돌봄, 돌봄의 필요, 돌봄의 윤리는 국가와 사회의 요구 속에서 선택적으로 수용되기 쉽다. 사회에는 다양한 형태의 가족실천이 이뤄지고 있으며, 이들의 가족실천은 "가족"을 넘어서는 것이기도 하다. 그러나 기존의 돌봄 체계와 위계 속에서 이러한 실천은 배제되는 경험이다. 그리고 그 과정에서 우리는 돌봄의 위계가 성적 위계와 만나 있음을 다시 확인할 수 있다. 게일 루빈(1984)은 성의 위계질서가 신성한, 안전한, 건강한, 성숙한, 합법적인, 정치적으로 올바른 부분으로 제한되어 있음을 지적한 바 있다.[9] 사적 영역뿐만 아니라 공적 영역까지 성차별 이데올로기가 여전히 강고하게 작동하는 부분이 돌봄이다. 그러나 동시에 여성에게 이중책임을 전가시키고, 돌봄의 불평등이 강화되는 '가족'을 통해서 '이성애의-혼인관계의-출산하는-일대일관계의-집에서-돈이 결부되지 않는' 인가된, 정상의, 건강한, 좋은 돌봄의 이데올로기가 재생산되고 있다. 이러한 맥락 속에서는

9) 게일루빈, 『일탈』 임옥희 옮김, 현실문화. 2015, 303쪽

기존의 가족, 국가, 혹은 시장을 통한 돌봄만을 그릴 수밖에 없으며, 나아가 비공식적이고 일시적이고, 그럼에도 불구하고 계속해서 연결되고 이뤄지는 돌봄의 관계들을 간과하거나 부정적인 것으로 평가하게 될 것이다.

사회적 구성물로서 가족을 인식한다면, 자연화된 가족 모델은 신화화된 산물에 불과하다. 사회적 위기 속에서 한국사회는 보수화된 혈연가족 모델로 다시 회귀하고 있지만, 이 반동에 맞서 가족과 공동체에 대한 다양한 사회적 상상과 성찰성의 기획을 계속해 나가야만 한다.

■ 참고문헌

구은정. 「일과 삶의 균형, 그 이론적 함의」. 『경제와 사회』 제123권, 2019.

최선영·장경섭. 「압축산업화 시대 노동계급가족 가부장제의 물질적 모순」, 『한국 사회학』 제46권 2호, 2012.

추주희·김지영. 「좌절과 불안을 마주하는 지역청년들의 대응과 전략: 구직 중 '자기반성' 서사를 중심으로」, 『한국융합인문학』 제8권 1호, 2019.

추주희. 「소년혐오인가 사회위기인가?: 위기청소년 담론에 대한 비판적 시론」. 『경제와사회』 제124권, 2019.

추주희, "정상가족의 바깥에서 가족을 사유하기", 『가족인문학: 나는 누구와 함께 살 것인가』, 광인문화사, 2020.

통계청. "2019년 중장년층 행정통계 결과", 2020.

황은정. 「젠더 관점에서 본 재난취약자에 대한 분석 및 지원방안」. 『이화젠더법학』 제7권 2호, 2015.

「경향신문」. “대구 한마음아파트 주민 3분의 2는 왜 신천지 교인이 됐을까”, 2020년 3월 8일.
http://news.khan.co.kr/kh_news/khan_art_view.html?art_id=202003081803001.

「노컷뉴스」, “가정에서도, 코로나 방역에서도 소외된 아이들”, 2020년 3월 31일. https://www.nocutnews.co.kr/news/5318901.

「인천일보」. “코로나 재확산에 여성, 청소년, 노숙인 ‘긴급보호시설’ 이중고”, 2020년 9월 6일.
http://www.incheonilbo.com/news/articleView.html?idxno=1056589.

「중앙일보」, “새벽에도 불쑥불쑥 오는데...방역 약한고리된 청소년 쉼터”, 2020년 9월 8일. https://news.joins.com/article/23867197.

21세기 초국적 가족과 '방법론적 국가주의'의 극복

최대희
(전남대 인문학연구원 HK연구교수)

'초국적 이주'란 무엇이고, '초국적 가족'이란 어떤 가족인가?

'초국적' 또는 '초국주의'라는 개념은 이미 1990년대 이래 학술연구에서는 물론 대중매체에서도 활발히 사용되기 시작하였다. '초국적(trans-national)'이라는 개념은 내셔널(national)의 경계를 넘어서는(trans) 모든 사회발전 경향과 현상을 포착하는 개념으로 널리 사용된다. 이를테면 "초국적 투기자본", "초국적 케이팝" 등의 사용례가 그러하다. 그러나 초국적이란 개념을 이와 같이 넓게 정의하면, 국제적(inter-national)이란 개념과 구분이 어려워진다. 실제로 '국제적인'이란 용어는, '국제 관계', 국제 교환학생, 국제 협약이라는 용례에서 알 수 있듯이, 주권을 가진 국민국가(nation)들 사이(inter)에서 형성되는 국제적 관계, 교환 그리고 합의를 가리키기 위해 사용된다. 나아가 시간과 공간의 응축을 뜻하는, 그리하여 본질적으로 경제적 과정을 포착하고자 하는 '지구적(global)'이라는 개념과의 경계도 모호해진다. 필자는 본 글에서 '초국적'이란 개념을, 주권국가들 사이에서의 관계를 드러내는 '국제적'이란 개념과, 시공의 응축을 의미하는 '지구적'이란 개념과의 차별적인 의미에서, 사람들 사이의 사회적 관계에 초점을 맞춘 개념으로 사용하고자 한다. 요컨대 '초국적'이란 개념은 이민자들이 국민국가의 경계를 넘나들면서 구축하는 사회적 공간과 사회적 관계를 포착하기 위한 개념이다.

'초국적 이주'라는 새로운 이주 형식이 강력하게 부상하고 있다. 이러한 진단은 이미 지난 20세기 후반기에 제기되었다. 오늘날 지구적인 차원에서 전개되고 있는 인구의 이동을 관찰하는 자라면, 초국적 이주 현상이 더욱 가속화되고 있다는 진단에 이의를 제기하기 힘들 것이다. 그렇다면 초국적 이주는 무엇이고 그것은 과거의 국제 이주와 어떻게 다른가? 과거의 이주는 "한 장소에서 다른 장소로의 단방향적이고 일회적인 주거 전환"의 의미를 지녔다. 이에 반해 오늘날의 '초국적 이주'는 일회적이고 단방향적인 장소전환이 아니라, "국민국가의 경계를 지속적으로 넘나드는" 지속적인 이주 과정으로 정의된다. 이러한 초국적 이주 과정에서 '초국적 이민자'란 그들이 출신국가를 떠나 새로운 수용국가에 정착하지만, 수용사회와 출신사회를 하나의 사회적 공간으로 연결하는 자들이다. 그들이 여러 국민국가적 장소 또는 지리적 공간에 걸쳐 자신의 삶을 기획하고 실천하는 영역을 우리는 '초국적 사회 공간'이라 일컫는다.

초국적 이민자들은 이러한 공간에서 국경을 초월하는 가족관계 그리고 경제적, 사회적, 종교적, 정치적 관계를 다층적으로 발전시킨다. 21세기 새로운 유형의 이민자들이 구축한 초국적 삶의 공간은 과거 이민자들이 자신의 수용국가에 정착하여 국민국가 영토 안에서 일구어낸 삶의 공간과는 사뭇 다르다.

지난 20세기 60년대 중반 미국이 가족이민을 허용하자 수많은 한국인들은 미국으로 향하는 항공기에 몸을 실었다. 이때 그들은 이민은 고국을 '버리는' 것이고, 새로운 나라에서 '미국인'으로서의 삶을 사는 것이라고 생각했다. 인천 공항에서 고향의 부모님과 형제자매들을 향해 하염없이 눈물을 흘리는 이민자들의 모습은 그러한 각오와 정서에 대한 좋은 상징이다. 그들이 그렇게 생각한 이유는 무엇보다 고국의 삶의 터전을 완전히 떠나 새로운 수용국가에 뼈를 묻겠다고 생각했기 때문이다. 그러나 오늘날의 이민자들은 이러한 과거 이민자와는 완전히 다른 모습을 보여준다. 그들은 자신의 이민 목적이 교육이든 취업이든 아니면 건강한 노년을 보내기 위해서든 부모와의 영원한 이별을, 한국이라는 출신국가와의 영원한 작별을 각오하지 않는다. 그들은 언제라도 되돌아 올 수 있다는 듯이 가벼운 발걸음으로 비행기에 몸을 싣는다. 그들은 이민을 통해 자신들의 삶의 공간이 한국이라는 '국민국가'에서 미국이라는 새로운 수용국가로 완전히 이전된다고 생각하지 않는다. 그들은 여건이 허용하는 한 한국을 자주 방문하며, 이른바 '향수병'에 걸리지 않는다. 우리는 초국적 이민자들이 만들어내는, 출신국가와 수용국가에 걸쳐 있는 '초국적 사회적 공간'의 특징을 '초국적 가족'을 통해 가장 또렷하게 관찰할 수 있다.

21세기 초국적 이주와 과거의 국제 이민

2000년대 초 미국으로 이민을 온 어떤 한국인 가족을 상상해 보자. 한국인 부부는 캘리포니아 LA를 거쳐 산호세(San Jose)에 정착하였다. 남편은 한국계 미국법인 회사에 다니고 있고, 아내는 한 인터넷 기업에 다니고 있다. 아내의 부모님은 현재 이 가족과 함께 살고 있다. 아내의 큰 언니 역시 1990년대에 미국으로 이민을 와 현재 LA에 거주하고 있다. 오빠와 작은 언니는 한국의 서울과 광주에 살고 있다. 남편의 부모와 형제자매들은 서울을 비롯한 국내의 여러 지역에 흩어져 살고 있다. 이 부부의 첫째 아들은 LA에서 대학을 마친 뒤 미국기업에 취직하여, 현재 서울에서 주재원으로 일하고 있다. 첫째 딸은 중국계 미국인과 결혼하여 뉴욕에서 생활하고 있다. 막내딸은 여전히 학업 중으로 샌프란시스코에 위치한 한 대학을 다니고 있다. 요컨대 자녀들은 직장과 학업 그리고 결혼관계 등의 이유로 각기 미국과 한국의 여러 도시에 흩어져 살고 있다. 그런데 이들 사이에는 매우 집중적인 교류와 접촉이 발생하고 있다. 남편과 아내는 각각의 회사일로 한국을 자주 방문할 기회를 가진다. 그때 부부는 서울의 아들집에 묵는다. 또한 이 부부는 여름휴가를 이용해 한국을 방문하고, 부산에서 생활하고 있는 친할머니의 팔순 잔치에 참여하기도 한다. 한국에 있는 친인척들이 이 부부의 방한 시기를 고려하여 팔순잔치의 일정을 계획한 것이다. 2년 전 첫째 딸의 결혼식에는 한국에 있는 아내의 작은 언니 부부와 남편의 남동생 부부가 산호세를 방문했다. 이들 부부의 가족구성원들은 이러한 특별한 가족의 대소사에 맞춰 서로를 방문하는 것 외에도 가족구성원들로 구성된 여러 온라인 커뮤니티에 각종 사진과 동영상을 올리며 서로의 여가시간을 공유한다. 물론 부부는 특히 한국에 계신 부모님을 위해 정규적으로 또는 간헐적으로 안부 전화를 거는 것을 잊지 않는다. 그들은 확대가족의 대소사에도 직간접적인 참여를 한다. 특히 아내 쪽 집안 대소사에는 한국에 있는 작은 언니 또는 오빠가 직접 참여하지 못하는 부모님을 대신해 참여하거나 또는 가족의 이름으로 부조를 한다. 남편 쪽의 가족구성원들도 간헐적으로 미국을 방문한다. 특히 회사일로 바쁜 아들을 보기 위해 부산의 부모님은 정기적으로 이 년에 한 번씩 산호세를 방문한다. 남편의 동생들의 아이들 중 몇 명은 이들 부부의 도움과 지원으로 미국에서 영어연수를 마쳤다. 이렇게 초국적 사회 공간을 통해 서로 밀접히 연결되어 있는 가족구성원들은 교육 또는 취업 문제, 미국으로의 또는 한국으로의 이주에 대해 서로 상의한다. 국민국가의 경계를 넘나드는 가족구성원들의 만남이 이와 같이 상당히 지속적이며 밀도가 높을 때, 우리는 이러한 가족을 '초국적 가족'이라 부른다. 이 부부는 미국으로 오기 전 한국에서 살던 집을 여전히 보유하고 있다. 현재 미국 영주권을 갖고 있지만, 시민권을 취득할 생각은 없다. 노년을 어디에서 보낼 것인지 여전히 고민 중이다. 이러한 초국적 가족은 구성원들이 삶을 구축하는 삶의 지리적 공간의 측면에서는 물론, 자기 정체화(identification)의 측면에서도 과거 이민 가족과는 완전히 다른 양상을 보여준다.

일본제국주의의 침략이 노골화되던 1903년 제물포를 떠나 하와이로 향하는 배에 몸을 실은 초기 이민자들이 한인의 미국 이주의 첫 시발이었다. 그렇지만 미국으로의 대규모 이민은 1965년 미국 이민법이 개정된 직후 본격적으로 진행되었다. 하와이로의 초기 미국 이민을 도외시하더라도, 20세기 후반 미국으로 떠나간 한인 이민자들이 한국에 남겨둔 가족들과 수행한 교류와 접촉은 오늘날 초국적 이민자들의 그것과는 크게 다르다. 그들 역시 새로운 나라에 도착한 뒤 편지교환을 통해 또는 국제전화를 통해 고향의 남겨진 가족들의 안위를 걱정했다. 그러나 한국으로의 직접 방문은 아주 예외적으로 일어났다. 부모님의 장례식에도 직접 참여하지 못하는 경우가 허다했다. 그러나 무엇보다 가족구성원들은, 그것이 미국이든 한국이든, 자신이 정착해 있는 각각의 나라에서 독자적인 사회적 삶을 영위했으며 각각의 나라에 소속되어 있다고 느꼈다. 당시 국경을 넘나드는 사회적 교류는 거의 상상할 수 없었거나 있었다 하더라고 매우 산발적인 특성을 띠고 있었다. '이주해 간 자'는 자신의 과거 고향을 향수에 젖어 그리워했다. '고국에 남은 자'는 때로는 미국으로 이주해간 가족과 친척들의 풍요로운 생활을 부러워했다. 왜냐하면 이주해 간 자들은 대체로 수용국가에서의 자신의 삶을 매우 긍정적으로 묘사했기 때문이다. 그러나 새로운 수용국가에서 이민자로서 그들의 실제 삶은 통상 수많은 고통과 아픔, 향수, 차별 그리고 미래의 불확실성과 결합되어 있었다. 또한 당시 이민자들은 물론 남겨진 가족구성원 대다수도 수용국가와 출신국가 사이의 사회적 교류는 지속적으로 '약해질' 것이고 언젠가는 완전히 사라져 버릴 것이라고 가정했다. 이민자들은 물론 고국에 남겨진 가족구성원들도 이민을 떠난 가족이 언젠가는 완전한 '미국인'이 될 것이라고 내다봤다. 이민자들은 남겨진 가족과 고향에 대한 그리움 그리고 자신이 수용국가에서 이룩한 성공에 대해 일정한 만족감을 갖고 자신이 떠나온, 여전히 가난에 시달리는 출신국가를 회상했다. 그리고 어렵게 시민권을 획득한 이민자는 '미국시민'이 되었다. 한국은 더 이상 자신의 일상생활과 정체성에 본질적인 영향을 끼치지는 않았다. 미국에서 태어난 그들의 자녀들은 간단한 인사말 외에는 한국어를 제대로 구사하지 못했다. 그들에게 한국은 이제 출신국가로서 기억되었다.

미국과 한국 사이, 국가적 경계를 넘나드는 초국적 사회 공간에서 생활을 펼치고 있는 오늘날의 이주 가족은 완전히 다른 상황을 마주하고 있다. 각기 다른 나라에서 다장소적으로 거주하고 있는 가족구성원들 사이에서 과거와는 비교도 안 될 정도의 밀접한 사회적 상호작용이 일어나고 있다. 새로운 교통과 통신기술을 토대로, 어떤 면에서는 도리어 확대가족으로까지 범위가 넓혀진 친인척 구성원들이 상당히 규칙적으로 서로를 방문하거나 직간접적인 만남을 가져간다. 특히 젊은 가족구성원들은, 그들이 지금 살고 있는 국민국가적 장소와는 상관없이, 언제든지 소셜미디어를 통해 메시지를 주고받으며 화상통화를 통해 서로의 일상적 생활세계에 대해서 의견을 교환한다. 연금수급자가 된 이민자는 아마도 일 년에 한번은 한국과 미국을 오고 갈 것이다. 그들은 가족구성원 중 누군가가 아플 때, 그 환자와 자녀를 돌보고 보살피는 역할을 떠안을 수도 있을 것이다. 미국과 한국을 오가면서, 주요한 가족행사에서 '인간적 도리'를 다하려고 노력할 것이다. 중요한 것은 한국과 미국의 두 개 또는 서너 개의 도시에 흩어져 살고 있는 가족구성원들의 교류의 밀도와 빈도는 이를테면 한국에서만 흩어져 살고 있는 다른 가족구성원들의 그것과 거의 구분되지 않거나 오히려 더 강력한 경우도 있다는 점이다. 심지어 서울에 사는 어떤 부모는 한국의 지방에 살고 있는 자녀보다 미국으로 이민을 떠났지만 회사일로 빈번하게 서울을 방문하는, 그리하여 부모님 댁에 머무는 자녀와 더 자주 지낼 기회를 가진다. 비교적 저렴하게 국경을 넘어설 수 있는 교통수단과 높은 수준의 현대 정보통신기술이 국경을 넘어서 존재하는 가족구성원들 사이의 절대적 거리의 중요성을 아주 엄청나게 상대화시킨 덕분이다. 심지어 서로 다른 나라들에 거주하고 있는 가족들 사이에서 이루어지는 이와 같은 방식의 극도의 밀접한 사회적 상호작용 관계가 그들이 각각 거주하고 있는 주거지역이나 도시에서 맺는 다른 사회적 교류의 강도보다 훨씬 더 강력할 수도 있다.

탈식민 맥락에서 발생한 파우지 가족의 이산

벡과 겐스하임은 '세계가족'이라는 명칭을 통해 오늘날 가속화되는 지구화와 더불어 인간의 이동, 특히 이주로 인한 새로운 가족관계의 변화를 포착하고자 했다. 이때 세계가족은 국가적, 종교적, 문화적, 인종적 경계를 넘어 함께 살고 있는 가족으로 정의된다. 과거에는 한 가족이란 동일한 언어를 사용하며, 동일한 지역에 거주하면서 동일한 가치와 문화를 가진 가족이었다. 이러한 가족이 국민국가의 '시민'의 토대를 형성했다. 그런데 이제 세계가족의 출현으로 이러한 '국민국가의 시민-가족 동질성' 모델이 설 자리를 상실했다는 것이다. 세계가족은 이주를 부정하거나 또는 '비정상적인' 경우로 보이게 만드는 국민국가적 이데올로기와 결별하게 만드는 가족 유형이라는 것이다. 그러나 '세계가족'의 출현은 벡의 주장과는 달리 지구화의 가속화와 더불어 오늘날 처음 발생한 현상은 아니다. 이미 서구의 식민주의적 팽창과 더불어 유럽으로부터 여러 가족들이 피식민지로 흩어져 들어왔고, 또한 피식민지 출신의 여러 가족들이 식민제국이 경영하는 여러 아시아 아프리카로 흩어져 이산가족으로서 삶을 살았다는 것은 여러 연구를 통해 밝혀진 바 있다. 로버트슨은 대략 19세기 후반에서 20세기 중반에 걸쳐 활발하게 진행된 식민지적 팽창과 그 경영을 지구화의 한 요인으로 파악하면서, 이 시기를 거치면서 비유럽 사회는 국제사회로 본격적으로 통합되었다고 주장했다. 실제로 서유럽의 식민지 확장은 자본과 사람이 이동할 수 있는 공간을 창출했고, 식민지 경제 건설을 위한 노동력 모집과 관련되어 사람들의 엄청난 물리적 이동이 발생했다. 이러한 초기 유형의 초국적 가족은 제1차 및 2차 세계대전 후 식민지국가들의 독립과 더불어 또 다시 전세계적으로 흩어지게 되었다. 이들 중 일부는 자신의 출신지역으로 되돌아갔는가 하면, 일부는 식민제국의 본국으로 들어갔다. 탈식민과정은 식민지본국에서 탈식민지로, 탈식민지에서 식민지본국으로 사람들의 이동을 더욱 가속화시켰다.

파우지(Fawzi) 가족의 이산이 발생한 것은 바로 이와 같은 역사적 배경 하에서였다. 파우지는 1949년 인도-중국계 가족의 막내로 동아프리카 탄자니아의 아루샤(Arusha)라는 지역에서 태어났다. 그녀에 대한 스토리는 케냐와 파키스탄을 거쳐 영국과 미국에서 교육을 받은, 현재 미국 시민권을 보유하고 대학에서 영문학을 가르치는 한 여성에 관한 스토리다.[1] 그녀의 가계에 대한 스토리는 할아버지 때부터 시작한다. 그녀의 아버지인 압둘라는 인도인으로 잠무(Jammu) 출신 할아버지가 영국 식민정부 관리로서 홍콩에서 일할 때, 그곳에서 중국인 여성을 만나 결혼하여 낳은 아들이었다. 은퇴 뒤 인도로 되돌아간 아버지를 따라, 압둘라는 인도에서 대학을 졸업하였다. 이후 그는 동아프리카로 건너와 케냐의 나이로비에 정착하였다. 파우지의 어머니인 소피아의 가족이 동아프리카에 처음으로 출현한 시기는 1910년대로 거슬러 올라간다. 그녀의 할아버지 역시 인도의 영국 식민정부의 관리 출신인데, 케냐로 이주하여 전기회사 및 건설회사에서 일했다. 그는 인도에서 할머니와 결혼하고 다시 케냐로 되돌아와 다섯 아들과 딸 소피아를 낳았다. 압둘라가 1941년 소피아를 만나 결혼한 곳은 나이로비였다. 결혼 후 아버지인 압둘라는 케냐에서 법학을 공부한 뒤, 나이로비 시의회에서 일

1) 본 글에서 소개되는 파우지의 스토리는 Ulla Vuorela가 수행한 연구에 토대를 두고 있다.

했다. 이후 영국으로 유학 가서 법학 박사학위까지 취득하였다. 그 사이 딸 하나를 낳은 압둘라 가족은 1948년 변호사로 일하는 아버지를 따라 탄자니아의 아루샤에 정착했다. 그곳에서 소피아는 둘째 딸이자 막내인 파우지를 낳았다.

파우지가 겨우 두 살이 되었을 때, 유학을 위해 영국으로 보내졌다. 당시 영국이 경영하던 아프리카 식민지에서는 교육기관에서 인종분리가 시행되고 있었다. 이러한 상황에서 파우지의 부모는 자녀들을 모두 영국의 기숙학교로 유학을 보냈다. 언니와 오빠는 곧바로 기숙학교로 보내졌지만, 너무 어린 파우지는 아일랜드에 정착한 외삼촌댁으로 보내졌다. 그녀는 곧바로 영국의 하숙집으로 보내졌는데, 그곳에서 하숙집 주인으로부터 영국식 영어를 배웠다. 이후 아루샤의 부모에게로 되돌아온 파우지는 그곳에서 짧은 기간 학교를 다녔다. 그러나 곧바로 케냐의 기숙학교로 보내졌는데, 부모님이 영국식 공립학교를 모방한 케냐의 학교가 더 높은 수준의 교육을 시킨다고 믿었기 때문이다. 그러나 케냐에서의 교육 기간은 그녀에게는 암울한 경험이었다. 그녀는 백인 중심의 학교에서 유일한 유색인종 학생이었고 그로 인해 인종차별을 경험했다. 이러한 경험은 그녀가 이후 파키스탄의 여자대학에 등록한 배경이 되었다. 가족이 파키스탄 유학을 선택한 것은 그녀에게 부가적인 이점을 가져다주었다. 그녀는 파키스탄에서 확대가족과의 만남을 통해, 그들과 서로 밀접하게 연결될 수 있었기 때문이다. 그녀를 새 학교에 정착시키기 위해 파키스탄으로 간 파우지의 부모는 여행을 다니면서 많은 친척들을 방문했다. 아버지는 20년 만에 처음으로 여동생을 만나기도 했다. 그러나 파우지는 파키스탄의 여자대학에서 다른 종류의 인종적 편견에 직면했다. 그녀의 급우들은 그녀를 '갈색 유럽인(brown European)'으로 분류했다. 그러나 그녀에 대한 학생들의 초기 적대감은 곧바로 사라졌다. 무엇보다 그녀의 학업성적이 우수했기 때문이었다.

두 살 때부터 시작된 파우지의 이산의 경험은 우리를 놀라게 하기에 충분하지만, 그녀의 직계가족의 이산의 형태는 우리가 상상조차 할 수 없는 규모이다. 그녀의 아버지와 어머니의 출생과 결혼에 대해서는 이미 서술한 바 있다. 그녀 언니의 삶 역시 매우 초국적이다. 매우 이른 나이에 영국 기숙학교로 보내진 언니는 그곳에서 대학교를 졸업하고 결혼했다. 그녀는 케냐로 돌아와 간호사로 일을 하다가 남편과 함께 캐나다를 거쳐 미국으로 이주하였다. 5살에 영국의 기숙학교로 보내진 파우지의 오빠도 케임브리지 대학을 졸업하고 탄자니아로 돌아와 다르에스살람 대학교에서 박사학위를 취득했다. 그는 이후 영국인 아내가 영국 거주를 선호하자, 영국에 정착했다. 그런데 그의 가족은 얼마 지나지 않아 다시 아프리카로 되돌아왔다. UN조직에서 근무하게 된 오빠는 이후 여러 아프리카 나라들에서 거주했다. 파우지의 부모 역시 노년에 아프리카를 떠나 캐나다에 거주했다. 그것은 노년에 보다 나은 의료 서비스를 받기 위해서였는데, 이러한 이주의 결정에는 미국에 거주하는 큰 딸의 곁에 살고 싶은 욕망도 작동했다.[2)]

2) 파우지의 확대가족의 이산을 살펴보면, 그 규모는 더욱 상상을 초월한다. 파우지 어머니에게는 나이로비에서 함께 자란 4명의 형제자매들이 있다.

다장소적, 다언어적, 다국적적 파우지 가족

파우지의 가족은 우리의 상상을 훨씬 뛰어넘는 이산을 통해, 몇 세대 안에 인도에서 아프리카로, 다시 아프리카에서 영국, 아일랜드, 캐나다와 미국으로 흩어졌다. 그럼으로써 가족은 다장소적(pluri-local)이 되었을 뿐만 아니라 다언어적이 되었다. 나이로비에서 자란 파우지의 어머니는 인도 출신 부모님의 언어인 우르두어와 펀자브어 외에 스와힐리어와 영어를 배웠다. 파우지의 언니는 어머니에게서 우르두어와 펀자브어를 배웠으며, 아프리카에서 오랫동안 생활한 탓에 스와힐리어를 구사한다. 당연히 영국식 기숙학교를 다녔고, 영국에서 유학을 했기 때문에 영어를 구사한다. 그에 반해 아주 어려서부터 부모를 떠나 있었던 파우지는 우르두어와 펀자브어를 구사하지 못한다. 아프리카 토착인과 함께 학교를 다닌 적이 없는 파우지는 스와힐리어조차도 몇 단어를 제외하곤 구사할 수 없다. 그리하여 가족들 간의 소통은 영어를 토대로 이루어졌다. 또한 파우지의 직계가족은 이산이 진행됨에 따라, 다국적(multi-national) 가족이 되었다. 다국적이 되었다는 것은 가족구성원들이 다른 국가의 국적을 취득했다는 것을 뜻한다. 파우지의 형제자매는 각각의

그들 중 한 명은 아일랜드 여성과 결혼하여 더블린에 정착했고, 다른 두 남자형제는 런던으로 이주했으며, 네 번째 남자형제는 공군 고위 장교로 파키스탄 이슬라마바드에 거주하고 있다. 그 다음 세대에서도 이산을 계속되었는데, 아일랜드 삼촌의 아들인 파우지의 사촌은 스웨덴의 문화와 언어를 너무 좋아하여 스웨덴에 정착했다.

삶의 설계에 따라, 영국, 캐나다, 미국에서 거주한다. 그리고 그 나라의 거주에 적합한 시민권을 획득했다. 이제 가족 중 그 어느 누구도 탄자니아에 거주하지 않는다. 그러나 이들 가족은 그럼에도 여전히 탄자니아를 마음속 고국으로 생각한다. 특히 파우지가 그렇다.

파우지는 탄자니아 여권을 한 번도 소유한 적이 없다. 탄자니아에서 1년 이상을 연속적으로 거주한 적도 없다. 그럼에도 그녀는 '탄자니아인'이라는 강한 의식을 갖고 있다. 그녀는 애초에 영국식민지 출신자로서 영국 여권을 소유하고 있었다. 파키스탄과 방글라데시 사이에서 분리 전쟁이 발생한 이후, 무국적자로서 수년을 지냈고 이후 미국 시민이 되었다. 그녀는 자신이 탄자니아에 일체감을 느낀 것은 그녀의 어머니가 1950년대 탄자니아 독립 투쟁에 적극 참여했는데, 자신은 그런 어머니와 일체감을 느꼈기 때문이라고 밝힌다. 방학을 맞이하여 집을 방문한 파우지는 탈식민운동에 적극 가담한 어머니의 활동에 깊은 감명을 받았고, 어머니와 더불어 탄자니아에 소속감을 느꼈다. 이에 반해 파우지의 언니는 자신이 교육을 받고 성장한 케냐에 더욱 강한 소속성을 느꼈다. 파우지 자신은 비록 파키스탄에서 대학을 다녔지만, 파키스탄에 대해서는 강한 애착을 느끼지 않았다. 혈통과 인종 그리고 문화의 측면에서 파키스탄이 파우지의 출신지라고 가정될 수 있지만, 그녀는 결코 그 나라에 친밀감을 느끼지 않았다. 그녀는 자신의 혈통과 관련 있는 '파키스탄인'이나 '인도인'이 아니라, '탄자니아인'에 더 가깝다고 생각했다. 가족구성원들은 이주과정을 거치면서 개인적 정체화 과정에서 서로 다른 변화를 드러냈다. 분명한 것은 파우지의 정체화에는 민족이나 국가보다는 가족이 큰 영향력을 행사했다는 점이다. 파우지는 국경을 가로지르는 이산과 국적의 차이에도 불구하고, 가족들이 서로 밀접하게 연결되어 있다는 감각을 절대 포기하지 않았다. 그녀는 가족을 우선적으로 직계가족의 의미에서 생각했지만, 늘 확대가족을 의식하고 있었다. 그녀의 가족구성원들 중 누군가가 국경을 넘어 새로운 국가에 정착하려 하면, 초국적 가족구성원 사이에는 서로를 연결해주는 다장소적 커뮤니티가 만들어진다. 이를테면 누군가 뉴욕을 방문하고자 하면, 초국적 가족 사이에 형성된 커뮤니티를 통해 파우지에게 누군가의 방문을 알리는 연락이 간다. 실제로 파우지는 자신의 아파트를 그러한 방문객을 쉽게 수용할 수 있도록 꾸며 놓았다.

'방법론적 국가주의'의 극복과 초국적 이민자의 정체화

국민국가는 특정 영토와 그 영토에 거주하는 '국민'이라는 사고를 발전시켰다. 국민국가는 '영토와 주민의 한정성'을 토대로 작동한다. 19세기 이래 근대 국민국가가 본 모습을 드러내자, 이전 시대의 상당히 자유로웠던 인간들의 이동은 점차 예외적 사안이 되어갔다. 민족들의 이동이 자유로웠던 먼 과거를 상상해 보라. 가깝게는 1920-30년대 한반도를 떠나 만주와 연해주로 이주해 간, 그리하여 오늘날의 '고려인'과 '조선인'의 뿌리를 형성한 한인들을 생각해 보라. 그런데 이제 '정착성'이 규칙이 되었고, 이민자는 '국민'의 정착성 규칙에서 이탈한 신뢰할 수 없는 '외부자'가 되었다. 또한 어떤 이민자를 받아들인 것인지, 그들에게 어떤 지위를 부여할 것인지를 결정하는 것은 국민국가이다. 이러한 배경 하에서 이주를 바라보는 시각은 국민국가의 영토적 경계와 '사회'의 경계를 동일시하는 '방법론적 국가주의(methodological nationalism)'이라는 관점에 의해 주도되었다. 우리는 20세기 내내 사회를 일종의 닫힌 '컨테이너'로 파악하면서, 배제와 차별에 초점을 맞춘 이민정책의 기본 전제들을 의심의 여지없이 받아들였다. '이민자'와 '토착민'을 이분법적으로 구분함으로써, 이민자는 결국 수용국가의 안정과 복지에 부담을 떠안기는, 그리하여 사회통합을 저해하는 장애물이라는 이미지를 수용했다. 그러나 오늘날의 사회적 현실은 이민자에 대한 과거의 시각이 더 이상 타당하지 않음을 보여준다. 이민자들의 사회적 삶은 이주하는 사람들과 머무르는 사람들을 포함하는 다층적이고도 다장소적인 초국적 사회적 공간에 포함되어 있다. 이민은 더 이상 단방향으로 진행되지 않으며, 그런 만큼 그들의 정체성은 복합적이며 유동적이 되었다.

인류학자 쉴러(Lina Glick Schiller)는 이러한 맥락에서 21세기를 살아가는 이민자 개개인의 삶은 이제 더 이상 국민국가의 경계 안에서 일어나는 것으로만 봐서는 안 된다는 주장을 제기한다. 이제 이민자를 바라보는 시각은 방법론적 국가주의의 한계를 넘어서야 한다는 것이다. 파우지 가족의 사례는 그간 사회통합의 문제와 관련하여 제기되었던 민족, 국가, 종족 그리고 시민권에 대해 재정의해야 할 필요성을 잘 보여준다. 파우지는 평생 동안 일관되게 자신을 '탄자니아인'으로 말했다. 그녀가 인정한 것처럼 그녀의 생애에서는 그녀가 탄자니아에서 태어났다는 것, 그녀의 부모님이 탄자니아에서 오래 살았다는 것을 제외하곤, 그녀를 '탄자니아인'으로 말할 수 있게 하는 그 어떤 것도 존재하지 않는다. 그녀를 '탄자니아인'으로 부를 수 있게끔 하는 것은, 흔히 우리가 내셔널 정체성과 관련하여 상정하듯이, 그 어떤 종족적, 언어적, 문화적 뿌리와 연관된 것이 아니다. 그녀는 인터뷰 당시 뉴욕에 거주하고 있었고, 미국 시민권을 소지하고 있었다. 그녀는 일생 동안 단 한 번도 탄자니아 국적을 소유한 적이 없다. 그럼에도 그녀가 정서적 소속감을 느낀 것은 탄자니아이다. 그녀에게 탄자니아는 가족과 연관되어 정서적으로 밀착된 곳이다. 그런데 바로 그것이 유일하게 그녀를 탄자니아인으로 생각하게끔 만든 주요 요인이었다. 요컨대 그녀가 자신을 '탄자니아인'으로 말할 때, 그것은 정서적 소속성에 관한 것이다. 그렇다면 이러한 탄자니아로의 그녀의 정서적 밀착성과 소속성이 미국이라는 수용사회에 대한 통합을 반드시 저해하는가?

쉴러는 반드시 그렇게 볼 필요는 없다고 단언한다. 특정 국가로의 편입과 정서적 '소속방식'은 이원론적인 대립물이 아니기 때문이다. 이민자는 상황에 따라 '존재방식'과 '소속방식'을 다르게 결합할 수 있다는 것이다. 예컨대 어떤 사람은 자신의 출신국가의 사람들과 많은 사회적 접촉을 수행하지만, 그럼에도 자기 정체화는 모국과는 별개로 수행한다. 어떤 이민자는 자신의 수용국가에 대해 '존재방식'으로는 관계되어 있지만, '소속방식'으로는 그러지 않을 수도 있다. 거꾸로도 마찬가지이다. 어떤 이민자는 늘 가족과 함께 수행해 온 일이기 때문에 특정 음식을 먹거나, 특정 관례를 지키거나 특정 신을 숭배한다. 그러나 그렇다고 해서 그것이 그 이민자가 특정 민족이나 그들의 조상 가족과 의식적인 동일시를 하고 있다는 것을 보여주는 것은 아니다. 즉 소속방식으로서 출신국가와 동일시를 하는 것은 아니라는 것이다. 반면 어떤 이민자는 자신이 태어나고 자란 국가의 사람들과 실제 사회적 관계를 맺지는 않지만, 기억, 향수 또는 상상력을 통해 자신을 그러한 사람들과 동일시한다. 파우지가 바로 이러한 사례에 해당한다.

오늘날 이민이 보편화되고 있고, '보편적 타자'가 이웃이 되고 있다는 사회적 진단에 동의하지 않는 자는 많지 않을 것이다. 그럼에도 우리 사회에는 여전히 '방법론적 국가주의'가 물러설 기미를 보이지 않고 있다. 20세기 전반기와 같은 '닫힌 컨테이너 사회'에서나 어울릴 법한 이러한 관점에 입각하면, 파우지 가족과 같은 오늘날의 초국적 이민자는 여전히 '뿌리 뽑힌 존재'일 뿐이다. 민족적 경계를 통해 세상을 보는데 익숙한 주류사회의 눈에 비친 이민자는 여전히 민족적 사회통합을 방해하는 낯선 이방인이고 이질적 존재일 뿐이다. 그들에게 초국적 이민자는 여전히 '민족적 고국'에서의 정착이라는 규칙의 예외로 상상될 뿐이다. 그러나 부단히 움직이는 이민자의 초국적 삶은 이제 인간 조건의 원형이 되어 가고 있음을 부인하기 힘들다. 우리는 파우지의 사례를 통해 이러한 초국적 이민자가 과거의 다른 유형의 이민자와는 달리 자신의 출신지, 종족성, 내셔널 소속성에 대한 관계에서 보다 탄력적인 태도를 보임을 살펴봤다. 파우지의 여권에 기재되어 있는 바, 미국인으로서의 자명성은 그녀의 정서적 소속성과 일치하지 않는다. 그녀의 정서적 소속은 가족과 연결된 "마음속 고향" 탄자니아로 향한다. 탄자니아, 영국 그리고 파키스탄을 가로질러 오늘날 미국에 정박한 그녀의 초국적 존재방식, 지리적 공간 가로지르기는 그의 다층적 정체화의 배경이 된다. 어린 시절 가족이 형성되었던 곳, 부모를 떠난 유학생활에서 언제나 마음속으로 품었던 부모님이 계신 곳, 탄자니아 민족주의자로서 어머니와 자신의 소망이 담겨 있는 바로 그곳이 탄자니아였다. 파우지는 탈식민 맥락에서 초국적 이민자로서의 삶을 먼저 살아갔다. 그녀의 정체화는 오늘날 초국적 이민자의 전형을 보여준다.

■ 참고도서

Beck, Ulich·Elizabeth Beck-Gernsheim, 『장거리 사랑』, 이재원·홍찬숙 옮김, 새물결, 2013.

Robertson, Roland, 이정구 옮김, 『세계화: 사회이론과 전 지구적 문화』, 한국문화사, 2013.

Geisen, Thomas, "Multilokale Existenzweisen von Familien im Kontext von Migration. Herausforderungen fur Forschung und Theorieentwicklung", edited by Thomas Geisen, Tobias Studer and Erol Yildiz, Migration, Familie und Gesellschaft. Beiträge zu Theorie, Kultur und Politik, Wiesbaden Springer VS, 2014.

Pries, Ludger, Transnationalisierung: Theorie und Empirie grenzüberschreitender Vergesellschaftung, Wiesbaden: VS Verlag für Sozialwissenschaften, 2010.

Schiller, Nina Glick, A global perspective on transnational migration: Theorising migration without methodological nationalism, Centre on Migration, Policy and Society Working Paper No. 67, University of Oxford, 2009.

Schiller, Nina Glick, L Basch, C Blanc-Szanton, "Transnationalism: a new analytic framework for understanding migration", Annals of the New York Academy of Sciences Vol. 645, 1992.

Vuorela, Ulla, "Transnational Families: Imagined and Real Communities", edited by Deborah Bryceson and Ulla Vuorela, The transnational family : new European frontiers and global networks. Oxford Berg, 2002.

최대희, 「초국주의, 초국화 그리고 21세기 초국적 가족」, 전남대학교 국제학술대회 발표문.

인륜적 공동체와 예술종교*

정미라
(전남대 철학과 교수)

I.

인간을 공동체적 존재로 이해하는 고대사회와는 달리 16세기 이후 유럽의 근대사회는 산업화와 함께 개인주의화가 급속도로 진행되었으며, 공동체로부터 분리된 독립적인 개인이, 즉 독자적인 개인의 권리와 자유가 사회의 중심적인 가치로 등장했다. 이와 함께 공동체보다는 개인이, 공동체적 가치보다는 개인의 자유와 권리가 유럽의 근대사회를 나타내는 핵심적인 기호로 작동하게 된다. 근대의 대표적인 철학자인 데카르트(R. Descartes)가 사유하는 고독한 개별적인 주체로부터, 그리고 홉즈(T. Hobbes)가 자기보존본능을 절대시하는 이기적인 개인으로부터 자신들의 철학적 사유를 시작하는 것은 근대 유럽의 이러한 시대정신을 반영한 것이라 할 수 있다. 그러나 '개인의 발

* 이 글은 「인륜적 공동체와 예술종교」 [『철학논집』 제60집, 서강대학교 철학연구소, 2020]를 대폭 수정·보완한 것임.

견'이라는 역사적으로 중요한 이러한 사건은 동시에 공동체의 해체라는 새로운 사회적 위기를 배태하게 되었으며, 따라서 개인의 권리에 토대를 둔 새로운 공동체의 형성은 근대 유럽의 절실한 시대적 요구였다.

유럽 근대의 대표적인 철학자인 헤겔(G.W.F. Hegel)은 기독교의 이념을 중심으로 단결된 중세적 공동체의 해체와 함께 개인주의가 지배적인 이념으로 등장한 근대적 시대정신을 비판하는 것으로부터 자신의 철학적 사유를 시작한다. 개인주의에 근거한 유럽의 근대를 "분열"의 시대로 규정한 헤겔의 철학적인 문제의식은 이러한 분열을 극복할 수 있는 새로운 통합의 원리를 모색하는 것에 향해 있다. 그는 자립적인 개인들이 함께 만들어낼 수 있는 공동체적 삶을 위해서는 이성에 의한 호소뿐 아니라 개인들의 감성을 자극함으로써 공동체와 일체감을 느낄 수 있게 하는 것을 무엇보다 중요한 것으로 이해한다. 그는 공동체적 심성을 도야할 수 있는 이러한 가능성을 "예술종교"의 형태로 표현된 고대 그리스의 민족 종교 속에서 발견하는데, 그리스의 종교는 무엇보다도 인간의 심성에 자연스럽게 스며듦으로써, 개인들이 공동체와 일체감을 갖게 하며, 이와 함께 "인륜적 공동체"를 가능하게하기 때문이다.

헤겔에 의하면 종교란 단순히 신, 신의 속성, 신과 인간과의 관계에 대한 개인의 의식적 활동만이 아닌, 인간의 일상적인 삶과 의식을 지배함으로써 인간의 행위에 중요한 영향력을 행사하고, 이와 함께 인간과 사회를 변화시키는 실천적인 제도이다. 그는 종교의 가장 중요한 역할을 민족과 국가 내에서 개인들의 통합을 가능하게 하는 공동체적 선의 실천에 있는 것으로 이해한다. 헤겔은 특히 청년기에 종교의 핵심적인 기능을 개인과 공동체를 통합하는 원리 속에서 발견한다. 즉 그는 종교를 통해 개인들이 자신이 속한 폴리스, 즉 도시국가와 일체감 속에 있었던 고대 그리스의 인륜적 사회에서처럼 "어떻게 해야만 종교적 가르침과 힘이 인간의 감응조직에 스며들게 되는지, 종교적 추동력을 행동으로 바꾸는지, 그리고 한 민족이 그 가르침과 힘 안에서 생동적이고 영향력 있게 드러나는지"[1]를 탐구함으로써 근대의 분열적 상황을 극복할 수 있는 단초를 찾고자 한다. 헤겔은 개인과 공동체가 일체감 속에 있는 고대 그리스 사회의 인륜적 정신을 자신의 대표적 저서인 『정신현상학』에서 "예술종교"로 묘사한다. 고대 그리스 사회에서는 종교가 특히 건축물이나 조각상, 찬가, 서사시와 비극, 희극 등 예술적 형식을 통해 표현되기 때문이다.

헤겔에 의하면 예술과 종교는 인간의 삶의 한 부분을 형성하는 각각 독립적인 하나의 고유한 영역이 아닌, 인간 삶의 총체적 표현으로서 자유 실현을 위한 중요한 계기이자, 공동체적 삶을 추동하는 사회 통합의 원리를 함축하고 있다. 즉 예술은 인간의 감성을 행위를 통해 표현하는 단순한 기술적 작업이 아니며, 종교는 인간의 상상력을 통해 구현해낸 완전성에 대한 표상만은 아니다. 헤겔은 예술과 종교 속에서 아름다움에 대한 미적 감수성의 향유와 영원성과 완전성에 의한 구원의 기능만이 아

1) G.W.F. Hegel, 『청년 헤겔의 신학논집』, 정대성 옮김, 인간사랑, 2005, 32쪽.

닌, 이러한 기능에 함축된 사회적인 통합의 기능을 발견한다. 예술과 종교는 개인들의 감성을 자극함으로써 개인과 타인을 연결시키며, 이와 함께 공동의 정서, 즉 민족 정서를 창출해낸다. 특히 헤겔은 인륜적 공동체의 이상적인 모델로 삼고 있는 고대 그리스 사회에서 나타난 예술종교를 인륜적 정서가 가능할 수 있는 단초를 제공하고 있는 것으로 이해한다. 그에 의하면 예술과 종교가 결합된 형태인 예술종교를 통해 고대 그리스인들의 공동체적 심성이 도야될 수 있었으며, 이를 토대로 고대 그리스의 국가는 개인과 공동체의 일체감에 토대를 둔 견고한 통합의 이상을 실현시킬 수 있었던 것이다.

Ⅱ. 인륜적 정신과 예술종교

헤겔은 고대 그리스 사회에서 인륜적 정신을 가능하게 하는 "예술종교"를 자신의 대표적 저서 중의 하나인 『정신현상학』의 '종교'장 내에서 서술하고 있다. 개별적인 의식이 자유를 실현하는 과정을 서술한 『정신현상학』은 의식의 발전 과정에 따라 '의식', '자기의식', '이성', '정신', '종교', '절대지'로 구성되어 있다. 종교는 '정신'의 최고 형태인 "자기 자신을 절대적으로 확신"하는 '양심'의 다음 단계에 나타난다. 따라서 종교는 개별적인 행위의 최고 법정인 주관적인 양심 속에서 자유를 누리는 의식이 자신의 주관성을 벗어나 객관적인 현실과 화해하는, 종교라는 보편적인 형식 속에서 자유를 추구하는 방식으로 표현된다. 즉 헤겔에 의하면 종교는 인간이 양심이라는 자신의 내면적인 법정을 타인들과 함께하는 현실 세계 속에서 구체적으로 실현하는 인간의 고유한 삶의 방식이라 할 수 있다. 즉 종교는 단순히 초월적 존재에 대한 신앙이나 혹은 영원성에 대한 희망, 그리고 구원을 향한 열망과 같은 피안의 세계에 대한 사유나 혹은 세계를 이해하고자 하는 형이상학적인 욕구만을 의미하지는 않는다. 오히려 종교는 현실 세계의 삶에 규범을 제시하고, 이러한 규범에 권위를 부여함으로써 개인과 공동체를 매개시키는, 이를 통해 공동의 삶 속에서 개인의 자유 실현을 가능하게 하는 통합의 기제라 할 수 있다. 이러한 통합은 종교에 있어서 정신의 산물인 초월적이며 절대적인 존재, 즉 신에 대한 표상을 통해, 그리고 공동의 신을 함께 경배하는 공동체 속에서 구체적으로 이루어진다.

헤겔은 『정신현상학』에서 종교적인 표상의 형태를 자연종교, 예술종교, 계시종교로 구분한다. 자유롭고자 하는 정신은 자연종교에서 외부 대상인 자연을 자신의 직접적인 존재형식으로 받아들이며, 예술종교에서는 자신의 작품 속에서 자신을 인지하는 방식으로, 그리고 계시종교에서는 자기 자신을 절대적 존재로서 직접적으로 표상한다. 종교적 표상의 최초의 형태인 자연종교에서 인간은 자연물 속에서 신적인 것을 표상하며, 표상된 신을 공동으로 숭배하는 제례의식이라는 자신들의 행위를 통해 자연물과 자신들을 매개한다. 헤겔은 역사 속에 나타난 다양한 자연종교를 빛의 신을 통해, 식물과 동물의 신을 통해, 그리고 인간의 노동을 통해 만들어진 피라미드와 오벨리스크를 통해 상징적으로 표현한다. 이때 신적인 것을 담지하고 있는 자연물은 본질적인 것으로, 나머지 자연물들은 이로부터 파생하는 비본질적인 것으로 규정된다. 따라서 신적 표상에 대해 인간 자신도 비본질적인 존재이며, 신적 표상을 지닌 자연물들은 인간 외부에 존재하는 낯선 존재로서 인간에게 절대적인 위력을 지닌 존재가 된다. 자연종교에서의 공동체는 자연물에 담지된 신적인 것의 절대적인 권위에 의존하며, 결국 공동체 안에서 신적인 것으로 표상되는 자연물과 인간의 관계는 지배와 피지배라는 비대칭성을 통해 표현된다. 자연종교의 마지막에 등장하는 피라미드와 오벨리스크는 인간 노동의 산물이지만, 인간은 이러한 작품 속에서 자신의 정신이 아닌, 오직 절대적인 힘을 지닌 죽은 자의 혼만을 인지할 뿐이다. 신적인 것을 나타내는 자연물과 인간을 포함한 다른 자연물과의 이러한 비대칭성 속에서 신의 위력이 현실을 지배하는 힘으로 작용하며, 따라서 자연종교에서는 자유 대신 신에 대한 절대적인 복종이 공동체를 유지하는 원리가 된다.

결국 자연물 속에서 신적인 것을 발견함으로써 외적 자연과의 일체감 속에서 자유롭고자 했던 자연종교의 정신은 인간이 스스로 만든 작품 속에서 신적인 것을 형상화하는 예술종교로 이행한다. 자연종교가 인간의 정신적인 산물인 신적인 것을 오직 외부에 존재하는 자연에서 찾음으로써 "사유와 자연이라는 서로 이질적인 것을 혼합"하였다면, 예술종교는 무엇보다도 인간의 사유 활동, 즉 정신에 의해 만들어진 작품 속에서 신적인 것을 발견함으로써 사유하는 "자기의식적인 활동 자체를 형태화"한다.[2] 따라서 예술종교에서 인간은 자신이 창작한 예술 작품 속에서 보편적인 신과 통일되며, 이러한 신을 중심으로 개인들은 공동체와 일체감을 느낌으로써 자유로운 인륜적 공동체를 형성한다.3)

> 예술종교에 와서야 정신은 비로소 자유로운 민족으로 존재하기에 이르렀으니, 여기서는 관습이 만인의 삶의 토대가 되고, 모든 개인은 저마다가 그러한 공동의 생활양식이 자기의 의지와 행위에 근거하는 것임을 자각하기에 이른 것이다.4)

헤겔은 이러한 예술종교의 전형을 인륜적 공동체를 형성했던 고대 그리스의 종교 속에서 발견한다. 그는 인간 의식의 변화와 함께 나타난 고대 그리스의 예술 작품들, 즉 건축물과 조각상, 찬가, 서사시와 비극, 희극 속에서 고대 그리스 사회의 역사적 흐름에 따른 시대정신을 발견하며, 이를 『정신현상학』에서 예술종교의 다양한 형태로 서술하고 있다. 예술종교에서 신들은, 그리스의 대표적인 신인 제우스가 번개를, 포세이돈이 바다를 다스린다는 점에서, 자연을 지배하는 신들로 나타나며, 그러는

---

2) G.W.F. Hegel, 『정신현상학 2』, 임석진 옮김, 한길사, 2005, 259쪽.

3) 하인리히는 고대 그리스의 예술종교 속에서 "신을 진지하게 자아라고는 생각하지 않으면서, 신들을 자아의 형식으로, 인간적인 형태로 창의적으로 표현"한 예술가의 활동 속에서 "예술적인 상상과 창작의 자유로운 활동이 개별자에게 공간을 부여함으로써 인륜적 세계의 몰락"을 가능하게 한 것으로 이해한다. J. Heinrichs, *Die Logik der 'Phänomenologie des Geistes'*, Bouvier, Bonn, 1974, 434쪽.

4) G.W.F. Hegel, 『정신현상학 2』, 260쪽.

한에 있어서 자연종교의 유산을 여전히 간직하고 있다. 그러나 그리스의 신들은 자연종교에서처럼 자연물 자체가 아닌, 자연의 다양한 현상들을 가능하게 만드는, 즉 자연을 지배하는 근원적인 힘으로 존재한다. 또한 그리스의 신들은 인간의 형상을 지닌 조각품 속에서 자신의 모습을 구체적으로 드러냄으로써 자연의 힘과 인간 존재와의 통일적인 형식을 함축하고 있다. 이와 함께 그리스 신들은 더 이상 "자연신이 아닌, 자각적인 민족의 명석한 인륜적 정신을 체현한 형태로 나타나게 된다."[5)]

그리스에서의 종교는 처음에는 신을 경배하는 그리스인들의 제례의식을 통해 구체적으로 표현되는데, 이러한 제례의식은 신들을 모신 신전인 건축물, 신들의 모습을 형상화한 조각상, 그리고 신들을 경배하는 찬가 속에서 이루어진다. 제례의식은 건축물과 조각상을 통해 드러나는 종교의 외면적인 형식과 찬가에 의해 표현되는 종교의 내면적인 내용을 통일시킨다. 또한 인간의 예술적인 행위의 결과물인 건축물과 조각상, 그리고 찬가들이 모두 함께 어우러지는 제례의식을 통해 인간의 예술 작품들은 더 이상 단순한 사물적인 것이 아닌, 생명이 깃든 신성한 것으로, 개인의 작품이 아닌, 그리스인들 모두가 함께 숭배하는 보편적인 것이 되며, 이와 함께 추상적인 신들은 그리스인들의 의식 속에서 구체적인 현실성을 획득한다. 그리스인들은 자신들의 작품들을 매개로 한 제례의식 속에서 신들과 일체감을 느낄 뿐만 아니라, 신들과의 합일을 통해 자신들이 속한 공

5) G.W.F. Hegel, 『정신현상학 2』, 259쪽.

동체와 통일되는 인륜적인 민족정신을 지니게 된다.[6]

헤겔은 인륜적인 민족정신을 가능하게 하는 예술종교에서 신과의 관계를 직접적으로 연결시켜주는 수단으로서 언어에 내재한 고유한 의미를 중시한다. 그에 의하면 신성이 깃든 보편적인 것으로 이해된 조각상은, 제작자가 언제든 이러한 조각상을 자신의 고유한 것으로 주장할 수 있는 가능성을 함축하고 있기 때문에 개별성의 성격을 완전히 극복할 수 없다. 그에 비해 "언어 속에는 개별적인 자기의식이 깃들어 있는 동시에 바로 이 자기의식이 직접 온 곳으로 전파되어나간다. 언어는 완전히 특수화된 독자 존재이면서 동시에 온 곳으로 막힘없이 유동하면서 수많은 자기를 두루 소통하게 하는 통일성 그대로이다. 그야말로 혼이 혼으로 살아 있는 것이 언어인 것이다."[7] 언어는 한편으로는 신의 언어인 신탁을 통해, 다른 한편으로는 인간의 언어인 찬가를 통해 예술종교 속에서 인륜적 공동체를 결합시키는 중요한 역할을 수행한다. 즉 찬가는 "순수사유로서 기도"의 내면성이 형태화한 것으로서 "만인의 자기의식 속에 널리 침투된 이 정신은 순수한 내면성과 타자에 대한 존재와 개별적인 독자성을 하나로 통일"시킨다. 또한 신탁은 신의 언어이자 보편타당한 진리의 언어이며 "어디에도 씌어져 있지는 않으면서도 틀림없는 신들의 율법, 즉 영원한 생명을 지니며 언제 그것이 만들어졌는지는 아무도 모르는 율법"으로서 모든 인간이 추구하는 행

---

6) 정미라, 『헤겔의 정신현상학 읽기』, 세창미디어, 2018, 221쪽.

7) G.W.F. Hegel, 『정신현상학 2』, 267쪽.

위의 규범을 제시한다.[8)]

그러나 예술종교의 제례의식에서 신들은 인간이 찬미하고 숭배하는 대상이며, 따라서 절대적이며 보편적인 것이다. 또한 신적인 것과 신에 의해 지탱되는 공동체의 위력 속에서 개별적인 인간들은 무력한 존재로 간주된다. 헤겔은 신적인 권위에 의존한 이러한 제례의식에서 신과 인간의 진정한 합일은 신과 인간이 혼연일체가 되는 축제를 통해 극복되는 것으로 이해한다. 흔히 디오니소스 축제로 알려진 고대 그리스의 축제에서 인간은 자신을 신의 경지로 고양시킴으로써, 그리고 피안에 존재하는 보편자인 신이 개별적 존재로 강림함으로써 인간과 신은 진정한 합일에, 상호 대등한 합일에 도달한다. 축제에서 신과 인간의 합일은 제례의식처럼 더 이상 신에 대한 예배나 찬미를 통해서가 아닌, 광란과 도취를 통한 망아의 상태에서 이루어진다. 그리스인들은 축제에서 행해진 광란과 도취 속에서 신이 인간에게 들어온다고 생각했으며, 이러한 상태에서 그들은 신과 완전히 합일된다고 느꼈다. 제례의식에서 신과 인간의 합일이 신의 권위에 의존한 비대칭성을 통해 이루어졌다면, 축제에서의 합일은 신이 인간에게 들어옴으로써, 혹은 인간이 신으로 승화됨으로써 인간과 신이 동일한 위상을 지닌 대칭성에 의해 특징지워진다. 또한 헤겔은 신이 인간의 모습으로 나타나는 광란적인 축제 속에서 "신이 인간의 형상을 하고 있다는데 대한 계시의 토대가 마련"[9)]되어 있음을 발견한다. 먹고 마시는 광란의 축

---

8) G.W.F. Hegel, 『정신현상학 2』, 268쪽.

제 속에서 신과 일체감을 느낀 그리스인들에게 신은 자신들을 제압하는 절대적인 위력이 아닌, 개별적인 자신들의 욕망을 통해 완전히 향유되는 현실적 정신으로 나타난다.

혼돈과 광란 속에서 신과 인간의 망아적 합일이 이루어지는 디오니소스 축제는, 이러한 혼돈을 벗어나 자신을 대상화하고자 하는 인간의 욕망에 의해 새로운 축제의 형식으로 대체된다. 광란과 도취가 현실 속에서 대상화될 때, 신과 합일했던 인간의 육체가, 특히 생동하는 육체가 새로운 예술 형식으로 표현되며, 이러한 예술은 생동하는 육체들이 자신들을 드러내는 올림피아 경기를 통해 구체적으로 나타난다. 올림피아 경기라는 새로운 축제를 통해 "성화주자의 역할을 할 만큼 단련되어 있으며, 그 중에서 유연한 움직임, 짜임새 있는 몸매 그리고 단단한 팔다리를 지닌 한 사나이가 선발되는데, 이는 그대로 혼이 실려 있는 살아있는 예술 작품"10)으로서 민족의 신인 보편적인 정신을 표현한다. 신적 본질을 인간 속에서 발견하려는 올림피아 경기는 출전하거나 승리하는 자들의 아름다운 육체를 통해 민족의 특수성보다는 인간존재가 지닌 보편적 아름다움이 표현되며, 이러한 경기 속에서 "모든 활동을 모두가 경험하면서 … 인간 존재를 하나의 형태로 매듭"11)짓게 된다. 신적 본질이 인간의 모습으로 등장하는 올림피아 경기를 통해 그리스인들은 공동체에 대한 자긍심과 함께 공동체와의 일체감에 대한 감수성을 지닐

9) G.W.F. Hegel, 『정신현상학 2』, 278쪽.
10) G.W.F. Hegel, 『정신현상학 2』, 279쪽.
11) G.W.F. Hegel, 『정신현상학 2』, 279쪽.

수 있었다.[12)]

헤겔은 제례의식과 축제, 그리고 올림피아 경기를 통해 고대 그리스에서 인륜적 공동체를 가능하게 하는 신과 인간의 합일 형태가 변화되는 과정을 추적한다. 이러한 과정은 제례의식에서처럼 신을 중심으로 한 합일에서, 축제에서의 신과 인간의 상호 대등한 합일을 거쳐, 올림피아 경기에서 인간을 매체로 한 합일로 진행된다. 이러한 변화는 신적인 것으로부터 인간적인 것으로 관심이 옮겨지는 그리스인들의 의식의 변화와 밀접한 연관성을 지니고 있으며, 고대 그리스 사회에서 공동체의 법적 규범이나 관습, 정서적 결속이 외적인 신적 권위에 의존하는 것으로부터 인간적인 것에 토대를 두는 형태로 변화되어 가는 것을 의미한다. 비록 제례의식이나 축제, 올림피아 경기는 각각 다른 방식으로 신과 인간의 합일을 나타내지만, 그러나 이와 같은 예술종교의 형식은 모두 단순히 초월적 존재에 대한 공포와 존경으로부터 야기된 종교적 행사나 의식이라기보다는 그리스인들의 정신, 즉 "관습이 모든 이들에 대한 실체가 되면서 모든 개별자 각각이 이 실체의 현실성·현존재를 그들 자신의 의지이자 행동으로 아는"[13)] 인륜적 정신을 표현한다. 예술종교 속에서 종교와 예술, 정치와 관습은 그리스인들에게 서로 분리된 독자

---

12) 헤겔은 예술종교가 "신적 본질의 인간화"과정으로 규정한다. 계시종교에서 완성되는 신의 인간화는 이미 예술종교의 조각상에서 신이 인간의 모습으로 형상화됨으로써, 올림피아 경기에서는 인간 속에서 신적 본질이 구현됨으로써, 마지막 단계인 희극에서는 신에 대한 반대 극단으로 인간의 존재 자체가 부각됨으로써 나타난다.

13) G.W.F. Hegel, 『정신현상학 2』, 260쪽.

적인 영역이 아닌, 총체적인 방식으로 나타나며, 이와 함께 예술종교는 "자신들의 국가와 자신들의 행위를 자기 자신의 의지가 수행된 것으로 아는 인륜적 민중"[14]을 가능하게 하는 핵심적인 기제로 작동한다.

Ⅲ.

헤겔은 신적인 것과 인간을 매개하는 중요한 수단을 언어로 규정한다. 고대 그리스의 초기 예술종교에서 언어는 신탁이나 찬가를 통해 표현되며, 이러한 언어는 신적 본질에 다가가기 위해 신의 소리를 듣거나 혹은 인간의 소리를 신에게 전달하는 매개체로서 공동체 속에서 개인들을 결속시키는 요소로 작용했다. 고대 그리스의 예술종교의 후기 형태인 서사시(Epos), 비극(Tragödie), 희극(Komödie)에서 언어는 인륜적 정신을 현실 속에서 구현하는 본질적인 것으로 등장한다.[15] 서사시와 비극과 희극이라는 드라마에서 언어는 더 이상 신의 소리를 듣는 신탁처럼, 혹은 인간의 소리를 전달하는 찬가처럼 한 방향으로만 이루어지는 일방적인 형태가 아닌, 신과 인간이, 혹은 인간과 인간이 상호 소통하는 방식으로 표현된다. 보편적인 민중으로서

---

14) G.W.F. Hegel, 『정신현상학 2』, 274쪽.

15) 이뽈리트는 서사시와 비극, 희극에서 표현되는 언어를 "스스로에게 명료해져서 제 표상의 신전을 초월적인 동시에 내재적인 지반 속에, 즉 로고스의 지반 속에 정립"하는 것으로 이해한다. J. 이뽈리트, 『헤겔의 정신현상학 II』, 이종철·김상환 역, 문예출판사, 2003, 287쪽.

그리스인들이 지닌 일체감은 찬가와 축제 속에서 개별적인 개인들의 의식에 의해 매개되지 않는, 오직 신과 공동체에 대한 정서적인 일체감과 신뢰에만 바탕을 두고 있는 직접적인 통일이라 할 수 있다. 이러한 통일에 근거해 있는 인륜적 정신은 "개인이 민족 전체를 단적으로 신뢰하고 있다는 것과 다른 한편으로는 계층의 차이를 넘어서 모든 국민이 정부의 결정과 행동에 직접 간여한다는 데 기초해 있다."[16)]

그러나 서사시와 비극, 그리고 희극에서는 신적인 것이 더 이상 절대적인 권위를 지니지 않으며, 신적인 것과 인간적인 것이 언어를 매개로 상호 소통하게 된다.[17)] 언어는 무한한 사유 속에서 자신을 자각한, 자기의식적인 개인들의 언어로 표출되며, 따라서 신과 인간의 통일, 혹은 신을 중심으로 한 공동체와 인간의 통일은 자기의식적인 개인들에 의해 매개된다. 서사시에서는 여전히 신의 위력이 공동체를 결속시키는 힘으로 등장하지만, 제례의식에서처럼 신들은 더 이상 절대적인 권위를 지닌, 피안의 세계에 있는 존재가 아닌, 현실 속에서 영웅들과 함께 인간의 삶에 영향을 미치는 존재로, "신들과 인간은 다 함께 동일한 행위"[18)]를 하는 존재로 나타날 뿐이다. 비극에서는 신적인

16) G.W.F. Hegel, 『정신현상학 2』, 280쪽.

17) 핀카드는 헤겔이 그리스의 서사시와 드라마에서 "인간으로 존재하는 것이 무엇을 의미하는지, 자유롭게 존재한다는 것이 무엇을 의미하는지에 대한 질문에 미학적이며 종교적인 답이 바로 그리스 신들"이라고 이해한 것으로 설명한다. T. Pinkard, "Autorität und Kunst-Religion", V. Wieweg / W. Welsch(Hrsg.) *Hegels Phänomenologie des Geistes*, Frankfurt a. M., Suhrkamp, 2008, 554쪽.

18) G.W.F. Hegel, 『정신현상학 2』, 283쪽.

것과 인간적인 것의 대립이 표출되며, 희극에서는 신적인 것에 대한 인간의 승리가 묘사됨으로써 신적인 권위의 해체와 함께 자기의식적인 개별적 인간의 중요성이 부각된다. 서사시에서 비극으로, 그리고 비극에서 희극으로 예술의 형식이 변해가는 과정은 단순한 예술형식의 변화만을 의미하는 것이 아닌, 개인과 공동체와의 신뢰 속에서 일체감에 근거한 고대 그리스의 아름다운 인륜성이 자기의식적인 개인의 등장과 함께 해체되는 과정이자 동시에 공동체의 분화 속에서 야기되는 개인화 과정으로 이해될 수 있다.

언어가 신과 인간을, 그리고 공동체와 개인을 매개하는 중요한 수단으로 작동하는 서사시에서 시를 창작하는 서사시인은 특수한 개인이지만, 동시에 시를 통해 민족정신을 표현하는 보편적 존재이다. 헤겔은 서사시에서 무엇보다도 중요하게 드러나는 것이 "신과 인간의 관계맺음"[19]으로 규정한다. 서사시를 이끄는 중요한 동력은 영웅과 신들인데, 자기의식적인 영웅들의 행동은 개인의 위대성을, 그리고 동시에 민족의 보편성을 드러낸다. 즉 그들은 명예나 사랑 등 자신들의 개인적인 동기에 의해 행동하지만, 이러한 행동은 민족을 대변하는 행위로서 민족의 보편적인 운명을 담지하고 있다. 따라서 영웅들은 신과 인간을 매개하는 존재이며, 보편적인 민족을 대변한다는 점에서 보편성을 구현하는 신적인 특성을 지니고 있다. 그러나 영웅들은 궁극적으로 유한성과 특수성의 지배를 받는다는 점에서 신

19) G.W.F. Hegel, 『정신현상학 2』, 282쪽.

과는 전적으로 구별되는 지극히 인간적인 존재라 할 수 있다.

서사시에서는 이러한 영웅들의 행동이 전면에 등장함으로써 인간들이 서사시의 주인공으로 나타난다. 그러나 서사시에서 영웅들은 전적으로 신에 의존하고 있으며, 궁극적으로 신들이 영웅들의 행위를 조정하고 지배함으로써 영웅들은, 즉 인간은 무력한 존재로 전락한다. 민족의 보편성을 상징하는 강한 힘과 아름다운 영혼을 지닌 영웅들은 "자신의 생명이 끊긴다는 느낌을 안고 다가오는 죽음을 직감하며 비탄에 빠진 존재"[20]인 것이다. 결국 신과 인간을 매개하는 영웅들이 신에 의해 조정되는 무력한 존재로 전락하는 서사시는 신이 여전히 인간들에게 강한 위력을 지닌 존재라는 것을, 그리고 신에 의해 결집된 공동체가 개인들에게 강한 위력을 지니고 있다는 것을 상징적으로 보여준다.

고대 그리스에서 서사시 다음에 지배적인 예술형태로 나타나는 비극과 희극에서는 신의 위력이 서서히 약화되고, 이와 함께 인간의 위력이, 그리고 보편적 본질인 신을 중심으로 한 공동체 대신에 자기의식적인, 특수한 개인이 극의 중심적인 요소를 형성한다. 그리스의 대표적인 비극작품인 소포클레스의 『안티고네』는 신의 법칙을 대변하는 안티고네와 인간의 법칙을 상징하는 크레온의 대립관계를 통해, 그리고 결국 신의 법칙을 대변하는 안티고네가 크레온에게 처벌됨으로써 신적인 것보다 인간적인 것이 우월하다는 것을 드러낸다. 또한 『안티고네』는 공동체

20) G.W.F. Hegel, 『정신현상학 2』, 285쪽.

를 대표하는 크레온의 명령을 어기는 안티고네의 행위 속에서 공동체에 반항하는 특수한 개인의 자각적인 의식의 등장과 함께 공동체의 결속력이 서서히 약해지고 있음을 상징적으로 묘사하고 있다. 그러나 개인의 권리를 주장하는 안티고네의 죽음은 개인에 대한 공동체의 위력이 여전히 강하게 작용하고 있음을 나타내며, 따라서 자각적인 개인의 자기주장은 결국 비극적인 결말을 초래한다는 사실을 암시하고 있다.[21]

비극에서 여전히 위력을 행사하고 있는 공동체는 그러나 희극에서는 더 이상 개인들을 구속하는 보편적인 것으로서의 권위를 상실한다. 희극에서는 신과 인간의 관계가, 그리고 공동체와 개인의 관계가 완전히 역전되며, 신적인 본질 대신에 자기의식적인 인간이, 공동체 대신에 특수한 개인들이 중심적인 지위를 차지하게 된다. 희극에서는 신적인 본질이나 보편적인 공동체가 개인들의 조롱 대상이 되기도 하며, 보편적인 민족정신에서 벗어난 개별성의 원리가 현실의 인간들을 움직이는 궁극적인 원리로 작동한다. 특히 신적 본질을 담지하고 있는 공동체의 보편적인 원리는 개인들에게 가치 있는 것으로 인식되지 않으며, 오직 자기 자신만을 확신하는 자아가 절대적인 지위를 차지하게 된다.

> 예술종교는 이 개별적 자아 속에서 자신을 완성하고 자기

21) 멘케는 헤겔이 “비극의 경험을 통해 개별적인 주체성의 형태와 인륜적 공동체에 대한 그의 관계가 어떻게 서서히 변해가는 지를 보여주는 것”으로 이해한다. C. Menke, *Tragödie im Sittlichen,* Frankfurt a. M., Suhrkamp, 1996, 156쪽.

> 자신 속으로 완전히 귀환한다. 개별적 의식이 자기 자신에 대한 확신 속에서 절대적 위력을 드러냄으로써, 예술종교는 표상된 것의, 즉 의식 일반으로부터 분리된 것이자 의식에게 낯선 것의 형식을 상실한다.[22]

헤겔에 의하면 고대 그리스의 희극작품 속에서 표현된 자기의식적인 자아를 통해 개인들은 비로소 "자연이나 신이라는 자기의식 외부로부터 오는 공포를 극복하고, 자신과 다른 이질적인 것이 더 가치 있다는 생각으로부터 해방되어 마음의 안락함과 편안함"[23]을 누리게 된다. 이와 함께 공동체와의 일체감에서 오는 고대 그리스인들의 인륜적 자유는 서서히 소멸되며, 공동체와 분리된, 자기 자신에 대한 확신에서 오는 개인의 자유가 중요한 가치를 지니게 된다. 희극은 예술의 형식을 통해 그 당시 그리스인들의 의식의 변화를 구체적으로 묘사함으로써 고대 그리스 사회에서 자기의식적인 개인의 등장과 함께 나타난 인륜적 공동체의 해체를 상징적으로 보여준다. 헤겔은 희극 속에서 표현된 공동체를 결속시켰던 신적 권위의 상실과 공동체의 해체 속에서 개인과 공동체의 직접적인 일체감에 토대를 둔 고대 그리스의 인륜적 공동체가 아름답지만, 그러나 무한한 자기의식에 의해 매개되지 않은 공동체와의 직접적인 합일은 역사적 한계를 지닐 수밖에 없는 것으로 이해한다. 그에 의하면 인간의 진정한 자유는 근대에야 비로소 보편적인 권리를 획득하

22) G.W.F. Hegel, 『정신현상학 2』, 298쪽 이하.

23) G.W.F. Hegel, 『정신현상학 2』, 299쪽.

게 된 "나는 나"라는 자기의식적인 자아에 의해 매개될 때, 그리하여 이러한 자기 의식적인 자아가 "우리인 나와 나인 우리"라는 정신의 개념인 보편적 의식으로 고양될 때 비로소 가능하기 때문이다.

■ 참고문헌

이뽈리뜨(J. Hyppolite), 『헤겔의 정신현상학 II』, 이종철 역, 문예출판사, 2003.

정미라, 『헤겔의 정신현상학 읽기』, 세창미디어, 2018.

헤겔(G.W.F. Hegel), 『청년 헤겔의 신학논집』, 정대성 옮김, 인간사랑, 2005.

______, 『정신현상학 2』, 임석진 옮김, 한길사, 2005.

Heinrichs, J., Die Logik der 'Phänomenologie des Geistes', Bonn, Bouvier, 1974.

Menke, C., Tragödie im Sittlichen, Frankfurt a. M., Suhrkamp, 1996.

Pinkard, T., "Autorität und Kunst-Religion", Wieweg, K./Welsch, W.(Hrsg.) Hegels Phänomenologie des Geistes, Frankfurt a. M., Suhrkamp, 2008.

제 Ⅱ 부

가톨릭 교회에서 가정의 의미와 가정 사목의 방향

성경의 창조설화 속에 나타난 가족의 이해

— '알맞은 협력자'(창세 2,18)로서의 가족 공동체 —

최종훈
(천주교 광주대교구청 사목국 부국장)

머리말

가족은 어떤 존재인가? 각자에게 가족의 의미를 묻는다면 그 대답은 각양각색일 것이다. 각자가 자신의 인생 안에서 느끼고 체험하고 살아가고 있는 가족의 모습이 다르기 때문이다. 지극히 개인적인 의견이지만 나에게 이 질문을 한다면 가족은 "언제나 내 편인 존재들"이다. 세상의 모든 사람들이 나를 손가락질하고 잘못을 지적 하더라도 내 가족만큼은 괜찮다고 말해 줄 수 있는 존재, 그래서 언제나 고마움과 미안함이 먼저 떠오르는 존재이다. 때로는 가족 때문에 힘들 때도 있고 걱정과 아픔으로 다가올 때도 있지만 여전히 그들은 나의 사람들이다. 그렇게 우리는 '사랑'이라는 감정을 가족의 구성원을 통해 처음으로 체험한다. 또한 가족을 통해서 공동체로서 함께 살아가는 것을 배워나간다. 부부는 사랑이라는 이름으로 서약하고 서로의 다름을 알아가며 그 빈자리를 채워나간다. 그리고 그 사랑의 선물인 자식들에게 많은 것들을 양보하고 배려한다. 그러면서 가족의 구성원은 부모의 사랑을 통해서 자연스럽게 사랑이라는 것을 배워나가고 그러면서 배려와 양보의 가치를 공동체 안에서 살아가기 위한 가치로서 체험한다.

하지만 오늘날 이런 가족의 의미는 박물관의 장식장 속에나 있는 이상적이고 꿈같은 이야기가 되어버린 것 같다. 가톨릭 교회에서도 지금의 '가족에 대한 도전적인 현실'[1)]에 대해서 인지하고 위험성을 지적하고 있다. 프란치스코 교황은 전 세계주교대의원회의 총회를 마무리하고서 "사랑과 기쁨"이라는 후속 권고를 전 세계의 교회에 보내면서 다음과 같이 문제성을 지적하고 있다.

> 그리스도인의 가정들이 혼인과 가정이라는 선물을 소중하게 여기고, 관대, 헌신, 신의, 인내의 미덕으로 충만한 강한 사랑을 지킬 것을 제안합니다. 또한 불완전하거나 평화와 기쁨이 없는 가정생활에서 모든 이가 자비와 친교의 징표가 되

1) 프란치스코 교황은 오늘날 가정의 현실을 세 가지의 문제점으로 지적하고 있다. 첫째는 인간적 문화적 변화에의 주된 경향에 따른 가정의 변화, 둘째는 지나친 개인주의가 가져오는 위험성, 셋째는 현대의 빠른 삶의 속도, 스트레스, 사회와 노동 구조의 변화를 문제의 원인으로 지적하고 있다. 그러면서 "이러한 위험들이 가정에 대한 이해에 영향을 미치면, 가정은 그저 잠시 머무는 장소가 되어 사람들이 자신에게 유익하다고 보일 때에만 또는 자기의 권리를 주장할 때만 도움이 되는 곳으로 여길 수 있습니다. 그래서 가족의 결속은 개인의 불확실한 바람과 상황에 달려 있게 되는 것입니다."라고 설명한다. 프란치스코, 『사랑의 기쁨』 - 가정의 사랑에 관한 프란치스코 교황 성하의 세계주교대의원회의 후속 교황 권고, 한국천주교중앙협의회, 2017, 31-57항 참조.

도록 촉구합니다.[2])

교황은 더불어 우리가 오늘날 비난하고 있는 상황을 가톨릭 교회 밖에서만 찾고 있지 않다. "건전한 자기반성이 필요"함을 지적하면서 교회 내의 쇄신을 말한다.

> 우리는 은총에 열려 있도록 권장하지 않은 채 단순히 교리적, 생명윤리적, 도덕적 주제들을 강조하는 것만으로도 이미 가정에 충분한 도움을 주고 부부 유대를 강화하며 부부가 함께 하는 삶에 의미를 부여하고 있다고 오랫동안 생각해 왔습니다. 우리는 혼인을 평생 짊어지고 가는 짐이 아니라 개인의 성장과 완성의 역동적 길로 제시하는 데에 어려움을 느낍니다.[3])

천주교 광주대교구에서 2012-2014년에 실시했던 '가족형태 및 생활양식에 대한 견해'[4])에 대한 설문조사를 보더라도 신자들과 사제들의 응답 자체가 대체적으로 부정적인 태도가 강하게 드러난다. 오늘날 가족의 형태가 셀 수 없이 다양해지고 있지만, 교회에서는 고전적 가족의 형태만이 규범적 가족이라는 생각에 사로잡혀 있다. 그래서인지 교회의 가르침 안에서도 새로운 가족의 개념과 진정한 가정의 가치를 설명하는 것보다는

---

2) 『사랑의 기쁨』, 5항.

3) 『사랑의 기쁨』, 37항.

4) 천주교광주대교구 사목국, 『광주대교구 2012~2014년 '가정의 해' 평가와 전망』, 158~162쪽 참조.

'생명 윤리'에 관한 교회의 입장만이 부분적으로 다뤄지고 있을 뿐이다.

가톨릭 교회가 현대 사회 안에서 다양하게 변화하는 가족의 모든 형태를 전적으로 받아들일 수는 없다. 하지만 무너져가는 가정의 현실과 윤리적 문제에 대해서 이유와 설명 없이 교리적이고 규범적 논리의 잣대로만 새로운 가족의 모습을 판단해서도 안 될 것이다. 더 많은 사회적 논의와 설득, 교회적이고 윤리적 가치에 대한 강조가 교회 내외에서 이루어져야 한다. 이런 이유 때문에 교회의 근본인 성경에 집중해 보아야 한다. 가정과 가족 구성원의 원초적이고 근본적인 의미, 출산과 사랑 이야기, 가정의 위기와 문제에 관한 내용이 성경에 가득 차 있기 때문이다. 성경의 가르침은 어쩌면 법적이고 윤리 신학적인 규범의 잣대로 편협해지는 우리의 시선을 다른 초점으로 이끌 수 있다. 이 글은 그런 시선의 출발점이 되었으면 한다.

성경의 첫 번째 이야기인 '창세기의 창조 이야기(창세 1-2장)'를 바라보면 '가족'이라는 기원에 대해서 알아볼 수 있다. 창조 이야기는 인간의 창조뿐 아니라 세상의 창조에 대해서 언급한다. 세상의 기원은 바로 '창조주 하느님'이시다. 더불어 인간을 '아담'과 '하와', 남자와 여자로 창조하신다. 남녀의 창조 또한 그들 모두의 기원은 하느님이며 그들이 '한 몸'이 되게 하신다. 그럼으로써 가족을 창조하신다. 달리 말해서 인간의 창조, 남녀의 창조뿐 아니라 하느님께서는 가족이라는 공동체도 만드셨다. 그 안에서 가족을 통해 하느님께서 드러내시려는 뜻이 무엇인지, 가족이 창조되었던 이유와 근본적 가치에 대해서 알아볼 것이다. 그 이유는 어쩌면 다양하게 변화하는 가족의 형태 속에서 변하지 말아야 할 가족의 핵심 가치가 담겨 있을 수 있다. 또한 그 핵심가치가 '예수'라는 구원자의 삶 안에서 어떻게 구체적으로 실현되고 있는지를 복음서를 통해서 알아볼 것이다. 이런 새로운 시도가 무너져가는 가정의 삶들을 조금이라도 일으켜 세우는 실마리가 되었으면 좋겠다.

가족의 기원

성경은 사랑 이야기로 가득 차 있다. 남자와 여자가 만나 사랑하고 그 사랑을 통해 공동체를 이루며 살아가는 이야기, 때로는 위기도 닥치고 그 공동체가 파괴되는 시련도 겪지만 남녀의 사랑, 곧 가족을 형성하는 사랑의 관계가 모든 사랑의 기본임을 성경의 첫 번째 책인 창세기부터 마지막인 묵시록까지 언급하고 있다.

> 하느님께서는 이렇게 당신의 모습으로 사람을 창조하셨다.
> 하느님의 모습대로 사람을 창조하시되
> 남자와 여자로 그들을 창조하셨다.
> 하느님께서는 그들에게 복을 내리시며 말씀하셨다.
> "자식을 많이 낳고 번성하여 땅을 가득 채우고 지배하여라."
> (창세 1,27-28)

특히 7일 간의 창조설화(창세 1,1-31)에서는 창조주 하느님께서 "사람을 하느님의 모습대로 창조하시되 남자와 여자로 창조하셨다"(창세 1,27). 인간존재가 남자와 여자로 창조되었다는 사실은 단순히 두 성이 동일한 존엄성과 평등함만을 가지고 있다는 것만을 말하고 있지 않다. 남녀의 차이를 인정하고 주의 깊게 그 의미를 탐구하도록 우리를 초대하고 있다. 성의 차이는 우선적으로 '육체'의 중요성을 강조한다. 육체적 성의 차이는 생식의 기능뿐 아니라, 심리적이고 정서적 측면도 함께 고려되어야 한다. 그 차이를 통해 새로운 '생명'이 주어지기 때문이다.

> "그때에 주 하느님께서 흙의 먼지로 사람을 빚으시고,
> 그 코에 생명의 숨을 불어넣으시니,
> 사람이 생명체가 되었다." (창세 2,7)

하느님은 '흙이라는 먼지'라는 아무 것도 아닌 존재가 하느님의 본성, 곧 '숨'을 통해서 생명력을 지닌다. 인간은 창조주와 마찬가지로 서로 다른 남녀의 헌신과 사랑의 만남 - 하느님의 '숨'과 같은 - 안에서 진리와 생명력을 드러낸다. 각각의 나약한 존재들이 서로에 대한 차이를 인정하고 배려와 헌신을 통해서 사랑의 관계를 통해 또 다른 새로움의 창조가 이루어지는 것임을 성경의 저자는 언급한다. 창세기 1장의 부부의 창조(창세 1,27)가 곧바로 자녀의 출산과 번성할 것을 장려하는 하느님의 축복행위(창세 1,28)로 연결되는 것 또한 '부부'라는 공동체가 신적인 창조력의 힘을 가지고 있음을 인정한다.

성경의 저자는 또한 단순히 남녀의 차이를 인정하고 진정한

만남과 사랑으로 인한 창조적 힘을 소유함을 언급할 뿐 아니라 가족이라는 공동체 자체가 신적 초월성을 지니고 있음을 이야기한다. 하느님의 모습을 자체를 '남자와 여자'로 언급한다. 창조주 하느님은 자신의 신적 초월성을 남녀 개인이 아닌 부부라는 공동체에 선사한다. 서로 사랑하여 생명을 낳는 부부는 창조주 하느님을 드러내 보일 수 있는 참되고 살아있는 조각품인 것이다. 부부의 풍요로운 관계는 하느님의 신비를 설명한다. 프란치스코 교황 또한 이러한 가족이라는 공동체의 신적 모상성을 지적한다.

> 하느님의 신비는 하느님 안에서 성부와 성자와 사랑의 성령을 바라보는, 삼위일체에 대한 그리스도교의 관점에 근본이 되는 것입니다. 삼위일체의 하느님께서는 사랑으로 친교를 이루시며, 이는 가정을 통하여 현실에 생생하게 드러납니다. … 그래서 가정은 하느님의 본질과 무관하지 않습니다. 부부에 대한 이러한 삼위일체적 관점은 바오로 성인의 신학에서 새롭게 조명됩니다. 바오로 사도는 이러한 부부관계를 그리스도와 교회의 일치라는 '신비'와 연관지어 설명합니다
>
> (에페 5,21-33참조).[5]

이렇게 '가족'은 인간의 의도와 목적에 의해서 임의적으로 이루어진 것이 아니라, 하느님의 창조사업으로 창조주의 신비를 드러내기 위한 원초적 기원을 가지고 있다.

---

5) 『사랑의 기쁨』, 11항.

가족의 목적

가족공동체가 신적 초월성의 모상적 특성을 소유하고 있음을 드러내는 창세기 1장의 설화내용과 더불어 우리는 가족공동체의 기원적 이야기를 좀 더 구체적으로 전하고 있는 창세기 2장에 집중해 보아야 한다. 2장의 내용을 통해 성경의 저자는 가족의 기원뿐 아니라 '가족'이라는 공동체, '부부'의 '한 몸 공동체'가 창조된 계기와 목적에 대해서 상징적으로 표현하고 있다. '인간의 창조가 왜 부부라는 공동체로 연결되는가?'라는 질문은 공동체보다는 개인을 중시하며 가족에 대한 근원적 문제를 담고 있는 지금을 조명해 볼 수 있을 것이다.

> 18 주 하느님께서 말씀하셨다.
> "사람(אדם : 'adam)이 혼자 있는 것이 좋지 않으니, 그에
> 게 알맞은 협력자를 만들어 주겠다."
> 19 그래서 주 하느님께서 흙으로 들의 온갖 짐승과 하늘의
> 온갖 새를 빚으신 다음, 사람(אדם : 'adam)에게 데려가
> 시어 그가 그것들을 무엇이라 부르는지 보셨다.
> 20 이렇게 사람(אדם : 'adam)은 모든 집짐승과 하늘의 새와
> 모든 들짐승에게 이름을 붙여 주었다.
> 21 그러나 그는 사람(אדם : 'adam)인 자기에 알맞은 협력자
> 를 찾지 못하였다.
> 그래서 주 하느님께서는 사람(אדם : 'adam) 위로 깊은
> 잠이 쏟아지게 하시어 그를 잠들게 하신 다음, 그의 갈빗
> 대 하나를 빼내시고 그 자리를 살로 메우셨다.

22 주 하느님께서 사람에게 빼내신 갈빗대로 여자(אשה : issah)를 지으시고, 그를 사람(אדם : 'adam)에게 데려오시자,
23 사람(אדם : 'adam)이 이렇게 부르짖었다.
"이야말로 내 뼈에서 나온 뼈요
내 살에서 나온 살이로구나!
남자(איש : is)에게서 나왔으니 여자(אשה : issah)라 불리리라."
24 그러므로 남자(איש : is)는 아버지와 어머니를 떠나 아내(אשה : issah)와 결합하여, 둘이 한 몸이 된다.

(창세 2,18-24)

■ 완전한 인간으로서의 가족 – 알맞은 협력자

'adam이라는 용어는 일정한 모호성을 포함하고 있다. 이 명사는 인간 존재 일반을 가리킨다. 성의 구분 없이 최초로 창조된 인간 일반을 나타낸다(전반부에 5번 등장). 하지만 다른 경우에는 동일한 용어 'adam – 후반부에 등장하는 – 이 "남성"을 가리킨다. '여성'의 기원적 근원으로서의 '남성'을 나타내며 역사의 한 시점에서 인류의 시초로 '아담'이라는 이름을 가지게 되는 사실을 알 수 있다(창세 4,1.25; 5,1-5). 이 'adam이라는 단어의 모호성에 대해 서로 다른 해석[6]을 하고 있다는 것은 차치

6) 'adam이라는 이름과 연결된 모호성은 두 가지 방식으로 해석할 수 있다. 첫째 방식은 우리가 '전통적'이라 부를 수 있는 방식으로 남자의 '갈빗대'를 이용하여 여자를 창조하고 있고(창세 2,21), "남자에게서 나왔으니 여자라 불리리라"(창세 2,23)의 언급을 통해서 여자의 기원을 남자에서 찾는다. 다른 방식은 20절까지 성경의 저자는 성적 함의가 전혀 없이 'adam에 대해여 말한다고 지적한다. 이런 설명의 일반적 특성으로 말미암아 그러한 존재의

하더라도 ‘최초의’ 인간은 완성된 존재로 창조되지 않았음을 알 수 있다. 창조주도 동산의 인간을 보고 완전한 존재가 아님을 인식한다. “사람이 혼자 있는 것이 좋지 않으니, 그에게 알맞은 협력자를 만들어 주겠다.”(18절)라는 창조주의 언급은 인간은 혼자 살아갈 수 없는 존재임을, 신적 초월성을 소유하고 있지만 근원적 “고독과 외로움”에서 벗어날 수 없는 존재임을 말하고 있다. 그 고통스러운 외로움을 해소하기 위해 창조주는 인간을 창조했던 방식 그대로 다른 생명체들을 창조하여 가까이 데리고 온다. 하느님께서 창조하셨다는 동일한 근원, ‘흙’이라는 덧없는 재료적 표상, 소모와 ‘사라질 것’이라는 유한성은 인간과 동일하다. 그 피조물적 특성과 재료적 유사성을 통해 인간은 세상의 모든 생명체와 관계를 맺고 ‘이름’[7]이라는 기호적 상징성을 통해 각각의 자이를 구분한다. 모든 생명체와 인간 사이에 근본적 차이를 가진다. 하느님의 모습을 담아내고 있는 ‘모상성’과 하느님의 영적 생명력인 ‘숨’을 인간은 소유하고 있다. 신적 초월성을 소유한 사람은 세상과 인간 사이의 소통적 구조를 피

정확한 구성에 대한 상상을 포기할 수밖에 없으며, 남녀 양성을 갖춘 존재의 ‘괴물 같은’ 형태에 의지할 필요는 없다. 사실 우리는 ’adam과 함께 알지 못하는 것을 경험함으로써 하느님께서 이룩하신 놀라운 이적이 무엇이지 계시를 통해 발견하도록 권유 받기 때문이다. 사실 아무도 자기 자신의 기원에 대한 신비를 알지 못한다: 교황청 성서위원회, 『성서 인간학』 - 사람이 무엇이기에...?(시편 8,5), 한국천주교주교회의, 2020, 153항 참조.

7) 고대 동방의 사고 방식에 따르면, 어떤 이가 이름을 지어 부름은 상대의 본질을 이해하고 그것들을 분류하여 제자리에 배치하고 지배한다는 의미를 가지고 있다: 성서와 함께 편, 『보시니 참 좋았다』 - 성서가족을 위한 창세기 해설서(개정판), 성서와 함께, 1988, 96쪽.

조물적 유사성을 통해 만들어지지만 진정한 상호 인격적 친교의 원칙을 나눌 수는 없다. 그 근원적인 차이로 인해 사람은 모든 생명체 안에서는 자신의 '알맞은 협력자'를 찾지 못한다.

창조주 하느님께서는 인간의 '근원적 외로움과 고독' 때문에 '깊은 잠'에 빠져들게 하여 사람의 갈빗대를 뽑아 여자(issah)를 지으시고 살을 메워 남자(is)를 창조하신다. "깊은 잠을 쏟아지게 하여 잠들게 하신"(21절) 창조주의 행위는 단순히 고통 없는 수술을 받을 때 사용되는 마취의 기능을 수행하지 않는다. 인간의 이성에서 벗어난 창조주의 신비로운 사건, 상상할 수 없는 사건, 하나의 존재('adam)로부터 남자(is)와 여자(issah)를 창조하는 놀라운 사건을 나타낸다. 이 창조는 한 사람의 몸에서 두 개의 몸이 분리되었다는 의미가 아니다. 'adam이 다른 존재를 여자(issah)로 보게 될 때, 즉 상호 관계를 맺으면서 비로소 자신을 남자(is)로 인식한다는 의미이다. 하느님의 초월성을 지닌 근원적인 유사성과 동일성 안에서 서로의 차이와 구분을 받아드리고 인식할 때 그들은 완전한 인간으로 창조되는 것이다.

이제 사람은 남자와 여자로 구별되고, 알맞은 협력자로서 서로 보완하여 온전한 사람상을 이루게 된다. 프란치스코 교황 또한 아름다운 부부의 모습을 상세히 표현하면서 다음과 같이 말한다.

> "알맞은"이라는 표현은, 히브리어 원문에서 말이 없는 대화로도 가능한 직접적인 관계, 곧 눈과 눈이 마주치는 관계로 표현하고 있다. 사랑에서 침묵이 종종 말보다는 더 많은 것

을 표현하기 때문입니다. 이것은 성경에 나오는 현자가 말한 것과 같은 "뜻이 맞는 협조자요 의지할 기둥이 되는"(집회 36,29) 하느님의 사랑을 반영하는 '너'와 대면하는 것입니다. 또한 솔로몬의 노래가 담긴 아가서에서 아내는 사랑과 상호 증여에 대하여 다음과 같이 참으로 아름답게 고백합니다. "나의 연인은 나의 것, 나는 그이의 것. … 나는 내 연인의 것, 내 연인은 나의 것"(아가 2,16; 6,3)[8)]

인간은 태초부터 '자기에게 알맞은 협력자'를 찾으며 고독과 외로움 안에서 불완전하게 창조된다. 하지만 창조주 하느님께서는 그런 인간을 '부부'의 만남으로 서로가 서로에게 완전한 존재로 나아가게 한다. 하느님께서는 남자에게 여자를 '데려오신'(22절) 것을 볼 때, 우리는 창조주가 만남을 지지한다는 것에 주목한다. 사람은 무엇보다 먼저 '이번에는' 혼자 있는 인간 존재의 외로움을 물리칠 수 있는 '좋음'(善)이 실현되었다는 것 - "사람이 혼자 있는 것이 좋지 않으니"(18절)에서 창조주의 안타까움이 표현되어 있다 -을 말하려고 부르짖는다(23절). 선(善)은 창조주에 의하여 분명히 완성되었지만, 자유로운 사랑의 결정으로 이제는 피조물에 의해서도 인지되고 받아들여진다. "내 뼈에서 나온 뼈요 내 살에서 나온 살"(23절)이라는 표현은 두 성의 동등성만 선언된 것이 아니라 상대방이 자기 자신의 몸으로 여겨질 것임을 보증하려고 사용된다. 바오로 사도는 혼인의 사랑에 대하여 말한다. "남편도 이렇게 아내를 제 몸같이 사랑하

---

8) 『사랑의 기쁨』, 12항.

는 것입니다. 아무도 자기 몸을 미워하지 않습니다. 그리스도께서 교회를 위하여 하시는 것처럼 오히려 자기 몸을 가꾸고 보살핍니다. 우리는 그분 몸의 지체입니다"(에페 5,28-30).[9)]

가족이라는 공동체를 이루는 남자와 여자의 만남과 서로를 내어놓은 완전한 사랑의 일치는 창조주 하느님께서 행하시는 초월적 완전성으로 나아가는 인간의 행위이다. 또한 그 기원도 인간의 선택과 편의에 의해 이루어지지 않는 하느님을 기원하는 신적 근본성을 가지고 있는 것이다. 시작점은 '외로움'이다. 세상의 모든 것을 "좋음"(창세 1,4.10.12.18.21.25.31)으로 창조하신 하느님께서는 인간의 창조 이후에 유일하게 인간의 고독과 외로움을 좋지 않음으로 바라보시고 가족이라는 공동체를 창조하신 것이다. 그 가족의 만남과 사랑을 통해서 인간은 비로소 완전한 좋음으로 나아가게 되는 것이다.

■ 서열적 관계가 아닌 함께하는 존재

우리는 여기에서 왜 '갈빗대'인가?에 대한 의문이 생긴다. 남자의 한 부분을 떼어 내어 여자를 창조하였다는 것이 단순히 여자의 기원을 남자로 바라보는 서열적 관계를 나타내지 않는다. 인간의 신체의 다양한 부분이 있음에도 불구하고 갈빗대에 대한 의미와 상징성을 통해서 가족 공동체의 모습과 기능을 살펴볼 수 있다.

갈빗대(צלע : tsala)는 당시의 아랍인들에게 '절친한 친구'를

9) 『성서 인간학』, 157항 참조.

나타내는 말이었고, 수메르어로는 '생명'을 뜻한다. 해부학적 측면을 고려하더라도 갈빗대는 우리 몸의 심장과 폐를 둘러싸고 보호하는 중요한 역할을 담당하고 있다. 그렇게 갈빗대는 상징적 의미 안에서 신체의 일부라기 보다는 존재의 핵심을 구성하는 중요한 요소를 뜻한다. 또한 고대 그리스어 번역본인 70인역(LXX)[10]은 히브리어 용어 tsela를 '갈빗대'로 옮겼지만, 성서의 다른 모든 곳(탈출 25,12.14; 2사무 16,13; 1열왕 6,34; 에제 41,5,9 등)에서 이 용어는 (인간) 신체의 특수한 부분을 절대로

10) 가장 오래된 헬라어역 구약 성경(삼상12:11 난외주). 지중해 연안국에 흩어져 사는 히브리어를 모르는 유대인들을 위해 유대인 학자 70여 명이 B.C.250-200년경 애굽의 알렉산드리아에서 번역한 성경. 즉, 헬라의 알렉산더 대제(*Alexander*, B.C.356-323년)가 국어정책을 수립하여 제국 내 피정복민들은 헬라어를 사용해야 했다. 이 정책에 따라 애굽의 알렉산드리아에 식민한 유대인들도 헬라어를 사용하게 되었고 그로 인해 자신들의 고유한 언어를 잊어버리게 되었으며, 그 결과 구약성경의 헬라어역이 필요하게 되었다. BC.250년 톨레미 2세(*Ptolemy Philadephus*, B.C.285-247년 애굽 왕으로 재위)는 유대 율법의 헬라어 번역본을 그가 자랑하는 알렉산드리아 도서관에 소장하기를 원했다. 그래서 당시 예루살렘의 대제사장 엘르아살(*Eleazer*)의 도움을 받아 이스라엘 각 지파에서 6명씩 총 72명을 택하여 율법 두루마리와 함께 애굽으로 데려왔다. 이들 학자들은 알렉산드리아에 마련된 72방에서, 72일간 자기가 맡은 율법서를 번역했고 이것을 하나로 모았는데, 이것을 '70인역'이라 부른다. 70인역은 그 후도 계속 번역되어 B.C.130년경 아퀼라(*Aquila*)에 의하여 구약성경의 헬라어역이 완성되었다고 전한다. 그 후 2세기에 데오도션(*Theodotion*), 2세기 말 심마쿠스(*Symmachus*), 3세기 오리겐(*Origen*) 등에 의해 수정 작업이 계속되었다. 70인역은 성경의 본문연구에 큰 역할을 해왔는데 특히, 본문의 연대가 오래되었다는(히브리어의 맛소라 원전보다 10세기나 앞섬) 점에 그 중요성이 크다. 그리고 신약성경의 구약성경 인용도 대부분 70역에서 인용한 것이고, 또 현재 통용되는 구약성경의 구분도 70인역에 의한 것이다. 참고로, 초대교회는 대부분 헬라어를 사용하던 지역의 회당을 중심으로 모였기 때문에 자연스레 70인역 성경을 자기들의 경전으로 받아들이게 되었다: **[네이버 지식백과]** 칠십인역 [七十人譯, Septuagint] (교회용어사전 : 교리 및 신앙, 2013.9.16., 가스펠서브)

가리키지 않으며 단순하게 어떤 대상물의 '측면' 또는 옆을 가리킨다. 만약 해부학적 기관을 가리키는 언급으로 생각하지 않는다면, '남자와 여자'는 그들을 구성하는 특질에서 비슷한 '측면과 측면'이라는 개념이 부각될 것이다. 또한 이와 동시에 그들은 협조자와 동맹처럼 한 사람이 다른 사람 옆에 '나란히' 있도록 부름을 받았다. 사실 집회서에서 다음과 같이 말한다. "뜻이 맞은 협조자요 의지할 기둥이 되는 아내를 얻는 것은 행운의 시작이다"(집회 36,29). 사실 두 사람은 각기 정체성에 고유한 형태를 가지고 있다. 남자에게는 "그 자리를 살로 매우셨다"(21절)는 행위로 표현되었다. 그러나 여자에게는 동사 '짓다'(22절)로 표현되었는데, 이 동사는 의심할 여지없이 마지막 손질이라는 뉘앙스를 가지고 있어서 '지어진 존재'(창세 16,2; 30,3 참조)가 자녀를 낳은 잠재력과 일치한다. 육체 안에 각 주체의 특수한 정체성이 계시되어 있음을 주장하는 것은 다음과 같은 이유에서다. 곧, 다른 존재를 부족한 부분을 메꾸기 위한 구체적인 수단으로 요구되는 것은 아니고, 단순히 보완적으로 공급된 것으로 평가되는 것도 아니다. 오히려 다른 존재는 다른 사람들의 필요에 종속되지 않는 인격체, 곧 하느님 활동의 완성으로 창조된 완전한 '선'(좋음)으로 칭송받는 인격체로서 경이로운 은총으로 받아들여져야 한다는 것을 가리킨다.[11] 그렇게 '알맞은 협력자'인 남녀는 옆에서 함께 있는 존재가 되어야 한다. 그 안에서 새로운 창조적 생명력이 생성되는 것이다.

---

11) 『성서 인간학』, 156항 참조.

"사랑의 기쁨"의 권고에서도 가족이라는 공동체가 관계적, 육적, 영적 일치에 대한 모습을 강조하고 있다.

> 외로움을 달래주는 이러한 만남은 새로운 탄생과 가정을 이룩하여 냅니다. … 히브리어로 '결합하다' 또는 '매달리다'라는 말은 깊은 조화, 육체적 내적 친밀함을 의미하는 것이며, 그 의미가 확장되어 하느님과의 일치를 설명하는 데에 사용됩니다. … 그래서 혼인의 결합은 성적 육체적 차원에서뿐만 아니라 사랑으로 자신을 스스로 내어 주는 가운데 이루어집니다. 이러한 결합의 결실로 "둘이 한 몸이 되는 것"입니다. 이는 서로 육체적으로 받아들일 뿐만 아니라 두 마음과 삶이 하나가 되는 것으로, 어쩌면 자녀를 통하여 이루어지는 것입니다. 부부가 낳은 자녀는 두 사람의 '몸'을 물려받아 부모와 유전적으로도 영적으로 결합되어 있습니다.[12]

가족 공동체는 각자의 고유한 특수성을 무화시키는 '통합'으로 이해되어서는 안 될 것이다. 둘이 "한 몸이 된다."(24절)고 말하는 성경 본문에서 육체의 결합은 부부 공동체의 전체적이고 배타적이며 영속하는 불가분의 사랑의 표지를 주는 것으로 이해되어야 한다. 그러므로 육체의 결합이 실제로 결정적인 상호 소속을 표현하지 않으면, 이 표지는 잘못된 것이다. 그리고 다른 사람에 대한 실제적 사랑을 표현하는 표지이기에, 그리스도교 전통에서 그것은 육체적 존재의 여러 훈련을 통해서도 실

12) 『사랑의 기쁨』, 13항.

현될 수 있을 것이다.[13)]

가족 공동체는 같음과 다름을 인정하며 나란히 함께 걸어가는 동반자라고 할 수 있다. 공동체에서 맺어지는 지속적 관계는 서로 높이 평가하는 아름다움에서 시작된다. 또한 그 관계는 지속적 탐구와 서로에 대한 앎으로 발전하며, 갈망하는 친교를 실현한다. 그리하여 가족의 공동체뿐 아니라, 모든 이를 기쁘게 받아들이고 관계 맺어 가며 서로가 서로에게 행복이 되고 세상의 모든 요소를 변화시킬 수 있는 사랑이 가득하게 된다. 성경의 창조 설화 안에서도 그런 변화의 근원적 기초가 가족의 창조를 통해 드러나는 관계적이고 육체적이며 심리적이고 영적인 일치임을 지적하고 있는 것이다.

나오는 말
온유함의 포용

성경의 창조에 대한 이야기- 특히 가족 공동체의 창조 - 를 통해 지금의 모습을 바라보아야 한다. 여러 이유 때문에 가족 공동체는 무너지고 있다. 그것이 시대의 징표일 수도 있고 아니면 앞으로 나아가기 위한 일보 후퇴일지도 모른다. 하지만 교회에 대한 가족 공동체의 인식은 아직도 과거에 머물러 있는 것 같다. 교회 안에서는 혈연 중심의 공동체가 진정한 가족의 모습이 아니라 그리스도의 신앙을 통해서 예수님의 가치와 삶을 살아

13) 『성서 인간학』, 155항 참조.

가는 공동체가 진정한 예수님의 가족 공동체임을, 새로운 친교의 공동체임을 강조한다. 그렇지만 가정 사목의 한계는 언제나 "피로 맺어진 공동체"에서 벗어나지 못한다. 성경의 창조 이야기, 특히 가족 공동체의 창조 이야기 안에서는 부부의 만남과 사랑은 지극히 개인적 합의와 동의에 의한 선택임을 말하지 않는다. 가족 공동체는 창조주 하느님께서 마련하신 '완전한 사람'의 모습을 창조하기 위한 하느님의 작품이다. 하느님의 온전한 신적 초월성을 소유하고 하느님의 모습을 갖추기 위한, 그래서 '좋음'(善)을 세상에 만들어가야만 하는 인간의 의무이며 책무이다. 무너져가는 가족 공동체를 바라보는 우리의 시선이 홀로 있는 인간을 바라보는 하느님의 시선이 되어야 한다. 불완전하게 창조된 인간은 '고독과 외로움' 때문에 '좋음'(善)을 살아가지 못한다. 그런 사람을 보시고 하느님께서는 '알맞은 협력자'를 지어주셨고 그 협력자를 통해서 인간은 완전함과 선으로 나아갈 수 있었다.

교회에서 바라보는 가족 공동체의 접근도 '외로움'을 달래주기 위한 목적이 되어야 하지 않을까 생각하여 본다. "사랑의 기쁨" 권고에서 프란치스코 교황은 "온유한 포용"을 강조한다. 어머니 품에 안겨 젖을 먹고 난 후, 그 품 안에 안겨 잠이든 아이의 모습을 그리며 히브리어 '가물'(גמל: gamul: 젖을 떼다)의 의미처럼 단순히 생물학적인 접근 아닌 의식적인 친밀함을 보여주는 것이 가족 공동체의 목적이 되어야 한다는 것이다.

그리스도인 혼인과 가정생활의 핵심인 사랑의 차원에서 또

> 다른 덕목이 눈에 띕니다. 그것은 바로 혼란스럽고 피상적인 관계를 맺으며 살아가는 오늘날의 세상에서 종종 무시되는 온유함입니다. … 여기서 우리는 어머니와 아기 사이의 섬세하고 따스한 친밀함을 엿보게 됩니다. 이 아기는 젖을 먹고 나서 어머니 품에 안겨 잠이 듭니다. 히브리어 '가물'(גםל : gamul)의 의미하는 것처럼, 젖을 배불리 먹고 난 아기는 자신을 품에 안고 있는 어머니를 꼭 끌어안습니다. 이는 단순히 생물학적인 것이 아니라 의식적인 친밀함입니다.[14]

의식적 친밀감을 통해서 우리는 만연해 있는 '외로움'을 극복할 수 있을 것이다. 이 극복은 사랑으로 타인을 받아들이는 행위에서 이루어진다. 다름을 틀림으로 이야기하지 않고, 다름을 위와 아래로 판단하지 않을 때 우리는 하나의 관계 속으로 이끌어 간다. 부부에서 자녀로, 그리고 친숙한 형재애에서 모든 인간 존재와의 친교로 나아가는 항상 더욱 폭넓은 관계 영역에서 이루어지길 바란다. 그리하여 가족의 모습도 어머니의 품 안에서 생글생글 웃고 있는 아이의 모습처럼 배고프지 않고 걱정 없이 곤한 잠을 자고 있는 편안함이었으면 한다.

▪ 참고문헌

교황청 성서위원회, 『성서 인간학』 - 사람이 무엇이기에...?(시편 8,5), 한국천주교주교회의, 2020.

성서와 함께 편, 『보시니 참 좋았다』 - 성서가족을 위한 창세기 해설

14) 『사랑의 기쁨』, 28항.

서(개정판), 성서와 함께, 1988.

프란치스코, 『사랑의 기쁨』 - 가정의 사랑에 관한 프란치스코 교황 성하의 세계주교대의원회의 후속 교황 권고, 한국천주교중앙협의회, 2017.

천주교광주대교구 사목국, 『광주대교구 2012-2014년 '가정의 해' 평가와 전망』

[네이버 지식백과] 칠십인역 [七十人譯, Septuagint] (교회용어사전 : 교리 및 신앙, 2013.9.16., 가스펠서브)

가톨릭 교회의 가르침을 통해 살펴본 가정

정규현
(천주교 광주대교구청 사목국 부국장)

들어가는 말

가톨릭 교회의 가르침을 통해 직접적으로 알아볼 수 있는 가정[1]에 대한 개념이해는 빈약하다. 역사와 사회 구조를 통해 바라본 가정 개념은 가족이 천부적으로 타고난, 혹은 필연적으로 주어진 관계에서 비롯되는 것이 아니라, 사회 문화적 상황과 역사 인식의 배경 아래 형성된 관계에 밑바탕을 둔다는 것이다. 그렇기에 반드시 혈연으로 엮인 것이 가족이라고 할 수도 없고, 문화 경제적으로 엮인 관계가 가족이라고 할 수도 없다.

그렇다면 무엇이 가족인가? 이 질문에 대한 답은 가족을 구성

1) '가정'과 '가족'은 상호 교차해서 사용할 수 있는 개념으로 파악된다. '가정'은 공간과 구성원을 중심으로 한 집단을 의미하고, '가족'은 제도 안에서 집안의 친족들, 한 집안이 살아가는 사람들을 가리킨다. 이렇게 본다면, '가정'은 공동체의 사람들을 의미함과 동시에 공간의 의미를 포함하고 있다고 생각할 수 있다. 공동체적인 측면에서 이 두 용어는 상호 교차적으로 사용할 수 있으며, 한국 가톨릭 교회는 famila를 번역함에 있어 '가족'이라는 용어보다 '가정'이라는 용어를 선호한다.

하는 요소와 함께 살펴봐야 한다. 생존과 공감, 연대와 공유, 의지하고, 지원받을 수 있는 요소 안에서 가족 개념을 판가름해야 한다면, 작금의 시대적 흐름은 새로운 가족의 형태를 요구하고 있다고 판단할 수 있을지도 모른다. 하지만 교회는 가르침 속에서 언제나 전통적인 가족의 형태를 전제하고 있다. 구약성경에서는 골육이라고 표현되는 혈육을 근간으로 한 가정의 형태를 상정하고, 그에 따라 그리스도교적인 가치에 걸맞은 관계 형성을 위한 신앙적, 도덕적 당위와 규정을 제시한다. 필자가 보기에 이러한 가정에 대한 이해는 교회가 지향하고 바라보는 구원이 뿌리내리는 과정과 밀접한 연관이 있다.

성경은 작은 것에서 시작해야만 한다는 것을 알린다. 그것은 구원을 향하는 여정에 있어서도 마찬가지이다. 세상의 변화와 사람들의 불신앙, 사회적인 혼란 등의 상황이 발생한다고 할지라도, 하느님(신)과 하느님의 뜻이라는 불변의 가치를 수호하며, 작은 것에서 발생하기 시작하여, 세상의 변화와 정착으로 이어지는 일련의 구원사적인 과정이 있다는 것이다. 이러한 이해방식은 인간 생명이 필연적으로, 세상에 존재함과 동시에 발생하는 혈연 중심의 가족이 중요하다는 인식을 가져온다. 그렇기 때문에 근본적인 목적지인 그리스도인으로 살아가는 삶을 이루기 위해서는 가장 작은 기초공동체인 가족에서부터 삶을 엮어 내야 한다는 것이 구원사적인 맥락 안에서 가족을 바라보는 관점이 된다.

물론 성경이 가르치는 가정에 대한 개념규명이 명확하지는 않지만, 구원사적인 맥락 안에서 혈연중심적인 공동체만을 주장하지는 않는다. 구약의 이스라엘 백성들은 아브라함이라는 한 인물로부터 시작하여 그가 형성한 가족들을 근간으로 민족이 형성된다. 구약성경에 '민족'을 지칭하는 용어는 2가지인데, 이는 '암'(עם)과 '고이'(גוי)라는 용어로 표기된다. 이 두 단어는 모두 가족을 중심으로 형성된 민족으로 해석되며, 이 민족을 통하여 하느님의 구원사가 연결된다. 그런데 이 두 용어는 비슷한 의미를 지니지만, 문자적으로 조금 다른 의미를 내포한다. '암'이라는 단어가 집단의 동족성을 의미하는 '민족'을 가리킨다면, '고이'라는 단어는 정치, 문화, 사회, 법적으로 공유되는 집단을 가리키는 '민족'을 뜻한다. 이는 유다인이라는 집단의 동족성을 뛰어넘은 공동체로서 새로운 '가족' 개념을 생각해볼 수 있게 도와준다. 또한 예수님께서도 그리스도의 가치를 품고 살아가는 새로운 가족 공동체의 개념을 말씀하신다(마태12,46-50). 결국 성경은 구원사적 맥락 안에서 '전통적인 개념으로서의 한 가족'에서 출발해, 교회라는 새로운 형태의 공동체를 제시하고 있는 것이다.

하지만 앞서 이야기한 바대로 성경은 언제나 구원을 향한 여정에서 작은 출발을 이야기한다. 이는 전통적인 가족의 개념에서 시작되어 정착되는 하느님의 가치를 설명하는 것이다. 그런 측면에서 혈연을 중심으로 한 가정 공동체가 그리스도인으로서 가치를 형성하고 뿌리내린다는 것은 구원의 시작이라고 감히 말할 수 있다. 이러한 인식을 배경으로 교회는 기초 공동체로서의 가정이 어떻게 하느님의 뜻을 실현하고, 그 가치를 살아가야 하는지에 대한 소명을 가르친다.

가톨릭 교회는 성경에 대한 해석과 이해를 기반으로 교황님의 회칙, 그리고 각 지역교회의 사목적인 방향성으로서 전통적 가정을 수호하기 위한 가르침을 피력해왔다. 이는 현대 사회에서 드러나는 전통적 '가정의 위기'에 대한 위험성 때문이다. 본지에서는 교회가 가르치는 가정의 위기가 무엇인지, 그리고 어떤 가치를 담아내는 가정 공동체를 지향하고 있는지 밝히고자 한다.

사랑의 가치상실과 회복

현대사회에서 전통적 가정의 위기라고 부를 수 있는 현상은 다양하게 발생한다. 이혼율의 증가, 세대 간의 갈등, 미혼모, 가정폭력, 노인 소외, 집단 이기주의, 생명에 대한 경시 등으로 설명할 수 있다. 이는 다양한 형태로 발생되는 어려움만큼이나 그 원인도 다양하게 파악할 수 있다. 가정에 대해 연구하는 많은 학자들은 경제구조나 인구학적인 변화, 가치관과 관념의 변화, 가정의 기능 변화, 공동체 개념에 대한 불완전한 인식, 혼인에 대한 의식 변화 등으로 원인을 파악한다. 실제로 다양한 관점 안에서 변화된 가정 인식을 생각하고 고민할 수 있다.

교회는 가정의 이러한 변화들의 원인을 하느님의 가치를 잊어버린 것으로 파악한다. 하느님의 뜻으로 돌아가는 '근본적인 가치로의 회귀'야 말로 현실 사회에서 '위기'라고 부르는 공동체의 분열을 멈출 수 있는 근거가 된다. 교황 요한 바오로 2세는 1981년 「가정공동체」(Familiaris)라는 권고를 발표한다. 이 회칙은 근본적인 복음적 가치로 돌아가 작은 교회인 가정이 하느님의 뜻을 실현하는 공동체성을 회복할 것을 당부한다.

요한 바오로 2세는 그의 권고 「가정공동체」(Familiaris)에서 가정의 시작은 혼인에서 비롯된다는 것을 말한다. 그리고 현대 가정에서 맞이하는 위기는 혼인의 목적으로서 사랑의 가치를 상실하면서 비롯한 것이라는 고찰과 함께 문제를 바라본다.[2] 따라서 가정의 문제는 혼인의 의미와 가치를 배제하고 파악하는 것에 한계가 있다. 교회에서 가르치는 혼인은 부부의 인격적인 합의로 맺은 계약이다. 따라서 혼인의 가치를 왜곡하거나 축소하지 않기 위해서는 인격적인 합의와 인간적인 행위의 의미를 밝혀야만 한다.

교회의 혼인은 하느님께서 제정하신 계약에 두 남녀가 직접 참여하는 계약이다.[3] 여기서 말하는 계약은 현대 사회에서 이야기 하는 쌍무적이고, 행정적인 계약의 형태를 말하는 것이 아니다. 교회의 혼인을 설명함에 있어서 계약은 하느님과 인간의 구원에 연관된 계약을 지칭하는 것으로 상호 인격적이며, 친교 안에서 하느님의 생명에 참여하고 하느님을 세상에 현존케 하는 계약을 가리킨다. 따라서 가톨릭의 혼인에는 두 가지 행위가 수반된다. 첫째는 남녀가 죽음에 이를 때까지 일생동안 함께할 것을 서약하는 것이고, 둘째는 부부행위를 통해 구분되지만 분리되지 않는 '한 몸'의 일치를 형성하는 것이다.

2) 이동익, 「사랑과 생명의 샘으로서의 가정 공동체」, 『사목』 제181권, 1994, 6~24쪽 참조.

3) 제2차 바티칸 공의회문헌, 사목헌장 48항.

교회의 혼인은 "남자와 여자가 부부에게만 국한된 정당한 행동을 통하여 서로에게 자신을 내어주고, 생물학적인 한계에서 벗어나 인간의 가장 깊은 존재와 관련하여, 죽을 때까지 서로에게 자신을 완전히 바치는 사랑"[4]이라고 설명할 수 있다. 그래서 부부사랑은 '한 몸'을 이루는 일치의 의미를 가지며, 동시에 생명의 근원으로서 책임 있는 출산을 요청한다. 한 인격을 출산한다는 의미는 순수한 생물학적 질서를 초월하여 인간의 가치와 관련된 신비로운 행위이며, 이러한 거룩함이 이루어지는 것은 오로지 의식적으로 선택된 부부사랑의 계약인 혼인에 의해서만 가능하다.[5]

이에 따라 요한 바오로 2세는 혼인에 담긴 "한 몸"을 이루는 '성'의 의미와, 일치를 통해 이루는 "사랑"의 의미, 사랑의 결과로서 선물로 주어지는 "새 생명"의 출산의 의미를 밝히며, "혼인은 가정이라는 더욱 넓은 공동체의 기초"이고, "혼인제도와 부부사랑은 그 절정이라고 보여 지는 자녀의 출산과 교육을 지향한다."고 밝힌다.[6] 때문에 요한 바오로 2세는 부부사랑이 "한 몸"이 되게 하는 상호 간의 친밀함으로 그치는 것이 아니라, 가장 위대한 선물로서, 새로운 생명을 전달하는 것에 의미가 있음을 가르치며, "이렇게 해서 부부는 서로에게 자신을 주면서도 자신들만을 주는 것이 아니라 자녀도 주는 것"이라고 이야기 한다.[7] 결국 "한 몸", "사랑", "새 생명"이 가져다주는 부부사랑의

4) 요한 바오로 2세, 「가정공동체」 11항.

5) 요한 바오로 2세, 「가정공동체」 11항 참조.

6) 요한 바오로 2세, 「가정공동체」 14항 참조.

개념은 결코 분리되지 않는 불가분의 관계이다.

요한 바오로 2세에 의하면, 사랑은 상호인격적인 것이다. 사랑은 결합하고 통일시키는 힘이며, 그 본성상 분리와 고립에 반대된다. 한 남자와 한 여자는 하나 되는 삶에서 자신의 완성을 찾으며, 서로가 서로를 인격으로서 존중하는 상호성을 기반으로 받아들임과 내어줌을 통해 공동체의 결실을 향해 나아간다.[8)]

가톨릭 교회는 각 개인의 인격적 개체성을 받아들이면서, 혼인을 통해 이들이 완전한 친교를 이루고, 상호 교환되는 '사랑의 장'이 열린다는 것을 확신한다. 그렇기에 "혼인과 가정 안에서 복잡한 인간관계-혼인생활, 아버지와 어머니의 관계, 부모와 자식의 관계, 형제관계 등-가 수립"함을 설명한다.[9)] 비현실적인 이미지 같지만, 성경과 교회의 가르침은 인간이 가진 '하느님의 모상'으로서의 지위와 독특한 존재성은 '사랑'이라는 개념을 통해 자신을 '받아들임'과 '내어줌'이 가능하다는 것을 말한다.

결국 '나'를 잃지 않으면서, 전적으로 '타자'에게 옮아가는 것이 '사랑'이라는 개념으로 설명할 수 있다는 것이 가톨릭 교회의 사랑에 대한 가르침인 것이다. 이는 구약성경을 통해 하느님께서 인간에게 보여주신 사랑의 계약이며, 또한 그리스도께서 인간에게 요구하시고, 직접 살아가신 삶의 방법이다. '친교를 이루는 공동체'로서 인격들의 만남은 '사회의 가장 작은 단위로서의 가정'을 형성하고, 그 가정에 하느님께서 근본적으로 바라시

7) 요한 바오로 2세, 「가정공동체」 14항.

8) 요한 바오로 2세, 『사랑과 책임』, 김율 옮김, 누멘, 2010, 120-121쪽 참조.

9) 요한 바오로 2세, 「가정공동체」 15항.

는 '사랑'이라는 가치가 자리해야만 한다.

흔히들 '사랑'을 개념화시켜 이해할 때, '감정'의 측면에서 다가서는 경향성이 있다. 하지만 '내어줌'과 '받아들임'으로 교회에서 가르치는 사랑은 단순하게 '감정'의 측면에서 이해할 수 없다. 그것은 '감정'과 더불어 '의지의 표현'으로서 해석되어져야만 한다. 인간의 신비로운 속성 중 일부는 '의지'를 '현실화'할 수 있는 놀라움으로 드러난다. 특별한 감정적 소요가 없다고 하더라도, 누군가를 향한 전적인 헌신을 살아낼 수 있는 것이 '의지의 표현'으로서의 '사랑'이며, 그것은 성경과 교회가 가르치는 '사랑의 질서'이다. 의지가 표현되는 자리에 사랑의 친교가 존재하며, 그를 통해서 근본적인 가정생활의 원초적 아름다움으로 회귀할 수 있게 된다. 각각의 인격이 서로를 만나 '타자화'를 실현할 수 있는 것이야 말로 현시대가 앓고 있는 가정의 위기를 극복할 수 있는 소중한 길이 될 것임을 교회는 이야기 한다. 가톨릭 교회는 근본으로 돌아가서 하느님의 가치를 살아가도록 현실을 살아가는 우리에게 요구한다.

가정의 복음화

교황 프란치스코는 「사랑의 기쁨」이라는 권고를 통해 현실의 가정에 대한 가르침을 새롭게 선포한다. 이 회칙은 2014년부터 2015년까지 2년간 열린 세계주교대의원회의에 대한 교황의 후속 권고로 2016년 선포되었다. '사랑의 기쁨'에서 프란치스코는 현실의 가정문제의 심각성을 다양한 측면에서 고려한 이후, 교회가 대하는 방식에 건전한 자기반성이 필요하다는 것을 지적한다. 그것은 "혼인이 출산의 의무만을 강조한 채로 제시되어 혼인결합의 목적에서 사랑을 키워 나가라는 부르심과 상호 도움의 이상이 가려지게 된 현실과, 부부들의 계획과 사고방식, 구체적 문제들에 맞갖은 가르침을 제공하지 못했던 것"에 대한 자기반성이며, "혼인을 지나치게 추상적이고 인위적인 신학적 이상, 실제 가정의 구체적 상황과 현실적 가능성에 동떨어진 것으로 제안했다는"점이다.[10] 그렇기에 권고에서 프란치스코는 가정현실에 대한 은총의 힘을 강조하면서, 구체적이고 사목적인 도움이 수반되어야 한다는 것을 강조한다.[11]

하느님 은총의 힘을 기반으로 하는 구체적이고 사목적인 도움은 '복음'이라는 가치를 기반으로 실행되어야 한다는 것이 메시지의 핵심이다. "복음의 메시지가 가정 안에서, 그리고 가정들 사이에서 언제나 울려 퍼져야 합니다. 이 메시지의 핵심, 곧 케리그마[12]는, 가장 아름답고 가장 크고 가장 매력적이며 가장 필요한 것입니다. 이 메시지는 모든 복음화 활동의 중심이 되어야 합니다. 이는 으뜸가는 가장 중요한 선포로, 다양한 방식으로 언제나 우리가 거듭 들어야 하는 것이고, 우리가 거듭 선포

10) 프란치스코, 「사랑의 기쁨」 36항.

11) 프란치스코, 「사랑의 기쁨」 38항 참조.

12) 케리그마는 '선포하는 행위'를 가리키는 용어로, 가톨릭 교회는 가장 핵심적인 교의, 곧 예수 그리스도를 죽음과 부활을 통해 이루어지는 구원과 복음이 전달되어지는 것을 의미한다.

하여야 하는 것입니다. 사실, 케리그마보다 더 탄탄하고 깊이 있고 확실하고 의미있고 지혜로 넘치는 것은 없습니다. 실제로 모든 그리스도인 교육은 무엇보다도 케리그마의 심화이기 때문입니다."라고 전한다.

가톨릭 교회에서 복음은 그 깊이와 신학적 의미가 광범위하고 다양하지만, 단적으로 "예수 그리스도의 강생과 그로써 이루어진 인류 구원에 대한 기쁜 소식"이라고 정의한다.[13] 마찬가지로 "복음화" 역시 다양한 의미를 가지지만 "예수 그리스도를 모르는 사람에게 복음을 전하고 교회로 이끌며, 교회의 구성원에게 내적 변화와 하느님의 말씀과 구원 계획에 따라 더욱 완전한 그리스도교 신앙인으로 성장할 수 있도록 이끌어 주는 것"으로 이야기할 수 있다.[14] 교황 바오로 6세는 복음화를 "복음의 힘으로 인류를 내부로부터 변화시켜 새롭게 하는 것"으로 설명한다. 따라서 복음화는 단순하게 사람을 그리스도교로 입교시키거나 개종시키는 것만이 아니고 "하느님의 말씀과 구원계획에 상반되는 인간의 판단 기준, 가치관, 관심사항, 사고방식, 영감의 원천, 생활양식 등에 복음의 힘으로 영향을 미쳐 그것을 변화시키고 바로잡는 것"[15]을 의미한다. 곧 개인과 사회가 복음적인 가치를 담아낼 수 있도록 적용하는 것이 바로 복음화이다.

---

13) "복음", 한국 천주교 주교회의 매스컴 위원회(편), 미디어 종사자를 위한 천주교 용어 자료집, 2011, 47쪽.

14) "복음화", 한국 천주교 주교회의 매스컴 위원회(편), 미디어 종사자를 위한 천주교 용어 자료집, 2011, 48쪽.

15) 바오로 6세, 「현대의 복음선교」 18-19항.

결국 「사랑의 기쁨」이 의도하고 지향하는 방향성은 다양한 신학적 시선으로 혼인과 사랑, 가정을 풀이하고 있지만, 교회가 가정의 복음화를 통해 변화를 도모하고, 실천적인 도움이 될 수 있는 사목적인 전망을 가지는 것이라고 말할 수 있다. 그래서 「사랑의 기쁨」은 제2차 바티칸 공의회에서 설명하는 가정교회라는 공동체적 개념을 통해 공동체 구성원들이 서로에게 복음을 선포하고, 그에 맞갖은 복음적 실천을 보이며, 더욱 성숙함으로 나아갈 수 있기를 기대한다. 그리스도인 가정은 한 사람이 태어나고 복음화되는 중요한 자리이다. 부모에게서 생명을 전달받은 자녀는 처음으로 그리스도교 신앙을 접하게 된다. 자녀는 자신이 받은 복음을 자신의 삶의 자리인 가정에서 가족과 함께 복음을 실천하고 전하는 방법을 배워 익힐 수 있다. 나아가 구성원들은 자신과 공동체의 복음적 실천을 위해 공동체적 결실을 형성할 수 있게 된다. 그래서 교황의 권고는 작은 교회로 불리는 "가정 안에서 은총을 통하여 거룩한 삼위일체의 신비를 반영하는 사람들 사이의 친교인 교회의 첫 경험이 무르익게 된다."[16]고 전한다.

이러한 교회적 복음화의 시선이 가정을 건강하게 만드는 토대가 된다. 하느님의 사랑과 친교가 공동체에 감돌고 있다면, 언제나 가정은 복음적 시선으로 세상과의 만남을 만들어갈 수 있다. "사랑의 힘을 체험하는 혼인한 부부는, 이러한 사랑으로 버림받은 이의 상처를 감싸 주고 만남의 문화를 형성하며 정의

16) 프란치스코, 「사랑의 기쁨」 86항.

를 위하여 싸우도록 부름 받는다는 것을 알고 있습니다. 하느님께서는 가정에 세상을 '가정화'하는 일을 맡기시어 모든 이가 서로를 형제자매로 여기도록 하셨습니다."[17] 가정의 복음화는 가정 안에서의 친교를 만들고, 그리스도의 가치로 공동체를 형성하게 해주며, 세상을 향한 열린 삶을 가능케 하는 길이다.

사목적 식별과 하느님의 자비

교황 프란치스코는 「사랑의 기쁨」의 후반부에서 교회가 가지고 있는 전통적인 윤리관을 수호하면서도, 사목적 식별과 하느님의 자비를 기억해야 할 것을 선포한다. 현대 사회의 혼인에 대한 다양한 모습들을 위험하게 바라보면서도, "교회의 가르침에 부합하지 않거나, 부합하지 않는 상황에서도 찾을 수 있는 건설적인 요소들을 간과해서는 안된다"고 알린다. 또한 교회는 빈번하게 발생하는 이혼의 문제에 있어서 "교회에 속한 신자들에게 너그럽고 용기를 주는 사목적 배려가 필요하다"고 충고한다. 사목자들이 혼인의 아름다움과 거룩함에 대해서 알리고, 교육할 의무가 있음을 강조하면서도 건강한 '사목적 식별'을 통해 인격적이고 영적인 성장과 복음화를 증진시킬 수 있는 요소를 찾을 것을 당부한다.[18]

---

17) 프란치스코, 「사랑의 기쁨」 183항.

18) 프란치스코, 「사랑의 기쁨」 292-294항 참조.

현대 사회의 다양한 가정의 형태, 곧 동거, 혼인 거부, 사실혼, 재혼 등에 대해 교회는 하느님의 자비를 보여줘야 한다. 교회는 이들의 삶 속에 하느님의 은총의 교육법을 보여 주고 그들이 하느님의 계획을 완수하도록 도울 책임이 있다. 교회는 언제나 하느님의 뜻을 찾을 수 있는 식별을 해나가야 하며, 어려움에 처한 이들을 환대하는 어머니와 같은 사랑을 보여주고, 돌봐야 한다.

「사랑의 기쁨」은 혼인과 가정에 대한 사목적인 식별과 자비를 강조하지만 프란치스코는 교회가 혼인의 온전한 이상, 곧 하느님의 위대한 계획을 제안하는 것을 결코 포기하지 않는 다는 점을 분명히한다.[19] 단지 사목자는 언제나 식별을 통해 예외적인 상황을 이해해야 하며, 사목적인 노력으로 하느님의 은총을 보여주는 일에 소홀히 하지 않아야 한다는 것이다. 하느님의 자비는 언제나 정의의 완성이며, 진리를 가장 찬란하게 보여주는 것임을 기억해야 한다. 교회는 언제나 "사회의 가장 그늘진 곳에 살고 있는 이들에게 마음을 열도록" 요구된다. 비록 전통적인 가정의 개념 아래 복음화를 이루는 이상적인 가정을 희망하지만, 소외되고 어려움에 처한 이들에 대한 하느님의 자비를 보여주고, 은총의 삶으로 초대하는 것은 언제나 필요하다.

19) 프란치스코, 「사랑의 기쁨」 307항.

나가는 말

가톨릭 교회는 가정에 대한 가르침을 선포함에 있어서 부모와 자식, 곧 혈연으로 이어져 있는 유대를 통해 현대 사회에서 발생하는 많은 문제들을 해소하고자 노력한다. 비록 현대의 문화와 시대적 흐름이 전통적인 가정만이 아니라 새로운 가정의 형태를 요구한다고 하더라도, 교회는 구원사적인 맥락 안에서 가정에서부터 출발하는 하느님의 은총의 자리를 강조한다.

하느님의 구원 역사는 세상 한 가운데에서 모든 사람에게 펼쳐지는 신비로운 활동이지만, 성경을 통해 드러나는 구원역사의 흐름은 언제나 가장 작은 자리에서 시작한다. 노아가 선택되고, 아브라함이 선택되며, 한 가족의 친교와 순종이 하느님을 알게 해준다. 구원의 과정은 그렇게 하느님의 백성을 형성하게 된다. 이러한 구원역사의 흐름을 성서학자 로핑크는 이렇게 설명한다. "하느님께서 '작게' 시작하심으로써, 어딘가 세상의 한 곳에서 시작하심으로써 가능할 뿐이다. 해방과 치유가 시작되는 곳, 달리 말해 세상이 하느님 뜻 안에 있는 그런 세상으로 바뀌는 곳, 볼 수 있고 조망할 수 있고 검증할 수 있는 곳, 그런 장소가 있어야 한다. 그래야 이곳에서부터 새것이 세상으로 퍼져나갈 수 있으니까."[20] '한 사람'으로 표현할 수 있는 하나의 인격에서 출발해, 인격들이 만나 가정이라는 공동체가 만들어진다. 이 가정에 뿌리내려지는 '복음'이 교회에 펼쳐지며, 또한

---

20) 게르하르트 로핑크, 『예수마음코칭』, 김혁태 옮김, 생활성서사, 2015, 83쪽.

세상의 구원으로 실현되는 희망을 교회는 전한다.

결국 가톨릭 교회의 가르침은 '세상'에 하느님의 뜻과 가치가 실현되는 '장'을 가정이라는 작은 공동체에서 찾는다. 그렇기 때문에 전통적인 가정의 개념을 포기할 수 없으며, 더욱이 이 가정이 하느님의 자비를 입어, 따뜻하고 아름다운 행복의 자리가 되는 것을 기대하는 것이다.

하지만 그렇다고 해서 교회는 전통적인 가정의 형태, 더불어 가톨릭 윤리적 흐름에서 벗어난 이들에 대한 배려와 하느님의 자비를 잊지 않는다. 오히려 소외의 자리를 교회 공동체를 통해 메울 수 있기를 기대한다. 교회라는 공동체는 언제나 모든 사람들에게 열려 있는 새로운 가족이다. 그렇기 때문에 프란치스코는 「사랑의 기쁨」을 통해, 교회는 지금의 어려움을 겪고 있는 모든 이들이 하느님의 은총의 샘을 체험할 수 있도록 해야만 한다는 당위성을 피력한다. 이는 전통적인 가정의 형태를 갖출 수 없는 환경에 처해 있는 모든 사람들에게 열려 있는 교회 공동체의 사명을 선포하는 것이다.

가톨릭 교회는 한국 사회의 수없이 많은 가정에 관련된 어려움과 힘겨움을 향해 시선을 돌리지 않고, 고통에 동참하며, 구원의 길로 나아갈 수 있는 희망이 되고자 한다.

■ 참고문헌

게르하르트 로핑크, 『예수마음코칭』, 김혁태 옮김, 생활성서사, 2015.

바오로 6세, 「현대의 복음선교」 18-19항.

요한 바오로 2세, 「가정공동체」 11항.

요한 바오로 2세, 『사랑과 책임』, 김율 옮김, 누멘, 2010.

이동익, 「사랑과 생명의 샘으로서의 가정 공동체」, 『사목』 제181권, 1994.

제2차 바티칸 공의회문헌, 사목헌장 48항.

프란치스코, 「사랑의 기쁨」 36항.

한국 천주교 주교회의 매스컴 위원회(편), 미디어 종사자를 위한 천주교 용어 자료집, 2011.

프란치스코 교황의 권고 「사랑의 기쁨」(Amoris Laetitia)에 따른 가정 사목의 기초와 방법

김상용 신부
(광주가톨릭대학교 교수)

들어가는 말

중세의 음유 시인 베르나르 드 방타두르(Bernart de Ventadorn)는 마음에서 우러나온 것이 아니라면 노래하는 일이 아무 소용이 없다고 말한다. 진정한 사랑이 결여된 마음에서는 노래가 결코 나올 수 없다고 한다. 그러면서 자신의 노래가 위대한 것은 자신의 입과 눈, 마음과 정신이 사랑의 기쁨에 젖어 있기 때문이라고 자찬한다.[1] 이보다 훨씬 전에 개최되었던 카르타고 공의회(398년)는 성가를 부르는 사람이 입으로 노래하는 바를 마

1) "Chantas no pot gaire valer/ si d'ins dal cor no mou lo chans,/ ni chans no pot dal cor mover/ si no i es fin' amors coraus./ Per so es mos chantars cabaus/ qu'en joi d'amor ai et enten/ la boch' e·ls olhs e·l cor e·l sen.", Stephen G. Nichols, Jr. et al., *The Songs of Bernart de Ventadorn*, The University of North Carolina Press, 1965, 80쪽.

음으로 믿어야 하고 마음으로 믿는 바를 행위로써 증명해 보여야 한다고 규정했다.[2)]

사랑과 행위가 맺고 있는 관계에 대해 이 시와 규범이 서로 모순되는 시각을 제공하는 듯이 보이지만, '주체'로서의 행위자 관점에서는 사랑과 행위가 형성하는 순환적 역동성을 다면적으로 묘사하는 것들로 해석할 수 있다. 사랑에 빠진 자는 노래하지 않을 수 없고, 노래하고자 하는 이는 사랑을 믿지 않을 수 없다는 의미가 된다. 여기서 시는 스스로 규범을 요청하고, 동시에 규범은 시적 삶의 구현을 욕망하고 있다는 사실이 밝혀진다. 가톨릭교회는 사랑의 이 같은 현상학적·형이상학적 면모에 주목하며 사랑을 원리로 삼는 혼인과 가정이 개체적 삶과 사회생활을 주체로서 운영해 가고자 하는 인간에게 얼마나 커다란 기쁜 소식인시를 온 세상에 선포한다.

연인들은 사랑이라는 감정 때문에 '너만을 영원히!'라고 상대에게 서로 약속한다. 그리고 이 감정으로서의 사랑을 입으로써 고백하며 행위로서의 사랑을 상대에게 서약함으로써 '한 몸'이 되는 혼인 생활에 들어간다. 연애는 사랑의 '감정'이 마음의 설렘과 불안을 연출해 내는 단계이다. 반면, 혼인은 이 감정을 사랑의 '행위들'로써 견고한 집의 형태로 구현해 가는 역사라고 할 수 있다. 자연적 차원에서 연애는 혼인을 스스로 요청하고,

---

2) "vide ut, quod ore cantas, corde credas, et quod credis, operibus comprobes.", Gratianus de Clusio, *Concordantia discordantium canonum*, *Psalmista*, D.23, c.20, in J.-P. Migne(ed.), *Patrologiae cursus completa*, [series latina], apud Garnier Fratres, 1861, Vol. 187, 137쪽.

혼인은 인격적 차원에서 연애를 역사를 통해 '육화'시켜 가는 드라마(δρᾶμα = 행위, 역사)를 구성한다.

그런데 찰나적이고 불안정한 감정을 역사 안에서 행위를 통해 지속적으로 육화시켜 가는 일은 인간의 마음대로 되지 않는다. 이 때문에 교회는 혼인 성사를 통해 이스라엘 백성에게 '너만을 영원히!'라고 말하는 하느님의 사랑과 은총을 선사함으로써 인간의 마음 안에 자연적으로 깃들어 있는 초자연적인 욕망('너만을 영원히!')을 실현해 갈 수 있도록 초대한다. 교회가 가르치는 혼인의 단일성과 불가해소성은 완고한 법이 아니라 하느님의 넘치는 자비이자 풍요로운 은총을 가리킨다. 그러므로 교회가 이혼을 완고하게 '금지'하고 있다고 말하는 것은 옳지 않다. 오히려 교회는 하느님의 은총을 통해 인간이 자신의 사랑을 성장시켜 가고 영원한 사랑을 누릴 수 있는 길을 '보장'하고 있다고 할 수 있다. 그리스도의 십자가를 하느님의 지혜로 믿는 그리스도인들이 혼인과 가정을 살아가는 중에 자신의 십자가를 기꺼이 지려고 하는 이유는 바로 여기에 있다. 이런 의미에서 가정 사목은 하느님 은총을 신뢰하고 그것을 삶을 통해 구현해 감으로써 하느님의 현존을 세상에 드러내 보여 주는 주체로서의 그리스도인을 양성하는 데 있다고 할 것이다.

사랑의 형이상학적 쇄신

프랑스 작가 미셸 우엘벡(Michel Houellebecq)은 1968년 프랑

스 5월 혁명이 불러온 성 해방이 공동체주의를 실현하는 동기로 작용하지 않았다고 판단한다. 오히려 급진적인 개인주의라는 '제3의 형이상학적 돌연변이'(la troisième mutation métaphysique)를 초래했다고 지적한다. 개인주의적인 성 해방이 사회 공동체 형성을 기초해 주는 유대의 가능성을 완전히 파괴해 버렸다고 고발한다. 자유주의 사회 체제 안에서도 원시 공산주의를 실현해 내던 마지막 섬이요, 개별 인간을 시장 원리로부터 보호해 주던 마지막 공동체인 가정의 괴멸을 조장하여 현재에 이르게 하고 있다고 한탄한다.3) 이는 올더스 헉슬리(Aldous Huxley)가 자신의 소설 「멋진 신세계」(1932년)에서 일찍이 예언했던 인류, 즉 '정열이나 노령을 모르고 아버지나 어머니가 되는 일로 괴로워하지 않으며 부인이나 아이들은 물론, 감정을 강력하게 느낄 연인도 갖지 못한'4) 신인류의 출현이 1968년을 기점으로 하는 성 해방 운동에서 비롯되었다고 주장하는 것이다. 두 소설의 시기를 감안할 때, 이 운동이 시대적 변화의 원인으로 작용한 것이 아니라, 자본주의가 산업-생산 중심적 형태로부터 기술-소비 중심적 형태로 이행하면서 나타난 효과라는 주장이 설득력을 얻는다.

이 같은 현상에 대해 은퇴 교황 베네딕토 16세는 신의 죽음을 신조로 삼는 인간이 종국에 맞이하게 된 자유의 종언(終焉)

---

3) 미셸 우엘벡, 『소립자』, 이세욱 옮김, 열린책들, 2003, 9~11, 157쪽, Carole Sweeney, *Michel Houellebecq and the Literature of Despair*, Bloomsbury Academic, 2013, 91~124쪽.

4) 올더스 헉슬리, 『멋진 신세계/연애대위법』, 이경직 옮김, 동서문화사, 2013, 202쪽 참조.

이라고 규정한다. 성체 성사를 하나의 예식 정도로 대하면서 미사에 참석했다는 이유만으로 거리낌 없이 영성체를 하는 신자들의 태도 또한 동일한 맥락에서 형성되었다며 염려를 표명한다. 그리하여 '하느님을 가정(假定)하지 않고 전제(前提)로 하여' 신앙과 삶을 일치시켜 가는 자세를 호소한다.[5] 이는 경험과 측정이 가능한 영역에서의 활동만을 한정적으로 인정받고 있는 이성의 능력을 신앙으로써 심화·확장해나감으로써 인간이 자신의 본연적인 원천과 목적지를 분명히 알아보고 자기 초월적인 자유를 행사할 수 있기를 염원하는 의미를 갖고 있다. '인간으로서의 인간이 더욱 더 인간으로 성장해 갈 수 있기를'[6] 촉구했던 요한 바오로 2세 성인은 물론, 회칙 「인간 생명」(1968년)을 통해 부부로 하여금 진정한 인간적 사랑을 나누도록 이끌었던 바오로 6세 성인과 인간성(humanum)에 대한 전망을 공유한다. 세상 안에 있지만 세상에 속해 있지 않은 그리스도와 그의 신부인 교회가 나누는 영원한 사랑의 유대를 통해 또 다른 '형이상학적 쇄신'을 사회 안에 조성시키려는 것이라고 할 수 있다.

이 같은 교회의 인식과 노력을 프란치스코 교황은 계승한다. 그는 현대 인간에게 초래된 문제들을 장애물이 아니라 도전으

---

5) Benedetto XVI, "La Chiesa e lo scandalo degli abusi sessuali", Livio Melina·Tracey Rowland (a cura di), *Chiesa sotto accusa. Un commento agli Appunti di Benedetto XVI*, Edizioni Cantagalli, 2020, 34~38쪽, 베네딕토 16세, 「베네딕토 16세가 말하다: 교회와 성추행 추문」, 김상용 옮김, 『신학전망』, 제205호, 광주가톨릭대학교 신학연구소, 2019, 274~278쪽.

6) Ioannes Paulus II, "Lutetiae Parisiorum ad eos qui conventui Consilii ab exsecutione internationalis organismi compendiariis litteris UNESCO nuncupati affuere", n. 7, *Acta Apostolicae Sedis*, Vol. 72, 1980, 738쪽 참조.

로 수용하여 거리로 나가서 소외받는 이들을 불러 모으고 동반하는 적극적 역할을 수행하는 데 그리스도인의 사명이 있다는 점을 상기시킨다. 장벽과 경계를 허물고 광장과 야전 병원을 건설해 갈 것을 권고한다. 타자를 인정하고 만나는 문화로써 인간성을 폐기하는 문화에 맞서 그것을 재정비하는 데에 가정, 학교, 노동, 정치 등의 영역에 종사하는 사람들이 창의적으로 협력하며 죽어 가는 사회를 치유하고 재탄생시켜 가도록 유도한다. 그리고 이런 만남의 문화를 건설하는 데 있어서 하느님 사랑과의 만남이 절대적으로 요청된다는 점을 강조한다.

> 풍요로운 우정으로 꽃피우는 하느님 사랑과 만남으로써, 또는 그 사랑과 새롭게 만남으로써 비로소 우리는 자신의 고립감과 자아도취에서 벗어나게 됩니다. 우리가 더욱 인간다워질 때, 곧 우리 자신을 벗어나 우리 존재의 가장 완전한 진리에 이르도록 이끄시는 하느님께 우리 자신을 내맡길 때, 비로소 우리는 온전한 인간이 됩니다. 바로 여기에 복음화 활동의 원천이 있습니다. 따라서, 삶의 의미를 되찾아 주는 사랑을 받았는데, 어떻게 이 사랑을 다른 이들과 나누지 않을 수 있겠습니까?[7]

여기에 프란치스코 교황이 제시하는 모든 사목적 담론과 활동의 기초와 목표가 있다. 하느님 사랑으로 변화된 인간이 행하는 '주체적' 사랑이야말로 복음화 활동의 초석이요 완성이라고

7) 프란치스코, 권고 『복음의 기쁨』(*Evangelii Gaudium*, 2013), 한국천주교중앙협의회, 2015, 8항(이하, 『복음의 기쁨』을 'EV'으로 표기한다).

할 수 있는 것이다. 교황이 가정을 문제가 아니라 기회로 보며 하느님 계획에 따라 견고하고 풍성한 가정을 이루는 데 도움을 줄 수 있는 사목적 방법들을 제시한 권고 「사랑의 기쁨」을 구성하고 있는 문법도 여기서 발견할 수 있다.[8] 성 해방 운동이 가져온 '극단적인 개인주의'(AL 33항)라는 형이상학적 변이로 말미암아 인간의 '섹슈얼리티-사랑-혼인과 가정'의 본연적인 유대가 해체된 현실에 직면하여 그는 하느님 사랑의 빛으로 새로 빚어진 진정한 인간적 사랑을 토대로 삼아 현대인의 욕망을 치유하고 그것들의 유대를 재건하며 성장시켜가고자 한다. 그는 이 복음화 여정에서 '나가는 교회'를 가정이 주체로서 견인하는 역할을 수행할 수 있기를 희망한 것이다.

요한 바오로 2세 성인이 그랬듯이 호르헤 베르홀리오가 교황으로 선출된 후에 무엇보다도 먼저 가정을 주제로 하여 세계주교대의원회의를 두 차례 개최하고 그 성과를 바탕으로 하여 혼인과 가정에 대한 사목 쇄신의 전망을 담은 문서를 발표하고자 했던 것은 바로 이 때문이다. 혼인과 가정을 사목 쇄신의 한 분야로서 다루고자 한 것이 아니라, 그것의 기틀이요 핵심으로서 고려했다고 볼 수 있다. 가정이야말로 사회의 기본 세포로서 타자에 대한 인정, 더불어 사는 삶, 상호적인 소속 의식 등을 배우는 장소이며, 무엇보다 신앙이 전수되는 자리(EV 66항)라는 점에서 그는 기쁨이 동력으로 작용하는 새로운 복음화를 실현하기 위해 그것이 갖는 중요성을 분명하게 인식하고 있었던 것이다.

8) 프란치스코, 권고 『사랑의 기쁨』(*Amoris Laetitia*, 2016), 한국천주교중앙협의회, 2016, 6-7항(이하, 『사랑의 기쁨』을 'AL'로 표기한다).

실제로, 교황은 세상과 교회의 미래에 가정이 결정적인 역할을 한다고 천명한다(AL 31항). 이는 교구의 사목 현실을 전반적으로 반성하고 설계하는 데 있어서 의미 있는 시사점을 제공한다.

「복음의 기쁨」에서 흘러나오는 「사랑의 기쁨」

그리스도인이 된다는 것은 윤리적 선택의 결과가 아니다. "삶에 새로운 시야와 결정적인 방향을 제시하는 한 사건, 한 페르소나(Persona: 예수 그리스도)를 만나는 것이다."[9] 그리스도인이 된다는 것은 낙태, 피임, 동성애, 안락사, 이혼 등을 완고하게 배척하는 법인체의 구성원이 된다는 것을 말하지 않는다. 인간의 마음을 매혹시키는 예수 그리스도의 아름다움을 통해 드러난 하느님의 큰 사랑에서 비롯되는 힘과 빛으로 인간이 자신의 존재와 삶을 다시 빚어 가는 상호 인격적이고 상호 주체적인 사랑과 만남의 사건을 뜻한다(EV 7항, 264항). 그러므로 사목활동에서 무엇보다 사람들이 그리스도와 친밀한 사랑의 관계를 형성하고 발전시켜 갈 수 있는 기회와 환경을 제공하는 것이 선행 과제로 제시될 것이다.

하느님 사랑을 주체적으로 향유하게 됨으로써 얻는 열매 중의 하나가 기쁨(gaudium)이다. 이 같은 영적 기쁨은 본성상 감

9) 베네딕토 16세, 회칙 『하느님은 사랑이십니다』(*Deus Caritas Est*, 2005), 한국천주교중앙협의회, 2006, 1항.

각적 즐거움(delectatio)과 다르지만, 영육의 단일체로서의 인간에게 있어서 이 기쁨은 다양한 감각적 즐거움으로 표현된다. 하느님 사랑으로 인간의 감각이 새롭게 변화되는 것이다.[10] 그래서 그리스도인은 '울면서도, 행복하다.'(루카 6,21)라고 말하는 역설적인 삶을 산다. 사목자는 사람들이 눈물의 골짜기를 돌아서 가는 길을 가르쳐 주고 십자가 없이 가벼운 몸과 마음으로 걸을 수 있는 방법을 제시해 주는 해결사나 마술사가 아니다. 눈물을 자아내는 십자가를 꾸준히 '기쁨으로' 짊어지고 세상 끝날까지 걸어갈 수 있도록 그리스도의 십자가를 일깨워 주며 하느님의 현존을 상기시켜 주는 동반자이다.

사랑은 자기 자신을 초월하게 하는(ex-stasis) 역학을 지니고 있다. 사랑이야말로 '나감'의 동기이자 동력인 것이다(EV 20항). 그리스도가 '원수를 사랑하라.'라고 했던 것은 보통 인간으로서는 준수하기 힘든 사랑의 '이상'(理想)을 선언하고자 했던 것이 아니다. 하느님 사랑으로 다시 빚어지는 인간적 사랑이 갖게 되는 놀라운 능력의 표명이다. 그리스도인의 사명은 하느님을 사랑하고 나서 이웃을 사랑하는 데 있지 않다. 하느님의 사랑으로 이웃을 사랑하는 데에 존재한다. 복음화 또한 보통 인간으로서는 감당하기 힘든 규범을 준수하도록 완고하게 강요하는 데 있지 않다. 우리에게 모든 것을 요구하면서 동시에 우리에게 모든 것을 주는 하느님의 사랑을 나누고 '기쁨으로' 표현하도록 이끄

10) 프란치스코, 권고 『사랑의 기쁨』, 164항, 김상용, 「즐거움과 도덕생활: 토마스 아퀴나스의 '신학대전'을 중심으로」, 『신학전망』, 제212호, 광주가톨릭대학교 신학연구소, 2021, 32~76쪽 참조.

는 데에 존재한다(EV 12항).

그러므로 사목은 사람들이 인간으로서 더욱 더 성장할 수 있기를 지향하고 하느님 사랑에 보다 더 온전하게 응답하도록 그리스도의 '매력'으로써 이끄는 것을 본질적인 과제로 삼는다(EV 14항). 사람들이 그리스도의 십자가를 증거하고 하느님 사랑을 기쁨으로 살아가면서 "저는 이 땅에서 하나의 사명입니다. 이것이 바로 제가 여기 이 세상에 있는 이유입니다."(EV 273항)라고 스스로 고백하는 주체로서의 그리스도인으로 성장하도록 양성하는 데 사목의 의의가 있는 것이다. 그리스도인 가정은 가정 사목의 대상일 뿐 아니라, 가정과 사회의 복음화를 실현해 가는 주체로서 인식될 필요가 있겠다. 이런 의미에서 가정을 대상으로 하는 사목 활동에 임하고 있는 사람들에게만이 아니라, 복음화의 주체로서의 가정을 향해서도 프란치스코 교황이 "자신의 안위를 떠나 용기를 갖고 복음의 빛이 필요한 모든 '변방'으로, 즉 복음 생활로부터 멀리 떨어져 있고 상처가 많은 소위 죄인들에게 가라는 부르심을 따르도록 요청받고"(EV 20항) 있음을 강조하고 있다는 점에 주목해야 한다.

「사랑의 기쁨」에 따른 가정 사목 쇄신의 기조

프란치스코 교황의 권고 「사랑의 기쁨」이 반포된 이후로 이 권고의 8장에서 언급하고 있는 이혼 후 재혼한 이들에 대한 사목 문제에 대해 교회 안팎으로 뜨거운 논쟁이 있어 온 것이 사실이다. 이 문제에 올바로 접근하기 위해서라도 교황의 권고가 제시하고자 했던 중심 내용이 담겨 있는 부분, 특히 4장과 5장에서 다루고 있는 가정 사목에 대한 주요 기조에 대해 주목해야 할 필요가 있다. 권고 전체에 대한 해석학적 원리를 제공하고 있기 때문이다.

■ 사랑의 진리에 따른 사목

권고의 제 4장은 신약 성경의 코린토 1서 제 13장에 담겨 있는 '사랑의 찬가'와 요한 바오로 2세 성인이 창조주 하느님의 구원 계획의 관점에서 인간의 사랑을 바라보며 제시했던 '몸 신학'의 주요 내용을 골조로 하여 구성되어 있다.

여기서 부부 사랑(conjugal charity)은 부부를 일치시켜 주는 힘(unitive force)이자 영적이며 헌신적인 애정의 결합(affective union)으로 정의된다. 이 사랑은 우정의 따스함과 성애적인 열정(erotic passion)을 포함하고 있는 것이긴 하지만, 감정과 열정이 식어 버려도 지속되는 것으로 이해된다(120항).[11] 부부애(conjugal love)가 내재적으로 지향하는 바가 혼인 성사를 통해 그 완성에 도달하면 그리스도가 우리를 사랑한 것처럼 부부가 서로 사랑할 수 있게 되는 부부 애덕(conjugal charity)으로 변화하게 된다는 점을 지적한다(123항). 이 사랑은 배우자가 더 이상 나에게 속해 있으려고 하지 않더라도, 육체적인 매력을 잃어버린다고 할지라도, 공격적이고 괴롭힌다고 하더라도 그를 결코 포기

11) 이하에서, 프란치스코 교황의 권고 『사랑의 기쁨』의 항목은 '서명' 없이 표기한다.

하지 않고 평생에 걸쳐 그의 행복을 위해 노력하도록 이끌어 준다(119항, 123항, 127항). 부부가 보통 인간으로서 갖고 있던 계획보다 더 큰 계획, 즉 위대한 신비를 발견해서 형성하게 된 사랑이기 때문이다(124항).

이에 따르면, 부부 애덕은 부부 간의 따뜻한 감정과 열렬한 육체적 욕망을 배척·경멸하거나 무시하지 않는다(157항). 오히려 이것들을 부부애 그 자체가 내재적으로 지향하는 바를 향해 통합하여 보다 인간적인 것들이 되도록 성숙시켜서 풍요롭게 실현시킨다. 그래서 혼인 생활은 부부가 페르소나(person: 인격)로서 서로 사랑함으로써 각자가 더욱 진정한 인간(Person: 참 인간인 예수 그리스도)을 향해 성장해 가는 성소가 된다. 서로 친교와 일치의 관계(communion of persons)를 이룸으로써 삼위일체 하느님(Communion of Persons)을 세상에 선포하는 사명을 실현해 간다. 그리스도인의 혼인은 삼위일체 하느님을 반영하며 교회에 대한 그리스도의 충실하고도 영원한 사랑을 드러내 보여 주는 표징일 뿐 아니라, 이 사랑이 실제로 머무는 장소라는 의미를 갖기 때문이다(121항). 그리하여 그리스도는 그리스도인 부부와 "함께 머물면서, 자기 십자가를 지고 당신을 따르며, 죄에서 다시 일어서고, 서로를 용서하며, 상대의 짐을 져 줄 수 있는 힘을 준다"(73항). 바로 여기에 혼인과 가정에 대한 하느님의 본래 계획과 인간적 사랑의 진리가 자리한다. 이에 기초하여 제 5장에서는 인간의 섹슈얼리티가 지니고 있는 인격적 가치를 수용하고 인격적 사랑이 구조적으로 내포하고 있는 생명을 환대하도록 초대한다.

■ 유대 사목

유대 사목은 사랑의 진리에 따른 사목의 논리적 귀결 중의 하나이다. 이는 혼인 생활에 실패한 이들에 대한 사목보다 혼인을 강화하고 그 파경을 예방하는 사목이 선행되어야 함을 의미한다(307항). 문제를 해결하는 데 집중하는 소극적인 사목이 아니라 신비를 선포하고자 하는 데 중심을 두는 적극적인 사목을 말한다.

연인들은 자신들이 맺고 있는 관계가 일시적인 것이 될 수 있음을 인정하지 않는다. 부부는 자신들의 사랑이 깨어지기 쉬운 것이어도 평생 동안 이어지기를 바란다. 이들 사이에서 태어난 자녀들 또한 그것을 원한다(123항). 사실, 평생 동안 한결같은 감정을 지니게 된다고 보장할 수는 없다. 하지만, 서로 사랑하며 끝까지 함께하고 늘 깊은 친밀감을 유지할 수 있다. 이 같은 사랑은 모든 단계와 모든 새로운 과정에서 기쁨을 가져온다. 따라서 혼인 유대는 보존해야 하는 것일 뿐 아니라, 혼인의 역사 안에서 성장시켜 가야 하는 관계이기도 하다(163-164항). 혼인 관계에 특별한 이상이 발생했는지의 여부를 떠나서 혼인 거행 이후에도 사목적으로 계속해서 부부와 함께해야 할 것이 요청된다는 점을 함의한다(223항). 성사혼 관계를 이루고 있다면, 혼인 유대 안에 그리스도의 충실한 사랑이 실제로 머물러 그 관계에 힘과 빛을 부여하고 있다는 점을 믿음으로 알도록 신앙 교육을 통해 지속적으로 인도해야 한다. 유대에 주목하는 사목은 교육과 양성에 있어서 배우자 한 편을 상대로 하는 방식을 지양(止揚)하고 부부가 함께 참여하는 형태를 선호할 것이다. '가정' 사목이라면 가정 공동체의 성원 모두가 참여하는 방안이 연구될 필요가 있다.

교황이 「사랑의 기쁨」 전반에서 강조하고 있는 혼인의 서사성 내지 드라마성은 유대 사목에 사랑 교육이 절대적으로 요청되고 있다는 사실을 보여 준다. 사랑의 성숙을 통해 관계에서 발생하는 난관을 극복해 가도록 이끌어 줌으로써 혼인 생활이 장애물들도 포함된 도전이라는 사실을 인정하고 모든 위기를 기회로 삼을 줄 아는 삶의 주체가 되도록 동반해야 함을 뜻한다. 다시 말해, 연애 '감정'을 연장하는 것이 혼인 생활이 아니라, 사랑하기 때문에 죽음이 두 사람을 갈라놓을 때까지 한 몸으로 살아가는 '삶'을 스스로 선택하게 되었다는 점을 분명히 인식하고 이에 상응한 태도를 견지해 가도록 고무하는 사목을 실행해야 한다(214항 참조). 이런 삶이 많은 어려움을 낳고 자기희생을 요구하지만, 무엇보다 '복음이 요청하므로 분명히 가능하다'(102항)는 점을 일깨워 주어야 한다. 이 같은 교육을 통해 부부가 모든 위기를 '가장 좋은 포도주를 함께 즐길 수 있는 기회'로 삼게 되리라는 신뢰를 갖고 사목에 임해야 한다(232항).

■ 자비 사목

프란치스코 교황은 교회가 "복음의 뛰는 심장인 하느님의 자비를 알려야 할 사명"[12]을 갖고 있다고 단언한다. 자비야말로 교회가 수행하는 사목 활동의 진리라고 할 수 있다.

---

12) 프란치스코, 『자비의 얼굴』(*Misericordiae Vultus*, 2015), 한국천주교중앙협의회, 2015, 12항.

그런데 자비는 악에 대한 관용을 의미하지 않는다. 악을 못 본 척 하는 것과 자비를 동일시할 수는 없다. 선으로써 악을 물리치는 데(로마 12,21)에 자비의 본질이 있다(308항 참조). 또한, 자비는 단순한 연민의 감정과 혼동되어서도 안 된다. 상처 입은 사람 앞에서 그의 고통을 함께 아파하는 것만으로 자비는 성취되지 않는다. 그를 치료하고 온전히 회복할 수 있는 거처까지 동반하여 돌보아 주는 '행위'까지 나아가는 데(루카 10,25-37 참조) 자비의 핵심이 있다. 죄인으로 하여금 하느님의 은총으로 그분과 일치할 수 있도록 해 주기 때문에 자비는 정의를 넘어서는 것이다.

그러므로 병자를 치유하고 죄인을 회개시키고자 한 예수처럼(루카 5,31-32) 치유와 회개의 관점으로 상처 입은 사람들에게 다가가 동반함으로써 그들이 하느님의 은총으로 그분과 일치할 수 있도록 인도하는 것을 자비 사목이라고 할 수 있다. '변방'에 있는 이들에게 다가가 만나고, 그들의 상처나 죄를 눈감아 주는 것이 아니라, 상처와 죄의 역사가 은총을 통해 구원의 역사로 변화할 수 있도록 그들과 함께하는 데에 자비 사목의 형식과 내용이 존재하는 것이다. 이는 기술한 '사랑의 진리에 따른 사목'과 '유대 사목'에 대한 예외를 허용하는 것이 자비 사목이 아님을 뜻한다.

이 같은 자비 사목을 위해서는 상처를 살피고 죄의 여부를 파악하는 데 머물러서는 안 된다. 오히려 단죄와 심판을 피하는 사랑의 마음으로 경청하고 이해의 자세로 동반함으로써(312항) 사람들이 스스로 마음을 열고 죄로부터 돌아서서 하느님을 향해 나아갈 수 있도록 해 주는 길을 발견해 가는 인내와 노력이 요청된다.

「사랑의 기쁨」에 따른 가정 사목의 여정

권고 「사랑의 기쁨」의 고유한 특성은 혼인과 가정에 대한 하느님의 계획, 즉 혼인과 가정의 이상(理想)을 제시하는 일을 결코 포기하지 않으면서도(307항), 현실주의적 관점을 견지한다는 데 있다. 그래서 이 권고는 인간의 사랑이 지니고 있는 취약성에 주목하여 이것의 점진적인 성숙을 도모해 가는 여정으로서의 사목을 제안한다. 다시 말해, 이상으로서의 혼인·가정과 현실로서의 혼인·가정을 모순 관계로 보지 않는다. 배타적이고 불가해소적인 혼인 관계를 실제로 살아감으로써 그리스도와 교회 간에 존재하는 '이상적인' 결합에 '점진적으로' 도달할 수 있다는 희망을 선포한다(122항 참조). 그래서 사목자들과 그리스도교 공동체가 누구도 배제하지 않는다는 점을 강조한다. 특히, 혼인 생활에 어려움을 겪고 있는 이들에게 먼저 다가가 그들을 동반하고 식별하여 그들이 복음 생활에 다시 통합될 수 있도록 이끄는 '선교적인' 사목을 제시한다.

이런 맥락에서, 한계를 지닌 사람들에게 그리스도와 그분 교회의 일치를 완벽하게 재현하라는 짐을 지우지 말라고(122항) 사목자들에게 조언하는 동시에, 상대방에 대한 환상에서 깨어남으로써 오직 하느님의 사랑에만 속한 것을 배우자에게 바라지 않는 지혜를 갖추도록 부부들에게 제안한다(320항). 그러면서도 그리스도인 부부가 은총의 협력자요 신앙의 증인이라는 점을 환기시킨다(321항). 언뜻 보기에 다소 애매하고 혼란스러운 듯한 이 같은 시각은 혼인 생활이 혼인 합의가 이루어진 시점에 하나의 완성체로 존재하게 되는 것이 아니라, 역사 안에서 서정적인 연애 감정을 현실적으로 육화시켜 가는 데서 겪게 되는 드라마를 통해 인격의 성숙과 사랑의 성장을 도모해 가는 여정이라고 보는 교육학적 관점으로 이해할 때 분명한 설득력을 획득하게 된다. '동반·식별·통합'이라는 사목 지침은 사랑에 대한 이 같은 교육학적 방법론에 기초해 있다고 볼 수 있다. 이 방법은 언제나 은총을 원리로 하여 회개를 내용으로 삼아 성화를 목표로 한다.

■ 동반 사목

동반 사목은 문제를 안고 교회에 찾아오는 사람을 환대하는 데 그치지 않고, 사목자와 그리스도인 공동체가 먼저 찾아가는 선교적 자세를 전제로 한다. 사후 대책을 마련하고 수습하는 방식이 아니라, 사전 예방적 접근을 우선적으로 고려하여야 한다. 그리고 사람들의 마음 안에 진정한 사랑으로 맺어진 가정에 대한 갈망이 있다는(1항) 사실로부터 사목적 영감을 얻고, 이 갈망이 회개를 통해 그리스도의 활동과 은총을 수용함으로써 충만히 채워질 수 있다는 믿음을 갖고 임하는 태도가 필요하다. 이 같은 사목은 긴 시간에 걸쳐 점진적으로 진행되는 것(295항)으로서 문제의 해결이 아니라 사람의 성화에 초점이 맞춰져야 한다는 점에 유념해야 한다.

이 같은 사목은 사목자의 개별적 돌봄의 형태로만 이루어지지 않는다. 무엇보다, 한 인간이 태어나고 성장해 가는 가정 공동체가 그 주역이 된다(200항). 성숙한 부부들로 구성된 개별 가정들과 그것들의 연합체도 주요한 역할을 담당할 수 있다(223항, 230항). 이들을 체계적으로 조직하고 전문적으로 교육하는 본당·교구 단위의 상설 기구도 효과적인 사목을 증진시킬 것이다(229항). 혼인과 가정을 단념하도록 조장하는 문화에 대항하여(40항) 젊은이들이 자신들의 본연적 갈망을 실현해 갈 수 있도록 청년 사목 분야와 긴밀히 소통하고 협력하는 것이 필요하다(131항 참조). 약혼한 이들을 동반하는 데 있어서 혼인에 대한 교리 교육을 한시적으로 제공하는 수준을 넘어서야 한다. 환상에서 벗어나 장래에 직면하게 될 문제와 위험을 깨달을 수 있는 기회를 부여하고 혼인을 목적이 아니라 성소로서 받아들이는 데 필요한 도움과 정보를 아끼지 말아야 한다(209-211항). 특히, 혼인 초기를 살아가는 부부들이 성경 묵상, 전례 참여, 성사 배령을 통해 사랑을 성장시켜 가도록 적극적으로 동반하는 사목이 절대적으로 요청된다고 보겠다(217-221항 참조). 이 점은 혼인 생활 초기에 파경을 맞이하는 부부들이 증가하고 있는 현실을 감안할 때 사목 쇄신에 있어서 중요한 부분을 차지하게 될 것이다.

이 같은 전망과 방법으로써, 구성원 간의 폭력으로 상처 입은 가정, 구성원의 죽음으로 고통 받고 있는 가정(253-258항), 이민 가정(46항), 혼종혼과 타종교 혼인(247-248항), 한 부모 가정(252항), 낙태한 부부, 이혼한 부부 등에 대해서도 동반 사목이 적절히 이루어질 수 있도록 교회 안팎의 각종 전문가들이나 단체들과의 네트워크를 제도적으로 마련하는 것 또한 절실히 요청된다고 하겠다. 특히, 별거나 이혼 후에도 재혼하지 않는 이들이 혼인의 신의를 증언하고 있다는 점을 높이 평가하며 이들에 대한 화해·중재를 위한 사목과 성사적 도움을 포함한 교회의 격려와 관심을 교황이 요청하고 있다는 점에(242항) 주목해야 한다.

▪ 통합 사목

통합 사목이란, 복음적인 생활로부터 멀어진 부부로 하여금 하느님의 계획에 따라 다시 그들의 삶을 조화시켜 가는 방식으로 교회 공동체 생활에 전적으로 참여할 수 있도록 인도하는 사목을 가리킨다(297항 참조). 이 사목의 목적은 복음 생활에 비추어 어려운 상황에 처해 있는 부부가 회개하여 교회 생활에 단순히 참여하도록 하는 데 그치지 않고, 이 가정이 주체로서 복음을 선포하며 다른 사람들에게까지 복음의 빛을 비출 수 있도록 하는 데 있다.

따라서 이혼 후 재혼한 이들이 스스로 영성체에 임하는 것을 용인하는 것과는 전혀 무관하다. 오히려 혼인 유대에 반하는 방식으로 살아가기로 한 결정은 언제나 철회할 수 있는 결정이라는 점과, 혼인 유대는 그 안에 살아 있는 그리스도의 충실한 사랑으로 인해 결코 철회될 수 없을 뿐 아니라 '모든 것을 이겨내는'(118항) '예!'라는 점에 기초해 있는 사목이라고 할 수 있다.

이를 전제로 하여, 이혼 후 재혼한 이들이 교회로부터 파문당했다는 느낌을 갖지 않도록 유의하며, 세례를 받은 우리의 '형제자매'로서 추문의 모든 경우를 피하면서 가능하고 적절한 방법을 통해 교회 안에서 활발한 구성원으로 성숙해 갈 수 있도록 배려해야 한다(299항). 그들이 각종 기도·전례 활동과 애덕 활동에 참여하고 자녀들을 신앙 안에서 교육시킬 수 있도록 하는 데 있어서 하느님이 은총을 결코 거두지 않는다는 점을 확신시켜 주어야 한다.

이혼 후 재혼한 이들은 성체 앞에서 스스로 걸음을 멈춤으로써 자신이 걸어야 할 길이 아직 남아 있음을 인정한다. 이는 자신들의 연약한 삶의 처지에서도 하느님이 아직 의미 있는 존재라고 고백하며 그분에 대한 신앙을 증거할 용기를 갖고 있다는 사실을 여실히 드러내는 행위로서 자녀 교육과 다른 가정들을 위한 공동선에 기여한다고 할 수 있다.

"교회의 길은 어느 누구도 영원히 단죄하지 않는 것이다"(296항). 그래서 어떠한 사람이라도 복음 생활로 돌아올 수 있다는 희망을 거두지 않는다. 바로 이 점에 통합 사목의 힘과 빛이 존재한다. 이런 사목을 위해서는 비단 사목자뿐 아니라 그리스도인 공동체 모두가 쇄신된 시각을 구비할 필요가 있겠다(246항 참조).

■ 식별 사목

식별 사목은 모든 사람이 은총으로 회개할 수 있다는 희망에 기초한다. 불완전한 방식으로 교회 생활에 참여하고 있는 이들을 모든 이에게 빛을 비춰 주시는 그리스도의 눈길로써 돌보는 것을 말한다. 교회의 가르침을 명확히 설명하면서도 사람들이 처해 있는 구체적인 삶의 방식과 상황이 주는 고통에 주의를 기울이는 사목을 가리킨다(78-79항 참조).

그러므로 객관적으로 죄의 상태에 있는 사람의 은총 상태를 가늠하여 영성체 가능성을 결정해 주는 것과는 상관없다. 복음과 교회가 제시하는 진리와 사랑의 요구를 척도로 하여 교회 생활에 대한 온전한 참여를 방해하는 것과 이런 참여를 증진시켜 갈 수 있는 단계에 대해 신자들에게 올바른 판단을 부여해 주는 데에 식별 사목의 주된 내용이 있다(300항). 신자들로 하여금 하느님에게 응답하는 방법과 자신들의 한계를 통해 스스로 성장해 갈 수 있는 길을 찾도록(305항) 도움을 제공하는 것이다. 다시 말해, 상처 입은 사람들이 자기 자신이 괜찮지 않다는 사실을 자각하고 도움을 스스로 요청하며 치유를 모색해 가도록 격려하고 인도하는 사목을 말한다. 이를 통해 사목적 동반으로부터 통합에 이르는 과정에서 신자들이 채택할 수 있는 가장 적절한 삶의 방식을 발견하도록 한다.

나가는 말

극단적인 개인주의와 소비주의로 말미암아 유대에 대한 공포와 욕망의 퇴행이 조장되어 가고 있는 문화가 혼인과 가정의 유동성(liquidity)까지 가속화시키고 있는 시대이다. 그래서 사랑 없는 유대나 유대 없는 사랑이 난립하고 동성 간의 혼인이나 1인 가정 등 새로운 형태의 가족이 등장하며 고립과 우울 문화가 확산되고 있는 현실이다. 이는 자연과 문화 간의 유대 해체가 야기한 인간학적 위기라고 할 수 있다. 이 같은 세상을 향해 교회가 인간의 섹슈얼리티, 사랑, 혼인, 가정 등이 지니고 있는 기쁜 소식을 지속적으로 선포해 왔다는 사실은 결코 이상한 일이 아니다. 인간이 인격(person)이라는 점을 감안할 때 이것들이 지니고 있는 공적·사회적 의미가 매우 중대한 것임을 깊이 인식한 데서 비롯된 행위이기 때문이다.

프란치스코 교황이 소위 '나가는 교회'를 역설하며 '변방'에 있는 이들에게 주목할 것을 호소한 것 또한 그 '변방'에서 벌어지는 현상이 세속의 중심으로부터 비롯된 현실임을 간파했기 때문이라고 할 수 있다. 그래서 권고 「사랑의 기쁨」은 인간의 마음 안에 이미 자리하고 있는 하느님의 영원한 은총과 교회에 대한 그리스도의 충실한 사랑을 기초로 하여 사회의 기본 세포인 가정을 새롭게 성화시켜 갈 것을 도모함으로써 세상을 그 기초로부터 근원적으로 복음화시켜 가고자 하는 선교적 영감의 산물이라고 평가된다. 혼인과 가정이란 주제는 사목의 여러 분야들 중 하나에 속해 있는 것이 아니다. 오히려 이 주제를 사목 전반의 틀로 삼고 각 분과들이 연계적인 사목을 수행해 갈 필요성이 제기된다고 하겠다. 여기서 가정 자체가 하나의 교회이며, 본당이 가정들의 가정임을 이해하는 사목적 관점이 필요할 것이다.

이는 「사랑의 기쁨」을 실현해 가는 데 있어서 진리 위에 서 있는 교회 공동체는 물론, 선의의 모든 사람들과도 함께해야 함을 말해 주는 것이기도 하다. 그리스도의 진리는 그리스도인의 방언(方言)이 아니라, 세계 공용어로서의 가치와 중요성을 지닌다. 따라서 먼저 다가가 말을 걸고 드러내 놓고 토론하며(parrhesia) 함께 연구하고 도움을 주고받는 것 자체가 선교적인 의미를 띤다는 점에 주목해야 한다. 특히, 교회 밖의 전문가들이나 사회단체들과 연대하는 데 주저하지 않아야 한다.

하지만, 진리에 근거한 사목은 창의적으로 그 방법을 발견해 가는 것이지 자의적으로 발명해 가는 것이 아니다. 자비를 명분으로 하여 진리를 사변적 교의로 매도하며 이에 대한 예외의 형식으로 계발하는 사목은 더 이상 교회의 사목이라고 할 수 없다. 또한, 사목의 주된 사안이 주체로서의 그리스도인 양성에 존재한다는 점에 유의하여 성경, 전례, 성사를 매개로 하여 사람들이 진정한 신앙인으로 다시 태어나고 성장해 가도록 하는 일에 매진해야 한다. 가정 사목에 있어서 가정이 주역이라는 점을 기억하여 성숙한 가정을 양성하는 것을 사목의 최우선에 두어야 할 것이다. 이러한 가정들의 연합체를 조직하고 사목 활동 전반에서 적극적으로 활동하도록 유도할 필요가 있다.

가정 사목의 쇄신은 기존 사목 기획의 폐기에 있다기보다는 사목 활동의 자세를 교정하는 데 있다고 봐야 옳다. 사목 쇄신의 '선교적' 특성을 염두에 두고 단순히 '맞이하는' 사목을 극복하여 '먼저 찾아나서는' 사목으로 전환해 가는 것이 적절하다. 특별히, 신혼 단계에 있는 이들과 이혼 후 아직 재혼하지 않는 이들을 찾아나서는 사목이 절실하다고 보겠다. 이들이야말로 사랑의 기쁨을 가장 극적으로 증언해 줌으로써 다른 이들에게 가장 효과적으로 사랑 교육을 행사할 수 있는 조건을 갖춘 사람들이기 때문이다.

끝으로, 「사랑의 기쁨」에서 언급되고 있지는 않지만, 인간적 유대가 해체되어 가는 세상에 대해 그리스도교 가정이 갖는 사회적 중요성을 인정할 때 요한 바오로 2세 성인의 권고 「가정공동체」 46항이 주는 영감을 빌어 사목적으로 연구해 볼 가치가 있는 사안이 있다. 가정의 가치와 권리 증진을 위한 사회적 운동을 적극적으로 전개해 가는 연대 조직의 결성이 그것이다.

혼인과 가정은 문화적·인위적 발명품이 아니다. 자연적·신적 제도이다. 문제가 아니다. 기회요 복음이다. 무엇보다, 사랑은 모든 것을 희망한다(116-117항). 이 같은 프란치스코 교황의 혜안을 기초로 삼아 그리스도인 가정이 주체로서 다양한 방식으로 기획·실행하는 창의적인 사목 활동이 사랑의 문화를 확산시켜 가길 기대해 본다.

■ 참고문헌

김상용, 「즐거움과 도덕생활: 토마스 아퀴나스의 '신학대전'을 중심으로」, 『신학전망』, 제212호, 광주가톨릭대학교 신학연구소, 2021.

미셸 우엘벡, 『소립자』, 이세욱 옮김, 열린책들, 2013.

베네딕토 16세, 『하느님은 사랑이십니다』(Deus Caritas Est, 2005), 한국천주교중앙협의회, 2006.

베네딕토 16세, 「베네딕토 16세가 말하다: 교회와 성추행 추문」, 김상용 옮김, 『신학전망』, 제205호, 광주가톨릭대학교 신학연구소, 2019.

올더스 헉슬리, 『멋진 신세계/연애대위법』, 이경직 옮김, 동서문화사, 2013.

프란치스코, 권고 『복음의 기쁨』(Evangelii Gaudium, 2013), 한국천주교중앙협의회, 2015.

프란치스코, 칙서 『자비의 얼굴』(Misericordia Vultus, 2015), 한국천주교중앙협의회, 2015.

프란치스코, 권고 『사랑의 기쁨』(Amoris Laetitia, 2016), 한국천주교중앙협의회, 2016.

Benedetto XVI, “La Chiesa e lo scandalo degli abusi sessuali”, Livio Melina·Tracey Rowland (a cura di), Chiesa sotto accusa. Un commento agli Appunti di Benedetto XVI, Edizioni Cantagalli, 2020.

Gratianus de Clusio, Concordantia discordantium canonum, in J.-P. Migne (ed.), Patrologiae cursus completa, [series latina], apud Garnier Fratres, 1861, Vol. 187.

Ioannes Paulus II, “Lutetiae Parisiorum ad eos qui conventui Consilii ab exsecutione internationalis organismi compendiariis litteris UNESCO nuncupati affuere”, Acta Apostolicae Sedis, Vol. 72, 1980.

Nichols, Stephen G., Jr. et al., The Songs of Bernart de Ventadorn, The University of North Carolina Press, 1965.

Sweeney, Carole, Michel Houellebecq and the Literature of Despair, Bloomsbury Academic, 2013.

가톨릭 가정 사목의 개념과 역사

허수정 티모테오 수녀
(전 천주교 광주대교구청 가정 사목 담당수녀 / 현 천주교 광주대교구청 성사 담당수녀)

가톨릭 가정 사목(Family Pastoral)의 개념

제2차 바티칸 공의회에 의하면 "사목이란 교회의 본질적 사명에서 나오는 '인간 구원의 봉사'(「주교 교령」 35항) 활동이다.[1) 과거에는 영혼을 보살피는 일을 사목이라 하여 이를 오로지 성직자의 임무로 보았으나 오늘날에는 널리 '보편적 구원의 성사'(「교회헌장」 1항)인 교회가 세상과 관련을 맺는 모든 활동을 두고 사목이라 일컫는다."[2)]

이에 따라 사목의 임무 수행자와 사목직도 상당히 포괄적이다. "사목은 성직자의 독점이 아니다. 교회의 다른 구성원들에 의해 수행되는 활동까지도 사목일 수 있다. 성직자나 평신도 또는 수도자가 주도하는 설교, 교리 교육, 예배, 성사, 기도, 증언, 교육, 상담, 영적 지도, 가난한 이들과 억압받는 이들을 위한 인

1) 최영철, 『한국가톨릭대사전』, "사목직", 한국교회사연구소, 1998, 3932쪽.
2) 최영철, 『한국가톨릭대사전』, "사목직", 한국교회사연구소, 1998, 3934쪽.

권 수호 및 애덕 활동, 그리고 교회가 사람들의 구원을 위하여 행하는 다른 활동들 예컨대 해방 활동, 사회 및 인간 발전 활동 등도 사목이라고 할 수 있다."[3] 따라서 제2차 바티칸 공의회 이후 본당과 교구 사목은 급속히 변화되어 교육과 전례, 사회 정의에 대한 사목으로 확장되고, 더 나아가 평화, 정의 그리고 사회봉사사목들이 다양한 모습으로 출현하게 된다.

이러한 관점에서 사목의 기본인 가정 사목(Family Pastoral)이란 인간 사회의 가장 기본이 되는 작은 교회인 가정이 생명의 소중함과 가정의 신성함을 깨닫고, 기본 공동체로서 사회 발전에 참여하며, 하느님 나라 건설에 이바지하도록 동반하는 것이다. 아울러 가정 사목은 혼인과 가정의 가치를 인식하면서 충실히 살아가는 사람들을 독려하고, 어렵고 힘든 상황에 놓여 있는 가정들을 돌보며, 창조행위 안에서 하느님께서 의도하셨던 혼인과 가정이 그리스도 안에서 완성되도록 사회와 하느님 백성의 쇄신에 기여하고자 한다.[4]

한국 천주교 안에서 본 가정 사목의 역사

■ 1970년대

1975년 한국 천주교 춘계 주교회의(2월 24일~28일)에서 주

3) 최영철, 『한국가톨릭대사전』, "사목직", 한국교회사연구소, 1998, 3933쪽.

4) 교황 요한 바오로 2세, 『가정공동체』(Familiaris Consortio), 오경환 옮김, 한국천주교중앙협의회, 1983, 8~10쪽.

교회의 직속으로 전국 '가정 사목부'가 설립되었다. 당시 춘천 교구장이었던 박 토마 주교가 초대 가정 사목 담당주교로 선임되었고, 가족계획 문제를 전담하는 행복한 가정운동 총재 주교로 임명되면서 '가정 사목'이라는 명칭이 사용되기 시작하였다. 그리고 우리나라 최초의 가정운동인 '행복한 가정 운동'이 출범한 것은 1975년 5월 28일에 한국 주교회의에서 인준을 받고서였다. 행복한 가정 운동의 목적은 모든 가정의 성화와 행복과 복지를 도모하기 위함이었다.[5]

이 운동을 통해서 많은 지도자가 양성되고 생명과 출산에 관한 교회의 관심이 모아지며 전국단위의 조직과 교구단위의 조직이 연계되면서 한국 천주교 최초의 초교구적인 조직이 생겨나게 되었다.[6] 우선 이 운동은 정부의 인구 정책으로 인해 무분별한 인공피임과 불임수술이 만연되는 시점에서 교회가 가족계획 일환으로서 자연법에 어긋나지 않는 점액관찰법을 보급하는 것에서부터 시작하게 된다. 그러다 1978년 제1차 성직자를 위한 가정 사목 세미나가 개최되면서 행복한 가정운동의 목적이 다시 강조되었고, 자연적인 가족계획은 이 운동의 중대한 부분이지만 그 전체가 아니라는 것도 설명되었다.

1970. 6. 30.~7. 2. 주교회의는 정부가 추진하는 '모자보건법' 제정을 막기 위해 전국적 기구를 구성하자는 데에 의견을 모으고 그 책임을 김수환 추기경에게 일임함.

---

5) 송영오, 「교회의 가정 복음화」, 광주대교구 가정분과 연수자료집, 2005, 5-6쪽.
6) 송영오, 「교회의 가정 복음화」, 6쪽.

1971. 김수환 추기경이 '모자보건법 제정을 반대한다'는 성명서 발표

1972. 10. 4.~8. 박 토마 주교(춘천교구장)의 제안에 따라 빌링스의 자연 피임법을 연구, 보급함.

1973. 2. 8. 모자보건법 제정

1973. 2. 18. '모자보건법의 독소를 고발한다' 사목교서 발표

1975. 2. 28. 박 토마 주교(춘천교구장)가 '가정 사목' 담당 주교로 선정되고 가족계획 문제와 가족계획을 위한 외국 원조 신청 문제를 박 토마 주교에게 일임함.

1975. 5. 28. 몇몇 사목자들과 가톨릭 의사들로 구성된 '행복한 가정운동' 창립하여 자연 가족계획(점액 관찰법)의 지도와 계몽, 청(소)년 성(순결) 교육 실시함.

1975. 6. 26. 주교회의 가정 사목부의 공식 기관으로 '행복한 가정운동' 규약 승인

1978. 제1차 성직자를 위한 가정 사목 세미나 개최

■ 1980년대

1980년에 '가정 사목부'가 '가정 사목위원회'로 명칭이 변경되었다. 1985년 이후로는 각 교구별 혼인교육(카나 혼인강좌)이 탄생하게 되는 계기가 되었고 성교육이 전무한 한국교회에서 청소년들의 순결 교육과 부부들의 가족계획을 상담하기 시작하였다. 1998년까지 행복한 가정운동은 지속되었는데 물론 한계점도 드러났다. 이 운동이 본래의 목적보다 정부의 인구 정책에 대해 교회의 입장을 대변해야 하는 시대적 상황에서 가정의 전체성보다 생명과 출산에 국한 되었고 많은 사람들에게는 출산

조절만을 가르치는 운동으로 알려지게 되었다.[7)]

1980. 5. 6.~9. '가정 사목부'를 '가정 사목위원회(Commissio Episcopalis Familia)'로 명칭을 변경하고 위원장에 박토마 주교를 위촉하였으며 이 위원회는 가정 성화와 생명 수호를 위한 교육과 홍보 활동을 실시함.

1981. 11. 22. 교황 요한 바오로 2세 『가정 공동체』 발표

1983. 10. 22. 「가정 권리 헌장」 발표, 1980년에 개최된 세계 주교대의원회의(Synod)는 「가정 권리 헌장」을 제정하여 모든 관계자들에게 배포하도록 명시적으로 제안하였다. 이에 교황청은 가톨릭 교회가 인간과 사회와 교회 자신의 선익이 가정에 달려 있다는 사실을 인식하면서, 인간 본성에 내재하는 결혼과 가정에 관한 하느님의 모든 계획을 선포하고, 모든 침해 요인들로부터 이 두 제도를 보호하고 증진시키는 일을 항상 교회 사명의 일부로 확신하여 왔기에 이 모든 문제들을 고려하여 각국 주교회의의 자문을 받아, 12조로 명시된 「가정 권리 헌장」을 반포하였다.[8)]

1984. 5. 26. 교황 요한 바오로 2세의 교황청 가정 사목협의

---

7) 송영오, 「교회의 가정 복음화」, 6쪽.

8) 회보 제16호, 한국천주교주교회의(Catholic Bishop's Conference of Korea, 이하 CBCK), 1984. 한국 천주교회는 교회 쇄신과 민족 복음화를 대전제로 200주년 기념을 위한 적극적이고 구체적인 홍보를 펴나가기 위해 1982년 12월 1일 한국천주교중앙협의회 제1호 '회보'를 창간하였다. 주교회의와 주교위원회는 물론 주교회의 사무처, 주교회의 산하 전국 기구 및 전국 단체의 활동을 종합적으로 알리는 데 그 목적이 있고 주교회의 및 주교위원회의 활성화는 물론 제 단체 활동의 균형 발전을 위해서도 이 회보 발간의 의의는 크다.

회 제2차 총회에서 가정 사목에 관한 연설 “가정의 미래는 가정을 위한 합당한 준비에 달려 있다.”

1985. 12. 1. 한국 주교단 사목교서 「성체와 가정」 발표

■ 1990년대

1992년에 형법 개정안 제135조(낙태 허용 범위 신설) 폐지를 위한 서명 운동이 이루어졌고 주교회의를 통해 각 교구별로 효율적인 가정 사목의 운영이 가능하게 되었다.

1992. 7. 13. ‘태아의 생명을 죽이지 말라’, 형법 개정안 제135조(낙태 허용 범위 신설) 폐지 서명 운동 주교단 성명서 발표

1992. 10. 13.~16. 주교회의 추계 정기총회에 ‘생명 수호의 달, 주일, 날 제정’을 건의, 주교 회의 총회는 더욱 효율적인 가정 사목을 위해 각 교구별로 형편에 맞게 추진하기로 함.

1992. 10. 16. 송열섭 신부를 가정 사목위원회 총무로 임명하고 가정 사목위원회를 한국천주교 중앙협의회 내에 두기로 함.

1993. 12. 7. 제18차 정기총회에서 가정 성화와 생명 수호를 위한 묵주기도 100만단 봉헌 운동 결정

1994. 2. 2. 교황 요한 바오로 2세 『가정 교서』 발표

1994. 3. 19. ‘가정의 해’ 사목교서 발표

1994. 10. 9. 제1회 ‘전국 가정대회’ 개최, 참가 인원 약 1,000명(서울대교구 가톨릭대학교 의과대학 마리아홀)

1995. 5. 3. 서정덕 주교가 가정 사목위원회 위원장으로 선임됨.

1995. 5. 3. 제1회 '생명의 날' 담화문과 '청소년들에게 보내는 편지' 발표

1996. 5. 26. 제2회 '생명의 날' 담화문 발표와 발 배지, 리플릿 제작 보급, 전국 교구별 생명 수호 캠페인

1998. 4. 1. '약 10주 된 태아의 손 배지' 제작, 전국 본당과 생명 관련 단체에 보급

1999. 9. 29. 2000년 대희년 맞이 "인간 복제 시대와 그 윤리적 책임"에 관한 세미나 개최

1999. 12. 13. 「혼인갱신식·가정봉헌식·강론」 자료집 발간

1999. 12. 25. 천주 강생 2000년 대희년 한국 천주교 주교회의 담화

■ 2000년대

• 2000년~2010년까지

2000년에는 이기헌 주교가 3대 가정 사목위원회 위원장 주교로 선임되었다. 2000년도에 들어서면서 소공동체 운동의 원형이 가정에 있음을 반성하면서 각 교구에서는 가정 사목 전담신부를 두기 시작하고, 가정 사목위원회도 각 교구 전담신부나 사목국장 신부들로 구성되는 전국 가정 사목 사제모임과 전국단체회장과 위촉위원으로 하는 상임위원들이 생겨나기 시작했다. 이런 변화의 틀이 생겨나면서 본래의 가정 사목의 목적으로 방향이 전환되기 시작했고 교구별로 다양한 프로그램도 나타나기 시작하였다.[9]

2001년부터 해마다 가정 사목위원회 위원장 주교의 가정성화주간 담화문이 발표되고 생명과 가정에 관련된 다양한 주제로 정기세미나가 개최되었다.

2002년 한국천주교주교회의 사무총장으로 초대 가정 사목위원회 총무이신 송열섭 신부님이 부임하면서 주교회의 안에 새로운 '생명의 문화'를 향한 움직임이 시작되고 '생명31 운동본부'가 발족하게 되었다. 이 운동은 모자보건법이 생긴 지 30년이 지난 오늘날 '죽음의 문화'를 '생명의 문화'로 전환시키겠다는 의지의 표명으로 모자보건법이 제정된 지 30년이 지난 31년을 새로운 원년으로 삼자는 데에서 '생명31 운동'[10]이 생겨났다.

2000. 7. 27. 전국 가정 사목 담당 신부 모임

2001. 7. 6. 통일된 혼인교리 교재 편찬을 위한 교구 확대 모임

---

9) 송영오, 「교회의 가정 복음화」, 6-7쪽.

10) 회보 제124호, CBCK, 2003, 2003년 2월 7일(금) 서울 명동 주교좌 성당에서 7,000여 명의 신자들이 참석한 가운데 김수환 추기경의 주례로 생명 수호 미사와 "생명31 운동" 선포식을 거행하였다. 2003년 2월 8일은 모자보건법이 제정된 지 30년이 되는 날이었다. 교회는 모자보건법이 근본적으로 태아를 인간으로 존중하지 않고 반생명적이고 반인륜적으로 인간의 기본권마저도 부정하고 있기에 이를 악법으로 규탄하여 왔다. 죽음의 문화가 만연한 현실을 직시하며 지금까지 해왔던 생명운동의 한계를 절감하고 문화를 바꾸어 가는 범국민운동의 필요성이 부각되어 생명31 운동이라는 새로운 모색을 하게 되었다. https://cbck.or.kr/Committees/201005680
생명31 운동은 생명의 주인이신, 삼위일체 하느님께 돌아가는 운동으로 반생명문화가 만연해온 지난 30년 세월에 종지부를 찍고 2003년을 새로운 생명문화를 꽃피우는 원년으로 삼고, 한 달 31일 내내 꾸준히 실천한다는 의미에서 '생명31'이라 명하였다. https://blog.daum.net/fireball/7715520

2001. 11. 20. “가정 사목의 반성과 전망” 연례 세미나 개최

2001. 12. 27. 제1회 가정성화주간 담화문[11] 발표, “가정의 기본을 바로 세우십시오”

2002. 11. 15. “저출산 문제와 교회” 연례 세미나 개최

2002. 12. 29. 제2회 가정성화주간 담화문 발표, “나자렛 성 가정을 본받으십시오.”

2003. 11. 21/28. “가정의 복음화-교회의 미래”에 관한 세미나 개최(가톨릭회관/청주교구)

2003. 12. 28. 제3회 가정성화주간 담화문 발표, “가정은 우리의 미래입니다.”

2004. 5. 가정폭력에 관한 담화문 발표, “가정폭력 없는 생명의 가정, 평화의 공동체를 이룹시다.”

2004. 6. 10. “생명을 지향하는 가정”에 관한 공동 세미나 개최(명동 꼬스트홀)

2004. 8. 17.~23. 아시아주교회의연합회(FABC) 제8차 정기총회를 한국에서 개최하고 아시아 20여개 국가 180여명 참가, 「완전한 생명문화를 지향하는 아시아 가정」 발표

2004. 11. 28. 가정을 위한 교서 「가정, 사랑과 생명의 터전」 발표

제1장 참 가정에 관한 교회의 가르침, 제2장 무너져

11) 회보 제117호, CBCK, 2002, 해마다 성가정 축일 주간을 “가정 성화 주간”으로 지내기로 한 주교회의 2001년 춘계 정기총회의 결정에 따라 처음 맞이하는 “가정 성화 주간”(2001년 12월 30일~2002년 1월 5일)을 뜻깊게 보낼 수 있도록 주교회의 가정 사목위원회(위원장 이기헌 주교)에서는 가정 성화를 위한 여러 가지 실천방안이 담긴 자료집 「가정 성화 주간」 (가족 기도 길잡이) 20,000부를 발간하여 전국 본당과 관련 단체에 보급하였다.

가는 우리나라 가정, 제3장 사목적 대안으로 구성됨.

2004. 12. 26. 제4회 가정성화주간 담화문 발표, "가정 성화는 우리 모두의 사명입니다."

2005. 5. 25. "저출산과 고령화" 세미나 개최(수원교구 인덕원성당)

2005. 12. 25. 제5회 가정성화주간 담화문 발표

2006. 5. 26. "위기의 부부 어떻게 할 것인가?-부부, 살어! 말어!" 세미나 개최(대전가톨릭문화회관)

2006. 12. 31. 제6회 가정성화주간 담화문 발표, "가정을 이끄는 힘은 기도입니다."
- 예수, 마리아, 요셉의 성가정 -

2007. 5. 22. "현대사회에서 혼인과 교육-결혼, 선택인가! 필수인가!" 세미나 개최(인천교구 주안1동 성당)

2007. 12. 30. 제7회 가정성화주간 담화문 발표, "가정의 진정한 소통을 위하여"

2008. 5. 23. "가정 안의 신앙교육 어떻게 할 것인가?" 정기 세미나 개최(대구대신학교 대강당)

2008. 12. 28. 제8회 가정성화주간 담화문 발표, "부부 사랑이 곧 하느님 사랑의 징표입니다." - 그리스도의 사랑의 성사요, 땅 위에 있는 신적 존재이며, 하느님이 현존하시는 감실 -

2009. 5. 19. "다문화 가정에 대한 현실과 교회의 역할" 정기 세미나 개최(제주교구 동광성당)

2009. 12. 22. 제1회 가정지킴이상 시상식(한국천주교중앙협의회 강당)

2009. 12. 27. 제9회 가정성화주간 담화문 발표, "혼인성사

의 의미를 새롭게"

2010. 5. 12. "혼인이란 무엇인가? 정기 세미나 개최(부산교구 남천성당)

2010. 12. 26. 제10회 가정성화주간 담화문 발표, "성사적 사랑인 부부 사랑을 회복합시다."

• 2011년~현재

2011년부터 각 교구 가정 사목 실무자 연수 및 세미나가 개최되고 2014년부터는 가정 사목국장 모임이 개최되었다. 2020년 이후 코로나-19 감염병의 확산으로 어려움을 겪고 있는 수많은 가정들에게 교회는 포스트 코로나 시대에도 지치지 않고 살아갈 수 있도록 다양한 방법으로 기쁨과 희망의 메시지들을 보내고 있다.

2011. 5. 17.~19. 가정 사목 실무자 연수(전주 천호피정의 집)및 세미나 개최(전주교구청 대강당)

2011. 12. 30. 제11회 가정성화주간 담화문 발표, "그리스도인 가정의 올바른 가치관을 만들어 갑시다."

2012. 5. 15.~17. 가정 사목 실무자 연수(성 이시돌 피정 센터)및 정기세미나 개최

2012. 12. 30. 제12회 가정성화주간 담화문 발표, "복음적 삶으로 거듭나는 가정"

2013. 5. 14.~15. 가정 사목 실무자 연수 및 세미나 개최(신앙의 해를 맞이하여 "가정 안에서의 신앙 교육 또는 전수", 수원교구 가정 사목연구소)

2013. 12. 29. 제13회 가정성화주간 담화문 발표, "그리스도

인 가정의 삶과 기도"

2014. 정기세미나 개최, "가정과 본당사목"(광주대교구 평생 교육원 대강당)

2014. 5. 27. 제1차 가정 사목국장 모임 개최

2014. 12. 29. 제14회 가정성화주간 담화문 발표, "가정과 가난"

2015. 12. 27. 제15회 가정성화주간 담화문 발표, "가정과 혼인"

2016. 11. 1. 세계주교대의원회의 후속 교황권고「사랑의 기쁨(Amor Laetitia」 발행, 한국천주교중앙협의회

2016. 12. 30. 제16회 가정성화주간 담화문 발표, "가정과 기도"

2017. 12. 1. 가정과 생명위원회, 위원회 명칭 변경과 통합[12)]

2017. 12. 4. 공동 학술세미나 개최

2017. 12. 31. 제17회 가정성화주간 담화문 발표, "가정, 사랑의 기쁨"

2018. 12. 3. 가정생명세미나 개최, "가정 폭력의 원인과 현실 그리고 교회의 대응"

2018. 12. 30. 제18회 가정성화주간 담화문 발표, "생명을 품은 가정"

2019. 12. 29. 제19회 가정성화주간 담화문 발표, "가정의

12) 회보 제210호, CBCK, 2017. 2017년 주교회의 추계 정기총회(2017.10.16.~19.)는 생명의 원천인 가정을 더욱 능동적으로 보살피기 위하여 가정과 생명은 불가분의 관계임을 인식하고 '주교회의 가정 사목위원회'를 '주교회의 가정과 생명위원회'로 명칭을 변경하였으며, 신임위원장으로 이성효 주교를 임명하였다. 그리고 주교회의 생명윤리위원회 산하 생명운동본부를 소위원회로 편입시켰다.

소명”

2020. 12. 7. 정기 학술세미나 개최, “포스트 코로나 시대의 가정선교와 신앙교육”(살레시오회 교육관 대강당)

2020. 12. 27. 제20회 가정성화주간 담화문 발표, “코로나 시대의 그리스도인 가정”

2020. 12. 28. 교황 프란치스코 ‘사랑의 기쁨 가정의 해’(2021. 3. 19.~2022. 6. 26.) 발표

2021. 12. 6. 정기 학술세미나 개최, ‘사랑의 기쁨 가정의 해’를 보내는 보편교회와 한국교회(한국천주교중앙협의회 강당)

광주대교구 가정 사목의 도입배경과 현황

■ 도입배경

모든 가정의 성화와 행복과 복지를 도모하기 위한 목적으로 시작된 첫 가정 사목의 움직임이었던 ‘행복한 가정 운동’이 광주대교구 내에서도 계속 이어지고 있었다. 이 운동은 1999년까지 교구청 내 어느 국이나 부서에 속하지 않고 단독으로 운영되다가 2000년부터 사회사목국에서 담당하게 되었고 2001년까지 지속되었다.

2000년대 초반에는 주로 교회가 권장하는 자연피임법과 점액관찰법에 관한 혼인교육, 청소년 성교육이 이루어졌고, 가정과 생명, 낙태 예방을 위한 생명수호미사가 활발하게 진행되었

다. 2002년까지 광주가톨릭대학교 평생교육원에서 실시되었던 미혼남녀를 대상으로 한 카나 혼인강좌는 2003년부터 당시 교구청 선교사목국에서 담당하게 되었다.

2004년 8월 17일부터 23일까지 아시아주교회의 연합회(FABC) 제8차 정기총회가 한국에서 개최되었고 대림 제1주일에 최창무 대주교는 가정을 위한 교서 「가정, 사랑과 생명의 터전」 주교회의 의장 인사말에서 사회의 기초 공동체요 작은 교회인 가정의 소중함을 언급하면서 사랑과 생명이 넘치는 가정을 만들자고 촉구하였다.

한국 천주교 주교회의는 가정 사목위원회와 '생명31 운동'을 통하여 가정을 중심으로 한 사랑과 생명의 문화 창출에 힘쓰고 있으며, 특히 2004년 8월 17일부터 23일까지 아시아주교회의 연합회(FABC) 제8차 정기총회를 한국에서 개최하고 아시아 20여 개 국가 180여 명이 참가한 가운데 최종 문서 "완전한 생명 문화를 지향하는 아시아 가정"을 발표하는 성과를 거두기도 하였다.

> 아름다운 가정, 아름다운 세상을 만드는 일에서는 어느 누구도 제외되지 않습니다. 우리 주교들은 한국의 가정 문제가 매우 심각하며 가정 문제의 해결 없이는 한국의 미래도 없다는 절박한 인식 아래, 이 교서를 마련하였습니다. 우리 주교들은 이 교서를 통하여 한국의 가정 현실을 교회의 가르침으로 조명하고 드러난 문제점들의 해결 방안을 제시하려고 노력하였습니다. 이러한 노력은 천주교 신자들만이 아니라 온 국민이 함께 참여할 때에 더욱 큰 열매를 거둘 수 있

> 으리라고 믿습니다. 그러므로 이제 우리 주교들은 아름다운 가정, 아름다운 세상을 만드는 일에 그리스도인 가정뿐 아니라 한국의 모든 가정을 초대합니다. 사랑과 생명이 넘치는 가정을 이루고자 애쓰는 모든 사람에게 주님의 풍성한 은총을 빕니다.[13]

이러한 교회의 흐름 안에서 광주대교구는 2004년 10월 18일 추계 사제연수회를 마치고 당시 사목국장이었던 황양주 신부 주관으로 가정 사목에 관심이 있는 사제들의 모임을 여러 차례 가지고 '가정 사목위원회'를 구성하였다.

2003년까지 '선교사목국'이라는 명칭을 사용하다가 2004년부터 '사목국'으로 명칭이 변경되면서 가정복음화를 위한 본격적인 가정 사목의 태동이 시작되었다. 이러한 역동의 움직임은 가정 사목과 생명에 대한 자료 제공, 소공동체 사목을 통한 가정 공동체 활성화, 가정을 중심으로 하는 사목의식 고취와 본당 제 단체와의 관계, 가정 사목과 관련된 프로그램 개발, 사회사목부 상담실과 연계한 가정 관련 상담, 남성 신자들을 위한 신앙심화 프로그램 개발에 대한 연구로 이어졌다. 또한 사목국의 전반적인 업무에 협조해오던 수도자의 역할도 이때부터 가정 사목과 관련된 업무에 더 적극적이고 활발한 협력으로 가정 사목의 활성화에 박차를 가하게 하였다.

2005년 1월 30일에 가정 사목 분과 연수회에서 송영오 신부(수원교구, 가정 사목연구소 소장)는 "교회의 가정 복음화"라는

---

13) 최창무, 가정을 위한 교서 「가정, 사랑과 생명의 터전」, CBCK, 2004, 1~2쪽.

주제로 가정 사목의 개념을 살펴보고 가정 사목의 시대적 전환으로 소공동체의 원형인 가정공동체에 대해 설명하고 가정 사목의 구조와 가정 사목의 방향에 대한 새로운 제안을 하였다. 이에 따라 교구는 가정 사목이라는 새로운 패러다임에 대한 전반적인 이해를 돕고 본당 내 가정 사목 활성화를 위한 구체적인 지침과 방법을 제시하기 위해 가정분과 연수를 실시하였다. 이 연수는 본당에서 처음 가정분과를 맡게 된 가정분과위원 및 관련분과위원, 본당 내 교육봉사자를 대상으로 연 1회 4시간 과정으로 실시하였고 각 본당의 가정분과 현황에 대한 나눔의 시간으로 구성되었다. 또한 2005년 교구 사목국은 가정 사목을 위한 다양한 시도를 계획하였다. 각 본당에 가정 사목을 위한 자료 제공, 가정분과 위원들을 위한 연수회 2회 실시, 가정성화를 위한 월례미사와 특강, 체계적인 카나 혼인강좌 운영, 가정 사목 관련 봉사자 교육, 소공동체와 가정을 위한 자료집 '하늘지기'를 1월부터 매월 발행하여 신자들의 가정기도와 가족대화, 교회에서 가르치는 가정에 대해 공부할 수 있도록 하였다.

2005년 3월 22일 가정복음화위원회 모임에서 위원들은 아버지학교 운영에 대해 논의하고 가톨릭적 아버지 학교의 필요성에 대해 공감하였다. 11월 20일에 가정 사목에 필요한 각 분야의 전문가들로 구성된 '가정 사목위원회' 첫모임이 이루어졌다. 2006년 1월 10일 가정복음화 사제 모임에서는 2월에 있을 가정분과위원들을 대상으로 하는 가정 사목 연수에 대해서 논의하였다. 이 연수에서 행복한 가정, 성가정을 만들기 위해 가족 구성원들과 관계 맺기, 혼자된 어른에 대한 사목적 배려에 대해,

가정에 대한 영상자료에 대해, 부모의 역할과 영성에 대한 내용을 다루고자 하였다.

이러한 교구 내에 가정 사목을 위한 준비를 거쳐 드디어 2008년 7월 15일, 교구청 사목국 내에 정식으로 가정 사목이 자리잡게 되었다. 당시 사목국장이었던 김종주 신부가 첫 가정 사목담당을 겸임하게 되었고 이후 2010년 2월 4일 가정 사목 차장으로 국재량 신부가 부임하였다.

■ 현황

교구설정 75주년이 되는 2012년에 교구장 김희중 히지노 대주교는 2012년~2014년을 "가정의 해"로 선포하였고 2012년에는 기도하는 가정교회, 2013년에는 복음을 선포하는 가정교회, 2014년에는 세상에 봉사하는 가정교회에 각별히 주력하기를 권고하였다.

> 교구설정 100주년을 향하여 새로운 출발을 다짐하는 오늘, 가정의 위기에서 비롯된 심각한 사회현상들을 접하면서, 새로운 복음화의 튼튼한 토대를 마련하고자 사회와 교회의 기초인 가정에서 시작하는 복음화를 금년도 사목계획의 최우선 과제로 삼고자 합니다. '가정의 위기는 곧 사회의 위기이며, 혼인과 가정의 온전한 가치를 증진시키는 것만이 현대사회의 병리 현상을 치유하는 길'이라고 교회는 강조합니다(「가정교서」 2항). 따라서 모든 그리스도인은 가정 파괴와 붕괴라는 사회현상에 맞서 건강한 가정의 회복을 위해 함께 지혜와 역량을 모아 최선의 노력을 다해야 하겠습니다.[14)]

2014년 12월 24일 사목국 주관으로 광주대교구 2012-2014년 '가정의 해' 평가와 전망을 발행하였다. 우리신학연구소와 함께 이루어진 이 연구는 제1부 연구논문으로 제1장 우리 시대의 가정 사목 방법론(경동현, 우리신학연구소 소장), 제2장 성(性), 침묵과 회피를 넘어(조민아, 우리신학연구소 연구위원), 제3장 광주대교구 가정 사목의 실태와 과제(이미영, 우리신학연구소 연구실장)로 구성되었다. 제2부는 설문조사 결과로 제1장 조사 개요, 제2장 응답자 특성, 제3장 가정 현황, 제4장 가족 관계 실태, 제5장 가정과 신앙생활, 제6장 가정에 관한 가치관과 신앙 의식, 제7장 가정 사목 평가와 기대, 제8장 교구장 사목 정책 평가와 기대로 이루어졌다.

이러한 교회와 교구의 흐름 안에서 광주대교구 가정 사목이 현재까지 진행하고 있는 프로그램들을 소개하고자 한다.

- 카나 혼인강좌

카나 혼인강좌는 가톨릭 교회가 혼인을 앞두고 있는 예비부부들을 위해 마련한 혼인 준비 교육이다. 예비부부들이 가톨릭 교회의 정신에 따라 혼인을 준비하도록 안내하고, 혼인성사의 진정한 의미와 함께 혼인생활에 도움이 되는 가르침을 알려줌으로써, 그들이 가정과 교회와 사회 안에서 기도하고 복음을 선포하고 봉사하는 성가정을 이루어갈 수 있게 하는 것이 목적이다. 2002년까지 광주가톨릭대학교 평생교육원에서 실시되었던 카나 혼인강좌를 2003년부터 당시 선교사목국으로 이관하게 되

---

14) 김희중, 「2012년 사목계획서-교구장 사목교서」, 천주교광주대교구, 7~8쪽.

었다. 현재는 사목국 가정 사목에서 담당하고 있고 6, 7, 12월을 제외한 매월 1회 실시하고 있다.

• 가정(사목)분과 연수

가정(사목)분과 연수는 처음 가정분과를 맡게 된 가정분과위원 및 관련 분과위원, 본당 내 교육봉사자를 대상으로 가정 사목이라는 새로운 패러다임에 대한 전반적인 이해를 돕고 본당 내 가정 사목 활성화를 위한 구체적인 지침과 방법을 제시한다. 2005년 1월 가정 사목분과 연수로 시작했으며 현재는 가정분과 연수로 명칭이 변경되어 연 2회 실시하고 있다.

• 성 요셉 아버지학교

성 요셉 아버지학교는 아버지는 가정의 중심이고 이 사회에 중요한 구성원으로서 아버지 개인의 성장과 변화를 통해 건강하고 행복한 가정을 이루고, 나아가 건강한 사회와 교회 공동체를 만드는데 기여하는 것을 목적으로 하며 5주간 진행되는 프로그램이다. 2006년 10월에 제1기 성 요셉 아버지학교가 개설되었고 광주 본교를 중심으로 목포와 여순지역에 분교를 두고 현재까지 연 3~4회 실시되고 있다.

• 노인사목 봉사자 양성

고령인구의 증가로 노인사목에 대한 중요성이 크게 대두되면서 2011년부터 노인사목 봉사자 양성교육을 실시하였다. 이 교육은 본당 노인대학 동아리 강사 및 협력자 양성프로그램으로 봉사자 양성과 하루 교육으로 각 연 2회씩 실시하고 있다.

• 틴스타(Teen STAR) 지도자 워크숍

틴스타(Teen STAR)는 우리 몸의 변화를 관찰하고, 그 변화를 경험적으로 발견하게 함으로써 성의 정서적, 사회적, 지성적, 영성적인 가치를 전인적으로 통합하고자 하는 프로그램이다. 2010년 7월부터 교구 내 사목국 가정 사목에서 틴스타 지도자 워크숍을 도입하여 지도자를 양성하였고 워크숍과 심화교육을 연 1~2회씩 실시하고 있다.

• 부부여정

부부여정은 가정의 중심인 부부를 대상으로 5주간 진행되는 부부성장 프로그램이다. 나 자신과 배우자의 모습을 객관적인 시각으로 성찰해 볼 수 있는 내용으로 각 주제별 이해를 돕기 위한 실제 상담 사례 소개, 다양한 시청각 자료를 다채롭게 제공하여 부부 서로간의 적극적인 대화와 나눔이 적절히 조화된 워크숍 형태의 프로그램으로 2010년 11월부터 시작하여 현재까지 연 2회 실시되고 있다.

• 선택주말

선택주말은 미혼 남녀들이 자신의 정체성과 관계성을 발견하도록 협력하는 프로그램이다. 인간관계 안에서 안고 있던 어려움에 대하여 진솔한 대화를 나누면서 자기만의 삶으로부터 벗어나, 다른 사람과의 관계 속에 나타나는 '나'를 보게 한다. 특히 가정의 구성원으로서 아버지와 어머니와의 관계 안에서 자신을 새롭게 되돌아보게 하며 교회 안에서 그리고 세상 안에서 어떤 역할을 할 것인가를 선택하게 도와주는 2박 3일 프로그램이다.

청소년사목국에서 진행되던 선택주말이 2013년 4월부터 사목국 가정 사목으로 이관되어 연 2회 실시되고 있다.

- 성 마리아 어머니학교(2022년 개설 예정)

성 마리아 어머니학교는 부모와의 관계, 부부간의 관계, 자녀와의 관계에 대한 성찰을 통해 가정 공동체 안에서 어머니의 역할을 확인하고, 딸이고 아내이며 어머니로서 내적 성장과 치유를 위한 프로그램이다. 코로나-19 감염병의 확산이 장기화되어 어려움을 겪고 있는 가정을 돌보고, 건강한 가정 공동체를 위한 성 마리아 어머니학교는 2022년 개설될 예정이다.

■ 참고문헌

교황 요한 바오로 2세, 『가성공동제』(Familiaris Consortio), 오경환 옮김, 한국천주교중앙협의회, 1983.

김희중, 「2012년 사목계획서-교구장 사목교서」, 천주교광주대교구, 2012.

송영오, 「교회의 가정 복음화」, 광주대교구 가정분과 연수자료집, 2005.

최창무, 가정을 위한 교서 「가정, 사랑과 생명의 터전」, 한국천주교주교회의, 2004.

한국교회사연구소, 『한국가톨릭대사전』, 1998.

한국천주교주교회의, 회보 제16호. 1984.

한국천주교주교회의, 회보 제124호, 2003.

한국천주교주교회의, 회보 제117호, 2002.

한국천주교주교회의, 회보 제210호, 2017.

https://cbck.or.kr/Committees/201005680

https://blog.daum.net/fireball/7715520

가톨릭 가정 사목 평가와 방향성

정영빈
(전 천주교 광주대교구청 사목국 부국장)

서론

2012년~2014년 「가정의 해 평가와 전망」에서 코로나19 전의 가정 사목에 대한 본당의 상황을 읽어볼 수 있다. 한국 사회의 가정 문제라고 여긴 것 2가지를 선택하라고 하면 자녀들의 진학 및 취업 문제(20.6%), 노인층의 소외 부양 문제(16.0%), 이혼 등 가정해체 문제(13.9%), 육아 및 자녀 양육 문제(12.8%), 왕따· 학교 폭력 등 청소년 비행 문제(12.1%), 결혼 기피 및 저출산 문제(10.0%), 세대 간 가치관 차이 및 갈등(9.3%) 등이었다.

가정 안에서 노인이 겪는 어려움을 2가지를 선택하라고 하면 경제적인 면(26.6%), 외로움과 소외감(26.4%), 건강(23.7%), 소일거리 없음(7.5%), 가족에게 받는 푸대접(5.2%), 노인 복지 시설 부족(5.7%) 등이었다. 당시 본당 사목자의 입장에서 가정 사목의 어려움은 가정문제 이해나 전문적 상담 능력 부족(26.5%), 신자들의 무관심과 참여 부족(25.5%), 가정해체 조장하는 사회 분위기(14.5%), 활용할만한 프로그램이나 교재의 부족(11.4%),

가정 사목 전문가 부족(8.3%), 가정 사목 평신도 봉사자 부족(5.2%) 등으로 여겼다.

그렇다면 당시에 교구 가정 사목 프로그램의 도움은 얼마나 되었을까? 매우 그렇다(6.5%), 어느 정도 그렇다(66.7%), 별로 그렇지 않다(22.0%), 전혀 그렇지 않다(4.8%)였다. 당시에 진행되고 있었던 가정 사목 프로그램들의 만족도를 보면 가정성화미사와 특강(3.38/4), 가정성화하루피정(3.28/4), ME(3.24/4), 성요셉아버지학교(3.22/4), 부부여정(3.21/4), 선택주말(3.17/4), 카나혼인강좌(3.17/4), 틴스타(3.01/4) 등이다. 당시에 교구 가정 사목에서 더 강화해야 할 부분으로는 본당 가정 사목 지원 프로그램과 자료 제공(26.0%), 부모-자녀 관계 교육 프로그램 강화(15.4%), 부부 관계 교육 프로그램 강화(13.9%), 가정 사목을 위한 사목자 대상 교육(11.7%), 노년기 신자 교육 프로그램 강화(10.3%), 본당 지구 교구 연계 가정 사목 활성화(7.0%), 본당 가정 사목 봉사자 양성(6.6%)이라고 조사되었다.

오늘날 사회 현상을 보면 결혼 기피, 출산율의 지속적인 감소, 핵가족화가 초래한 문제들, 이혼으로 인한 가족해체 증가, 취업여성 증가, 한부모 가족의 증가, 소년소녀 가장세대의 문제, 미혼모 문제, 경제적 문제, 국제부부, 다문화 자녀, 1인 가족 증가, 노년층 증가 등이 보이고 있다. 이러한 문제들에 직면하여 교구 가정 사목에서 진행되어온 프로그램과 교육들을 보면 짧게는 10년 길게는 30년 이상 진행되어왔다. 프로그램들은 공통적으로 관계 개선을 목적으로 두고 있다. 프로그램들은 남편과 아내, 아버지와 어머니, 자녀를 둔 부모 등 가족 구성원 및 가족을 꾸릴 수 있는 가능성을 둔 미혼남녀를 대상으로 한다. 현재 사목국의 가정 사목부에서 진행되는 프로그램은 선택주말, 카나 혼인강좌, 틴스타, 아버지학교, 어머니학교, 부부여정, 노인사목 봉사자 양성이 있고, ME는 담당 사제가 따로 맡아서 진행 중이다.

그렇다면 지금부터 가정 사목 프로그램의 흐름과 방향에 대해서 보도록 하자.

『더 알고 사랑하고 봉사하기 위하여』 '선택(CHOICE)주말'[1]

선택 프로그램은 행복한 부부관계를 만드는 데 목적을 둔 ME(Marriage Encounter) 프로그램을 만든 미국의 톰 모로우 신부님에 의해 1976년 9월에 처음으로 시작되었다. 한국에서는 1983년 5월 20일부터 22일까지 서울 서강대학교에서 첫 선택주말이 이루어지면서 현재는 전국 각 교구에서 모두 실시하고 있다.

광주대교구에 선택이 보급된 때는 안호석 신부님께서 교구에서 성소 담당 및 대학담당으로 있으실 때이다. 신부님께서는 서울에서 진행된 선택주말을 보고 교구 대학생들에게 가족의 소중함과 혼인의 가치를 전해주고 싶은 의지를 통해 1985년 2월 제1기 광주 선택주말을 '명상의 집'에서 실시하였고, 지금까지 이어져 35년의 역사를 이어가고 있다. 그 과정에서 선택주말 프

1) 광주 선택 봉사자 교육 자료 및 인터뷰 자료

로그램은 광주 ME에서 주관하다가 청소년 사목국으로 이관되었고, 2013년에는 사목국 가정 사목으로 이관되어 연 2회 실시되고 있다.

선택 주말은 미혼 남녀들이 자신의 정체성과 관계성을 발견하도록 협력하는 프로그램이다. 인간관계 안에서 안고 있던 어려움에 대하여 진솔한 대화를 나누면서 자기만의 삶으로부터 벗어나, 다른 사람과의 관계 속에 나타나는 '나'를 보게 한다. 특히 가정의 구성원으로서 아버지와 어머니와의 관계 안에서 자신을 새롭게 되돌아보게 하고 가정에서 그리고 세상과 교회라는 더 넓은 범위에서 스스로를 바라보고 사랑받고 사랑해 갈 수 있는 자신을 발견할 수 있게 한다. 그러면서 교회 안에서 그리고 세상 안에서 어떤 역할을 할 것인가를 선택하게 도와주는 2박3일의 프로그램이다. 곧 '선택'은 가족, 친구, 하느님 등 자신과 밀접하게 맺고 있는 관계 속에서 자신을 찾아가고 더욱 성숙한 관계로 개선해가게 도와주는 관계 성장 및 치유 프로그램이다. 이렇게 선택은 소개 모임과 열한 개의 주제를 가지고 체험을 바탕으로 한 숨김없는 대화로 진행된다. 그렇게 성숙해가는 젊은이들이 인생길에서 바른 가치를 선택하고 하느님 안에서 가정과 사회를 위해 헌신할 수 있도록 도와준다.

여기서 참가 대상을 '미혼 남녀'라고 하여 프로그램이 남녀 간의 만남을 전제로 이루어지는 프로그램으로 오해받기도 한다. 여기서 '미혼'은 가톨릭에서 성소 즉 '하느님의 부르심'이라는 표현이다. 미혼은 부부, 사제, 수도자의 길뿐만 아니라 더 넓은 범위로 일상을 살아가면서 비그리스도인들과 어떻게 다르게 살 것인지를 고민하고 그중에서 혼인 성소에 대한 경험을 하지 않은 그리고 혼인을 할 가능성이 있는 젊은이를 가리킨다. 그래서 참가자에는 신자뿐만 아니라 비신자인 미혼남녀에게도 열려 있어서 종교적인 색채를 많이 드러내지 않는 프로그램이다. 2014년에 작성된 통계 자료에 보면[2] 성직자의 만족도(3.21/4)와 신자들의 만족도(3.17/4)를 볼 수 있다. 2019년 62차를 맞이하고 있는 광주 선택은 그동안 참가자 수를 보면 2004년부터 2019년까지 한 차수에 평균 26.06명이 참가한 것으로 확인된다.

선택주말은 여러 문제들에 직면한 청년들이 공동체성에 대하여 스스로 성찰해보도록 이끈다는 점에서 필요성이 요청된다. 증가하는 청년 실업, 2021년 대한민국 전체 가구 가운데 40.1%를 차지하는 1인 가구 비율[3], 미혼남녀 4명 중 1명 비혼, 독신가구 1인 생계비(1인 가구에게 가장 부담되는 항목: 주거비(35.7%) 〉 식비(30.7%) 〉 의료비(22.7%)라고 응답 연령별 주거비 부담 비중: 30대(53.0%), 40대 49.4%, 20대 43.2%, 50대 40.5%라고 응답.)[4], 젊은이들이 마련하는 다양한 노후대비 방법[5] 등을 미루어 짐작해 볼 때, 혼인이 필수가 아닌 선택의 문제로 여기는 사회적 풍토를 알 수 있다. 더욱이 코로나19는 가족 간의 관계 문제도 여실히 드러내었다. 그동안 바쁘다는 이유

---

2) 광주대교구 2012~2014년 '가정의 해' 평가와 전망.

3) 다큐ON (토요일 밤 11시 40분 KBS 1TV).

4) https://news.zum.com/articles/68448420?cm=news_RelatedNews_front&r=1&thumb=1

5) https://worldcon.kr/12070/

로 거리를 두었다가 코로나 감염병 사태가 심각해지자 집에만 머물게 된 가족 구성원들은 갖은 갈등으로 시름을 앓았다. 그렇지만 이는 청년들이 가족에게서 독립하고 싶은 마음이 있다고 하더라도 혼자이고 싶다는 것을 보여주는 것은 아니다. 이들은 뜻 맞는 이들과 공동체를 이루고 싶은 마음[6], 곧 소속되고 싶은 마음 역시 가지고 있다.

그러나 몇 가지 문제가 있다. 첫째는 교구와 본당과의 연계성이다. 10년 전이나 지금이나 교구 프로그램에 참여하면 본당 일꾼을 빼앗긴다는 생각들이 있을 수 있다. 그러다보니 참여를 꺼리는 본당도 있고 참여를 시키더라도 봉사자로 양성하여 다음을 준비하고 싶어도 거부 받을 때도 있다. 그뿐만 아니라 선택 프로그램 이후 본당에서 지속적으로 이어갈 수 있는 후속 프로그램이라고는 월미사 때 이루어지는 모임뿐이다. 그렇다고 본당에서 모임을 하게 되면 선택 수강한 이들만의 비밀을 지키는 부분이 있다 보니 비수강자들에게는 '끼리끼리' 모임이라고 보일 때도 있다.

둘째는 봉사자 수급 문제이다. 가정 사목에 있어서 미혼남녀 곧 청년들이 주도적으로 하는 프로그램은 이것뿐이다 보니 청소년 사목부와 두터운 연계성을 두지 않는 이상, 프로그램 진행하는 봉사자를 충원하는 데에 어려움이 있다. 선택의 큰 주제가 '더 알고 사랑하고 봉사하기 위하여'라고 하더라도 고인물은 썩고 물이 너무 깨끗하면 아무것도 살 수 없듯이 새로운 봉사자들

---

6) 관악구에서 '선한 여자들의 방': 다큐ON (토요일 밤 11시 40분 KBS 1TV).

도 함께 할 수 있는 방법들이 모색되어야 한다.

셋째는 준비 기간이다. 선택주말 프로그램을 봉사자들과 준비하는 기간은 각 교구별로 보면 통상 4~6개월이고 광주 선택은 6개월이 걸리며 매주 목요일 밤에 모인다. 그 이유는 대부분의 봉사자들이 직장인이고 선택 참가자의 연령도 최소 26세 이상으로 받아야 효과적이기에 봉사자들의 연령대도 높을 수밖에 없다. 그래서 ME처럼 차수 신부를 두어 동반하게 하거나 봉사자들 수급을 원활하게 하여 차수 봉사자를 두어 한 차수씩 돌아가면서 하게 하는 방법이 있다. 그러나 교구청 내에서 또는 본당 신부님들도 각자 사목에 많은 시간이 소요되다보니 구하기도 쉽지 않고 담당 사제와 의향이 잘 맞아야 하는 이유로 인해 차수 신부를 구하는 일이 어렵다보니 이 방법 역시 쉽지만은 않다.

그리스도교 성교육 틴스타(Teen STAR)[7)]

틴스타는 1980년대 미국 의료선교수녀회의 한나 클라우스 수녀가 낙태폐지로 인해 미국 십대 미혼모의 증가를 고민하던 중 십대의 성 문제를 해결할 수 있는 방법을 찾는 과정에서 신학자, 사회학자, 심리학자, 교육학자 등 다방면의 전문가가 참여하여 만든 '총제적인 성교육' 프로그램이다.

틴스타란 "성인의 책임감이라는 맥락에서 본 성교육(Sexuality

7) 2021년 6·7·8월 하늘지기 참조.

Teaching in the context of Adult Responsibility)" 프로그램이다. 이 프로그램의 목적은 출산 전·후를 위한 적절한 교과과정과 소년·소녀들의 예방 프로그램을 통해 이들이 생식력을 자각해 나가는 교육과정이다.[8] 이러한 교육과정은 청소년뿐만 아니라 성인들에게도 '성'에 대한 올바른 가치관을 세워 줄 수 있을 뿐만 아니라 그리스도교적 관점에서 성을 바라볼 수 있도록 하여 하느님께서 주신 남성성과 여성성을 통한 소명을 받아들일 수 있는 밑거름이 되도록 한다. 그래서 사랑과 책임 안에서 성을 올바르게 이해해야 할 부모, 청년, 청소년들, 우리 모두가 참가 대상이 된다.

역사적으로 1980년에 국제 틴스타가 출범하고, 2004년에는 한국 틴스타가 출범했으며, 현재 39개국에서 프로그램이 활용되고 있다. 한국 틴스타는 국내뿐 아니라, 해외 여러 나라에서 교육활동이 다방면에서 이루어지고 있으며 2년마다 전 세계 틴스타가 모이는 틴스타 국제회의를 통하여 동반하며 서로 지원하고 있다. 한국 틴스타는 현재 서울, 경기, 광주, 대구, 구미, 김천, 포항, 부산, 제주에서 학교 및 종교단체에서 프로그램 활용과 교사양성워크숍이 대면과 온라인(zoom) 모임을 통해 진행되고 있다.

광주 틴스타는 2010년 제74차 한국 틴스타 지도자과정 워크숍을 시작하여, 2011년 목포가톨릭대학교 역량강화 인성교육-틴스타 프로그램 진행을 시작으로 학교현장(살레여중, 남, 여고,

8) 한국 틴스타 교사 양성 워크숍 참고.

대성여고, 금당중, 운남중, 은혜학교), 어린이집, 아동센터, 각 단체의 특강과 성당(주월동, 염주제준, 풍암동, 진월동, 하남동, 두암동, 비아동, 유안, 쌍암동, 봉선동, 금호2동, 화정3동 등)에서 프로그램이 운영되고 있다. 그리고 광주가톨릭대학교에서도 2019년부터 1학년 신학생들을 대상으로 진행되고 있으며, 광주 틴스타에서는 2022년 틴스타 교사양성 워크숍(4일간)과 심화프로그램이 진행될 예정이다.

이러한 틴스타는 십대들을 위한 성교육으로 출발해서 지금은 6세부터 12세까지 유치·초등학생들뿐만 아니라 성인들을 위한 전인적이고 생애주기별적인 교육과 그리스도교적인 '성'에 대한 인식을 신자뿐만 아니라 비신자들에게도 전달할 수 있는 선교적으로도 성장한 교육이다.

틴스타 교사 워크숍은 주요 내용은 이러하다. 인격과 성 심리 발달, 몸의 신학, 부모를 위한 틴스타, 생식생리원리와 생식력 자각, 여성을 위한 틴스타, 남성을 위한 틴스타, 교안작성, 피임과 성인성 질환, 성인을 위한 틴스타, 개별면담, 수료시험으로 이루어진다. 심화과정은 워크숍을 수료한 이들에 한하여 더 깊이 있는 교안 작성과 나눔을 통해 학교나 성당 등으로 파견할 수 있는 교육 봉사자로서 준비시키는 시간이다.

틴스타는 교육을 필요로 하는 곳에 종교를 초월하여 파견되어진다. 그래서 종교와 상관없이 중학교나 고등학교에서 종종 요청이 들어온다. 본당에서는 교리교사들과 본당 초중고등부 학생들과 부모들을 위해서 파견되어 그 대상에 맞은 그리스도교 성교육을 제공하고 있다. 2014년에 작성된 통계 자료에 보면[9] 성직자의 만족도(3.16/4)와 신자들의 만족도(3.01/4)를 볼 수 있다. 2021년 174차(한국 틴스타 기준)를 맞이하고 있는 광주 틴스타는 그동안 참가자 수를 보면 2010년부터 2019년까지(매년) 평균 24.94명이 참가했다. 2010년 최대 47명 참석 이후로 11~23명이 교육되고 있으며 해가 갈수록 참가자는 줄어들고 있는 실정이다.

그러나 사회적 현상과 위드 코로나19 사이에서 지금의 성폭력, 미투, n번방사건, 디지털 성범죄, 낙태, 영아유기, 아동학대 그리고 '평등에 관한 법률안'으로 이름을 바꿔 등장한 차별금지법 등의 사태를 보면, 사랑과 생명을 자신의 이익과 쾌락을 위해 이용할 수 있는 대상으로만 바라보고 있다는 것을 알 수 있다. 이러한 현실에 직면하여 생명을 죽음의 문화로부터 지키고 살릴 수 있는 시각을 가져야 할 필요성이 절실해진다. 내 몸이 지닌 의미와 내 몸과 감정의 조화, 호르몬과 마음 다스림, 성의 진정한 의미와 성을 이용하는 왜곡된 현실을 분별하는 힘, 생활 안에서 그리고 가족 안에서 가정을 이룬다는 것과 부모가 그리고 자녀가 된다는 것의 의미를 나눌 수 있고 느낄 수 있는 자리가 필요하다. 육적인 가족에서 영적인 가족으로 나아가고 살아가는 방법을 배우며 익힐 수 있는 한 과정으로서 틴스타가 있다.

그럼에도 불구하고 여기에는 그동안 제기된 문제점과 해결해 가야 할 부분들이 있다.

첫째는 틴스타와 교구와 본당과의 관계이다. 틴스타는 사제

9) 광주대교구 2012~2014년 '가정의 해' 평가와 전망.

와 수도자 그리고 평신도가 어우러져 교육하는 단체이다. 전 세계적인 부분도 있지만 한국 틴스타와 지역 틴스타의 파트너십이 더욱 구체적으로 이루어져야 할 것이다. 왜냐하면 지역 틴스타는 한국 틴스타[10] 없이는 스스로 할 수 없는 체제이다. 교구에서 틴스타 워크숍을 개설하기까지 한국 틴스타의 지원으로 교재 배급, 틴스타 교사 교육, 프로그램의 개선 및 연구된 자료와 재교육, 강사 파견 등이 이루어지기에 본사와 지사와 같은 관계라고 볼 수도 있다. 교구 담당 사제가 할 수 있는 일은 개설 유무와 교구적 지원, 월모임과 미사만 할 수 있다. 지역 틴스타는 스스로 교재 연구, 교육봉사자 재교육, 워크숍이나 프로그램 교사 파견하기에는 현실적으로 어렵다보니 한국 틴스타를 거치지 않고서는 스스로 독립적이거나 창의적으로 하기에는 한계성이 있다. 그러므로 사회교리에 나오는 보조성의 원리가 필요한 상황이다. 광주 틴스타는 교구 내에서 이루어지고 본당으로 파견을 나가야 그 활동이 가능하다. 본당과 연계성을 둘 수 있으려면 본당에서 자체적으로 할 수 있는 프로그램을 보급할 수 있도록 한국 틴스타는 각 교구와 연계할 방법과 시대에 맞는 그리스도교 성교육 연구를 해가야 한다.

둘째로 홍보와 인식 전환과 봉사자 충원이 요구된다. 학교나 기관, 본당에서도 '성' 교육의 필요성을 느끼지만 쉽게 말하기는 어려운 부분이다. 그렇기에 인식적인 변화도 요구된다. 꾸준히 틴스타에 대한 필요성을 알리고 참가하게 하는데 있어서 많은

---

10) 틴스타 한국지부를 지칭, 서울대교구 산하.

노력이 소모된다. 10대들만을 위한 사회적 통념 안에서 그늘에 가려지는 성교육으로만 여겨지고 본당에서는 교리교육에 더 집중하다보니 크게 실질적으로 이용되어지지 못한다. 지금 광주 틴스타는 하락세이다. 그러다보니 있는 봉사자도 유지가 어렵다. 본당에서뿐만 아니라 사춘기 자녀를 둔 부모나 청소년 담당자들이 참여하여 생식력 자각을 통해 성의 본질을 이해할 수 있다면 성폭력이나 데이트 폭력, 남녀차별적인 이념들을 이해와 포용으로 할 수 있으리라 본다. 또한 청소년과 청년들은 이를 통해 자신에게 주어진 성에 대한 가치와 소중함을 깨달아 스스로를 더 아끼고 관계 안에서 상대방을 존중할 때 자신을 낳아준 부모님에 대한 이해도 깊어질 수 있을 것이다.

셋째는 남성 연구와 올바른 성 문화 연구와 보급이다. 틴스타는 여성의 성에 많은 비중이 차지하고 있다. 생식력 자각이나 월경주기에 초점되어지는 부분은 여성을 이해하는데 도움은 되지만 남성에 대한 부분이 약하다 보니 듣는 이들에게는 여성만 조심할 수 있도록 해주고 배려해줘야 한다고 느낄 수도 있다. 여성에 대한 연구가 깊은 만큼 남성에 대한 연구도 꾸준히 되어야 균형적인 남녀성(性)에 대한 인식이 이루어질 수 있다.

교회는 개방된 성문화에 많은 젊은이들과 앞으로 결혼과 출산을 앞둔 이들에게 성(性)이 단순히 쾌락과 지배권이 아닌 관계 속에서 성장되고 살아가는 하느님의 귀한 선물임을 알 수 있도록 전달되어지는 매개체 역할을 할 수 있어야 한다. 그러기 위해서는 교회 안에서 이러한 프로그램들이 꾸준히 개발되고 진행되어야 할 필요가 있다.

혼인 전 교육
"카나 혼인 강좌"

예수님의 첫 기적은 카나에서 있었던 한 부부의 혼인잔치에서 시작되었다. 그만큼 한 남자와 한 여자가 한 몸을 이루고 평생을 함께 하는 인생의 동반자가 되는 만남과 결심은 인연이기에 가능한 일이다. 그 많은 사람들 중에 한 사람이 다른 한 사람을 만나 교회에 와서 하느님 앞에서 서약하게 된다.

광주대교구에서 하는 카나 혼인 강좌는 교구에서 가정 사목부가 생기기 훨씬 이전부터 시작된 가정 사목 프로그램이다.[11] 카나 혼인 강좌는 가톨릭 교회가 혼인을 앞두고 있는 예비부부들을 위해 마련한 혼인 준비 교육이다. 예비부부들이 가톨릭 교회의 정신에 따라 혼인을 준비하도록 안내하고, 혼인성사의 진정한 의미와 함께 혼인생활에 도움이 되는 가르침을 알려줌으로써, 그들이 가정과 교회와 사회 안에서 기도하고 복음을 선포하고 봉사하는 성가정을 이루어갈 수 있게 하는 것이 목적이며 의미이다.

각 교구에 혼인 전 교육이 하나씩은 있다. 광주대교구에서 진행하고 있는 카나 혼인 강좌는 혼인성사를 받으려는 모든 미혼 남녀들은 혼인성사 준비과정의 하나로서 '카나 혼인 강좌'를 반드시 수강할 것을 의무화하고 있다. (광교 00-24-행정,

11) 2003년 평생교육원에서 선교사목국으로 이관, 2004년 사목국으로 명칭 변경, 사목국 산하 가정 사목부에서 진행 중.

2000. 1. 26.) 이러한 '카나 혼인 강좌'는 혼인을 앞둔 남녀가 인간의 생명과 가정의 소중함, 남성과 여성의 다른 점과 대화 방법 그리고 그리스도교적인 차원에서 혼인성사에 대한 교육이다.

카나 혼인 강좌 교육은 6·7·12월을 제외한 매월 마지막 주일(코로나로 인해 변경되기도 함.) 오후 12시 30분부터 수료미사까지 반나절이다. 혼인을 앞둔 예비부부가 신혼집을 마련하듯이 '카나 혼인 강좌'는 인생의 동반자와 살아갈 마음의 집을 마련하는 것과 같다. 참석 대상자는 본당 신부님의 추천을 받은 혼인 전에 있는 예비부부는 물론이고, 이미 혼인하고 가정을 이루고 있어도 도움이 되겠다 싶은 이들이 교구 홈페이지로 수강 신청하게 되어 있다.

교구에 확인할 수 있는 자료를 보면 2009년부터 2019년까지 한 해에 최소 510명부터 많게는 686명이 수료했다. 한 회당 40명 이상 많게는 100명이 할 때도 있었다. 평균 한해 500명 이상이 수강해 간 것이다. 2014년에 작성된 통계 자료에 보면[12] 성직자의 만족도(3.28/4)와 신자들의 만족도(3.17/4)를 살펴볼 수 있다. 본당 신부님과 수녀님들 그리고 신자인 가족들의 인도 덕분에 많은 부부들이 교육을 받을 수 있었다. 그러나 코로나19 기간인 2020년부터 2021년에는 방역 문제로 20쌍에서 25쌍으로 제한하여 교육을 받았다. 그러다보니 그 수는 반토막이 났지만, 그럼에도 수료생들은 꾸준히 있는 편이다. 코로나 19로 강좌가 개설될 때까지 기다리다가 혼인을 하고 나서 심지어

12) 광주대교구 2012~2014년 '가정의 해' 평가와 전망.

임산부의 몸으로 끝까지 최선을 다하는 모습도 보게 된다.

카나 혼인 강좌의 프로그램은 다음과 같다. 연배 있는 부부의 "만남과 갈등", 틴스타 강사의 "성, 생명, 사랑은 하느님의 선물", 담당 수녀님께서 하시는 "혼배, 사랑의 축제", 담당 사제가 하는 "혼인성사"와 파견 미사로 이루어져 있다. 교구에서 시행하고 있는 혼인 전 교육인 '카나 혼인 강좌'는 '사랑의 기쁨' 가정의 해를 맞이하여 교황님께서 가정들과 함께 걷기라는 12가지 제안에서 '멀거나 가까운 미래의, 그리고 당장의 혼인 준비를 도울 뿐 아니라 혼인 생활의 첫해를 보내는 신혼부부들을 동반하기 위하여 교구와 본당 차원의 예비신자 과정을 통하여 혼인 준비를 위한 사목 프로그램을 강화합시다.'를 실천해가고 있다.[13)]

카나 혼인 강좌의 기대와 효과는 다음과 같다. 첫째, 비신자에게 교회의 첫 모습, 첫 만남이 될 수 있다. 신자인 배우자가 비신자인 배우자를 '카나 혼인 강좌'부터 관면혼배까지 해야 하는 상황을 이해시키고 진행하는 데 있어서 엄청난 부담을 갖다 못해 속앓이를 하는 경우를 종종 보게 된다. 하지만 이러한 과정들을 통해 비신자인 배우자는 교회의 전례에 자연스럽게 참여하게 되고, 교회의 분위기를 접하면서 하느님을 알아가는 기회를 얻게 될 뿐만 아니라 언젠가 신자인 배우자를 좀 더 이해할 수 있는 첫걸음이 될 수 있다.

둘째, 교구와 본당과의 연계성을 둘 수 있다. 카나 혼인 강좌

---

13) '사랑의 기쁨 가정'의 해 (2021년 3월 19일~2022년 6월 26일) 공문.

를 통해서 예비부부를 앞으로 교구에서 받을 수 있는 교육(ME, 부부여정 등)에 참여할 수 있는 정보를 제공할 뿐만 아니라 혼인 예식 전에 하는 혼인문서를 작성할 때 그 내용에 대해서 조금이나 숙지하여 혹시 생길 수 있는 마찰을 줄일 수 있을 것이다. 그러나 보완되어야 할 부분은 코로나19로 더욱 부각되어졌다.

첫째는 예나 지금이나 혼인을 앞두고 있는 남녀는 부부갈등에 대한 염려를 한다는 점이다. 그러면서 그 부분에 있어서 비슷한 연령층의 혼인한지 2-3년 안팎의 부부가 해줄 수 있는 경험담이 필요해 보인다. 그러면서 10년 이상 된 부부의 경험담이 더해지면 더욱 효과를 볼 것이라 예상해 본다.

둘째는 자녀출산 기피하는 사회현상에 대한 갈등이다. 강좌 후에 설문조사를 했을 때 보면 '자녀를 몇 명 낳을 계획인지?'에 보면 0명 내지는 1명이라고 표기되어 있는 것을 보게 된다. 단칸 방의 신혼보다는 갖추어진 조건(신혼대출)으로 시작하려고 하는 분위기로 인해 자녀출산의 기쁨은 그만큼 뒤쳐져 있다. 이 부분은 사회변화와 맞물려 있기에 교회의 복지 부분에 더욱 관심이 필요하다고 여겨진다.

셋째는 좀 더 일찍 혼인 교리가 이루어져야 할 것이다. 강좌에 오는 예비부부들 중에 오랜 냉담과 어렸을 때는 열심히 했다가 학업과 취업으로 신앙생활을 이어오지 못한 이들이 꽤 된다. 외적인 혼인 준비도 중요하지만 내적인 준비에 많은 시간을 오래 쓰지는 못한다. 그러다보니 신자인 부모가 애써 설득해서 강좌에 보내는 경우가 많다. 어렸을 때부터 자연스럽게 배우고 해

갈 수 있도록 혼인교리가 이루어지도록 해야 한다.

넷째는 혼인 전 교육에 대한 보완 프로그램 도입 및 개발이다. 타교구에는 약혼자 주말(2박3일 대전, 대구, 부산 등)이 시행되고 있다. 우리 교구는 예전에 한두 번 했다고 한다. 일생에 한 번 한다는 마음으로 혼인을 하는 이들이 지금 자신과 혼인할 사람과 서로가 더 이해해하고 받아들이기를 결심해 갈 수 있는 깊은 만남의 시간을 가질 수 있는 프로그램이 필요하다. 그뿐만 아니라 카나 혼인 강좌 후속모임을 하는 교구도 있다. 혼인 후 1년간 부부간에 서로 받아들이는 과정에서 다툼의 시간이 있다고 한다. 그러한 시간을 동반해주는 프로그램에 대해 고민해봐야 한다.

다섯째는 국제 혼인 부부를 위한 통역 봉사자가 필요하다. 코로나 이전에 가끔 베트남, 태국, 러시아 등에서 온 자매님들을 보게 된다. 강의를 들으면서 자신들의 말이 아닌 익숙하지 않은 한국말로만 듣게 되니 남편분도 답답해하고 본인은 더욱 답답할 수밖에 없다. 사랑에는 국경은 없지만 언어의 벽은 무척이나 넘기 어렵다. 아무리 좋은 강의라도 그들의 말로 듣게 될 때 교회의 배려와 일치를 느낄 수 있을 것이다. 그래서 이주민 담당 부서나 지역 센터를 통해 미리 각국의 통역 봉사자와 연계할 수 있어야 할 것이다.

카나혼인강좌는 성가정을 이루는데 있어서 시작이고 비신자들에게는 교회의 첫 얼굴이며 신자들에게는 자신이 소속되어 있는 교회 공동체에 부부라는 높아진 격으로 새롭게 발돋움하게 되는 점을 알려주는 시간이다. 그러므로 혼인 전 교육은 시대에 맞추어 계속 변화되어가야 할 중요한 교구 프로그램이라 하겠다.

행복한 부부생활을 위한 ME(Marriage Encounter)[14)]

ME, 매리지 엔카운터에 대한 아이디어는 1950년대 말 스페인의 가브리엘 칼보 신부가 착안한 것으로 당시 문제 소년들을 위해 일하고 있던 칼보 신부는 청소년들과 함께 생활하면서 대부분의 가정 문제가 불안정한 부부관계로부터 생긴다고 확신하고, 만일 부부 사이의 관계를 강화하도록 도울 수 있다면 동시에 청소년들도 돕게 되리라고 생각했다. 그리하여 어떻게 하면 보다 많은 부모들을 좋은 부부 건강한 가정으로 유지되고 새로워질 수 있을까 고민하면서 개발한 프로그램이 오늘날 'ME 주말' 프로그램이 되었다.

1962년에 스페인 바르셀로나에서 28쌍의 가난한 노동자 부부들이 실험적으로 실시한 최초의 매리지 엔카운터 주말에 참가하였고, 미국에서는 첫 주말이 1967년 8월 노틀담 대학에서 실시되었다. 매리지 엔카운터는 현재 90여국에서 활발하게 움직이며 있으며 한국에서의 첫 번째 주말(영어 주말)은 메리놀회 마진학(Donald MacInnis) 신부님을 중심으로 여러 사제들과 수도자들, 많은 미국인 부부들 그리고 영어가 가능한 세 쌍의 한

14) http://kjme.or.kr/: ME 홈페이지, 인터뷰 참고.

국인 부부들의 노력 끝에 1976년 2월에 실시되었다. 한국인을 위한 첫 주말(한국어 주말)은 1977년 3월에 마련되었고 광주 ME 주말은 1980년12월 첫 주말 이후 현재 226차까지 부부 5076쌍 사제 124명 수도자 128명이 체험하였다.

ME는 Marriage Encounter의 약자이며 혼인의 재만남, 혼인의 새로운 발견 그리고 부부들이 모여 대화하는 모임이라는 뜻이다. ME는 혼인한 부부들이 대화 통하여 더 깊은 사랑과 풍요로운 혼인 생활을 할 수 있도록 도와주기 위한 프로그램이다. 남편이나 아내의 새로운 모습을 발견하고 서로가 새로운 눈으로 바라보게 되며 보람되고 행복한 부부생활을 지속하는 방법을 익히게 되는 특별한 주말이다. ME는 우리나라에서 "부부 새로운 만남" 또는 "부부애 운동", "부부일치 운동", "행복한 부부운동" 등으로 해석하기도 하지만 그 뜻을 정확하게 전달하기에는 미흡하여 영어 본문대로 매리지 앤카운터(Marriage Encounter) 또는 머리글자를 따서 ME라고 한다.

ME는 혼인성사와 성품성사, 그리고 이 두 성사의 쇄신을 통해 "성사적 삶"을 살도록 이끌어 가고 있다. 부부들은 ME 주말 프로그램을 통해 먼저 자신부터 변해야 한다는 것을 터득한 후에 자신과 그리고 배우자와 새롭게 만나게 되며 이 부부들의 모습에 성령께서 오셔서 대화의 문을 열어주시기 때문에 새롭게 변화하게 된다. 사제의 경우는 배우자가 교우들이라는 관점에서 대화를 풀어나가게 되는데 주말에 부부들이 새로운 모습으로 변화되는 것을 체험하면서 동시에 사제 스스로 성품성사에 대한 재인식과 보람을 크게 갖게 된다. 그래서 ME운동은 평신도만의 운동도 아니고 사제만의 운동도 아니며, 평신도와 사제와 늘 함께 교회적인 공동체를 이루어 활동하고 있는 것이 큰 특징이다.

ME는 비신자도 참여하여 신자인 배우자를 더 깊이 이해할 수 있는 과정이 되기도 하며 비신자여도 어려움 없이 부부관계에 집중하여 관계개선에 도움을 주는 프로그램이다. 2014년에 작성된 통계 자료에 보면[15] 성직자의 만족도(3.64/4)와 신자들의 만족도(3.24/4)를 볼 수 있다. ME는 교황님께서 제시한 '「사랑의 기쁨」을 따라 가정들과 함께 걷는 열두 가지 제안'에서 '양성 모임과 기도와 영적 성장에 쏟는 시간을 통하여 부부들을 동반하는 사목을 발전시켜 부부들이 혼인성사의 선물과 은총을 깨달을 수 있도록 합시다'에 부합하여 실행되고 있는 사목 프로그램이다.

ME의 성과 및 평가는 다음과 같다.

첫째, ME 프로그램은 지속성과 실천성이 있다. ME는 ME주말을 체험한 부부들이 같은 가치관을 갖게 된 본당의 ME 가족들과 한 달에 한 번 정도의 나눔(sharing)모임을 갖게 됨으로써 ME에서 깨달은 개념대로 생활하고 ME주말에서 체험한 대화방식의 실천적인 삶을 살게 한다.

둘째, ME는 본당 내 부부 일꾼들을 만들어 낸다. ME주말은 어떤 프로그램이나 교육이라기보다는 혼인성사의 참뜻에 따라 살아가려는 하나의 생활 방법이라고 할 수 있다. ME가족들은

15) 광주대교구 2012~2014년 '가정의 해' 평가와 전망.

주말에서 새롭게 깨달은 생활방식을 선택·실천해감으로써 건전한 자아상을 확립하게 되고, 자신의 배우자를 우선으로 여기게 된다. 그뿐만 아니라 이웃과의 관계 안에서 공동체 의식이 두터워지고 부부가 바로 작은 교회의 역할로써 온 세상을 평화롭게 변화시킬 수 있다는 은총의 선물을 받아 교회와 사회를 위한 봉사활동에도 즐거움과 보람을 가지고 참여하게 된다. 그래서 ME 주말을 체험한 부부들이 본당에서 사목위원, 각종 단체장이나 레지오 활동, 성가대, 전례 등을 맡아 일하고 있으며, 특히 여타 사도직 단체와는 달리 부부가 함께 활동하기 때문에 외적인 모습도 좋고 부부 중 한 사람만 성당 일을 열심히 하여서 자칫 가정에서 생길 수 있는 불화도 막게 됨으로써 ME운동이 가정의 위기 시대에 가정의 평화와 사랑의 전달자 역할을 하고 있다는 평가를 할 수 있다.

셋째, ME는 선교 기능이 탁월하다. ME는 우리 가톨릭에서 시작되었으나 부부 관계향상을 위한 프로그램이기 때문에 종교적으로 개방되어 있어 비신자나 타종교 신자 부부들도 주말에 참여하고 있다. 타종교인들이 사제와 함께 숙식을 같이 하며 2박 3일을 생활하는 프로그램인 ME는 이를 통해 주말 참가자 중 냉담자는 냉담을 풀고 외짝 교우는 세례를 받고 타종교 신자는 개종을 하는 일들이 자연스럽게 뒤따르는 사례들이 있다.

넷째, ME는 가톨릭 내 제 단체 중 부부의 단합이 확고해야 가능한 봉사이다. ME는 부부 두 사람이 일치를 이루어야 활동할 수 있으므로 나 개인의 판단과 의지 때문에 활동하는 다른 단체들에 비해 지속적으로 활동하기 힘들 수도 있다.

다섯째, ME에서 실시하거나 협조하는 사도직 프로그램은 참가 대상별로 프로그램 내용의 차별성이 있다. 본당은 참부모가 되는 길, 참부부가 되는 길, 청소년을 위한 선택 주말, 약혼자를 위한 약혼자 주말 등에 ME 봉사자들이 직접 진행하기도 하고 협조하여 가족의 소중함과 속함의 정신에 가치를 더 깊이 있게 한다.

여섯째, ME에 대한 오해. 본당 내에서 ME 부부끼리 나눔모임을 갖는다든지 ME가 주관하여 어떤 일을 하다 보면 부정적인 시각으로 ME를 대하는 신자들도 있다. 그래서 광주대교구에서는 본당 행사에 적극 참여하기, 평일미사 참례 한 번 더하기 운동 등을 전개하고 있다. 또 ME는 “문제가 있는 부부들이 문제를 해결하기 위해 가는 곳이 아니냐”라고 오해하는 사람들이 많다. ME는 문제를 미리 방지하여 깊어져 갈 수 있는 갈등을 해소하는 프로그램이다.

ME의 전망과 해결방안으로는 첫째, 핵가족화, 저출산, 현대사회의 바쁜 일정, 우리 사회에 만연된 개인주의 등으로 ME 참가 부부 수가 현저하게 감소하고 있다. 참여 부부가 줄어들다 보니 ME를 위해 봉사해줄 부부를 양성하는 과정도 점점 힘들어지고 있다.

둘째, ME주말을 마친 부부들이 본당 내 나눔 모임에 참석하기 위한 자격을 갖추게 되는 과정인 6주간의 다리(bridge)과정 참가율도 줄어들고 있다. 이런 문제점들은 이미 한국 ME에서 파악하여 대책을 고민하고 있으나 코로나 19가 상황을 더욱 악화시켜 최근 2년간 주말 참여 부부가 급감하였고, 본당에서 활동하던 부부도 쉐링 모임을 중단하는 등 힘겨운 시간을 보내고 있다.

셋째, 앞으로 교구나 본당 차원에서의 많은 지원이 필요하다. 교구의 활동 단체로만 있지 않고 교구청 내에 자리 잡아서 장기적으로 활동 되어야 한다. 부부간의 관계 설정이 예전과 바뀐 세상이다. 자신의 편의와 독립적이고 필요에 의해 공생하는 관계이기에 돈도, 시간도, 자신의 성향마저도 바꾸고 싶지 않아 한다. 왜냐하면 지금이 편하고 서로에게 온전히 매어지고 싶어 하지 않는 심리와 사회적으로 결혼하기도 어렵고 결혼하고 싶어하지도 않고 결혼하더라도 자기 이기적인 상태를 유지하려고 하기도 한다. 결혼 연령도 20-30대에서 30대 후반-40대 초로 바뀐 상황이지만 그런데도 이런 2박 3일이라는 심도 있게 부부간에 관계를 이끌어 줄 수 있는 대화를 원하는 이들이 있을 것이다. 그러한 부부들을 찾아주고 손을 내밀어 줄 수 있는 곳이 바로 본당이기에 본당 내 관심과 교구의 협력이 필요하다.

넷째, 이 시대에 맞는 프로그램 개발과 연구가 필요하다. 부부간의 언어에 따른 갈등과 해소는 무엇이고 어떤 방법이 있는지 모색되어져야 하기에 전문가들의 도움이 필요하다. 점점 증가하는 다문화 부부에 대한 대책도 마련하면서 현재를 살아가는 부부간의 자기 언어, 자기 이해, 서로 간의 가치관에 대한 공감하고 공유할 수 있는 훈련을 할 수 있도록 프로그램을 개선해 줄 수 있는 연구위원회가 필요하다.

성요셉 아버지학교 (St. Joseph's Father School)

광주 성요셉 아버지학교는 광주대교구가 구체적인 가정 사목을 하는데 있어 거의 함께 시작되었다. 광주대교구는 2004년 당시 사회에서나 교회에서 가정이 핵심이고 뿌리라고 여겼다. 도시화로 인해 핵가족으로 분화되는 과정에서 겪게 되는 아픔에 더 관심을 갖게 되었고 가족 모두가 함께하는 것이 가정 사목이라는데 생각이 모아지면서 가정 안에서 아버지와 어머니를 위한 사목에 집중하게 되었다. 어머니들은 교회 내에서나 환경적으로 자기 자신과 가족을 위해서 배울 기회가 많지만, 아버지는 빈번한 사회 경제활동으로 인해 교육받을 기회가 적다는 점에 착안하여 직접 아버지를 위한 교육 프로그램을 만들려고 했다.

2005년 교구 사제들은 온누리교회 아버지학교 자료를 접하면서 관심 사제들이 직접 공부하고 연구하고 체험하면서 광주대교구만의 아버지학교 매뉴얼을 만들고자 했다. 마침 수원 교구 송영오 신부님의 도움으로 교재와 연수를 받을 수 있었고 김재기 신부님, 황양주 신부님, 이영수 신부님과 4-5명의 신자들이 직접 수원으로 가서 교육을 이수하고, 그 자료를 토대로 백스텔라 자매님의 도움으로 광주대교구만의 아버지학교 프로그램을 만들 수 있었다. 광주 성요셉 아버지학교의 역사적인 면에 특색을 보면 교구 사제들이 먼저 나서서 연구했다는 점과 아버지학교를 통해서 전달해주고자 하는 바를 전례(미사) 안에서 표현되도록 했다는 점이다. 아버지학교는 교회의 운동이고 가정이 변하기 위해서는 아버지가 변해야 한다는 의미를 바탕에 두고 있다.

2006년 10월 삼각동 본당을 시작으로 아버지학교가 개설되어 현재까지 15년째 운영되고 있다. 성요셉 아버지학교는 2006년 1기 삼각동 성당을 시작으로 2019년 하남동 성당의 64기까지 2,119명의 교육생을 배출하였다. 특히 아버지학교는 교구 통계 설문조사에서 천주교 입문의 가장 영향력 있는 선교활동의 계기와 초석을 마련하고 있다는 점에서 크나큰 의의가 있다고 볼 수 있겠다.

성가정의 모범이신 성 요셉을 본받아 성숙한 신앙인으로서 건강한 아버지상을 구현하기 위한 목적을 가진 성요셉 아버지학교에서는 광주본교, 목포분교, 여순분교로 조직되어 현재 교구 내 100여명의 봉사자들이 열정적으로 활동하고 있다. 주요 활동은 가정에서 아버지의 영적 성장과 변화를 통하여 행복한 가정, 건강한 사회, 하나 되는 교회공동체를 이룩하기 위해 학교를 운영하며, 수료생들의 제반 활동(후속 모임 등)을 지원한다.

아버지학교는 가정의 회복과 성화를 위한 교회 안의 새로운 부르심에 응답하여 그 구체적인 실천사항을 제시하는 아버지들의 운동으로 펼쳐나갈 수 있도록 도와, 신앙 안에서 생활 안에서 건강한 아버지상을 회복함으로써 아버지의 역할과 영향력에 관한 인식과 한 인간으로서 인격적, 신앙적 성장을 할 수 있도록 한다. 곧 아버지학교는 아버지들이 더 사랑받고 사랑을 잘 표현할 수 있도록 해주는 교육이다.

광주 성요셉 아버지학교의 교육 과정은 1주차: 아버지(아버지의 원가족 영향력과 관계 역동을 살피고, 관계 속의 상처를 치유하고, 현 가족에 미치는 영향을 본다), 2주차: 자녀(건강한 아버지로서의 나를 준비하기 위하여 자신의 진솔한 내면을 만나고 성장시킨다), 3주차: 아내(남성중심의 사회적 요구 속에서 동반자로서의 자신의 선택과 책임에 대한 이해를 한다), 4주차: 가정(가족들을 위해 아버지로서 어떤 변화를 할 것인지를 결심하게 한다) 5주차: 아버지의 사명과 영성(아버지로서 부르심 받은 이로써 그 책임과 권리를 이해하고 성 요셉을 본받는 아버지가 되어 교회공동체와 사회의 모퉁이 돌의 역할을 인식한다)로 구성되어 5주 동안의 만남을 통하여 이루어진다. 5주간의 만남은 찬미와 기도, 강의와 나눔, 친교의 정, 미사(전례), 숙제 등으로 다양하게 엮어져 있다. 아버지학교에는 주제("아버지, 당신은 가정의 중심입니다.")와 구호("아버지의 사랑이 가정을 세운다.")가 있다. 매월 아버지학교 봉사자들은 모임 때 이 주제와 구호를 외치며 아버지로서 사명과 역할을 다시금 되새긴다.

프란치스코 교황님께서는 2020년 12월 8일에 성 요셉의 해를 선포하시며 '아버지의 마음'이라는 교서를 통해서 요셉 성인의 삶을 7가지 모습의 아버지(1. 사랑받는 아버지 2. 온유한 사랑을 베푸는 아버지 3. 순종하는 아버지 4. 받아들이는 아버지 5. 용감하고 창의적인 아버지 6. 노동하는 아버지 7. 그늘에 가려진 아버지)의 모습을 제시하시며 하느님께 응답하는 요셉의 온유함과 용기를 코로나 시국에 더욱 내적으로 담아가도록 보여주셨다.

또한 교구에서 시행하고 있는 성요셉 아버지학교는 '사랑의 기쁨' 가정의 해를 맞이하여 가정들과 함께 걷기 열두 가지 제안에서 "우리의 자녀가 그들의 여정에서 어디에 있는지" 부모들이 알아야 한다고 말씀하신 프란치스코 교황님의 의지에 응답하여 '자녀 교육과 이 시대의 도전에 관한 부모 모임을 구성합시다.'를 실천해가고 있다.[16]

광주 성요셉 아버지학교에 대해 2014년에 작성된 통계 자료에 보면[17] 성직자의 만족도(3.67/4)와 신자들의 만족도(3.22/4)를 볼 수 있다. 2019년 64기까지 교육을 완료한 광주 성요셉 아버지학교의 참가자 수를 보면 한 기수에 평균 31명이 참가한 것으로 확인된다. 본당 신부님들과 신자들의 만족도가 차이는 있지만 사목적인 면에서 본당에 도움을 주고 있으며 꾸준한 관심을 받고 있다.

광주 성요셉 아버지학교의 효과는 다음과 같이 정리해 볼 수 있다. 첫째는 본당 사목회 구성에 도움이 된다. 교육 기간 중 본당 사제의 관심과 참여는 교육과정에 있는 전례와 준비과정에서 미래 지향적인 공감대를 형성하여 앞으로 본당 사목의 비전에 동참할 수 있는 남성 신자들의 참여를 유도할 수 있다는 점이다. 둘째는 비신자인 아버지들의 교회 초대이다. 외짝 교우들의 상황도 이해하고 도움을 줄 뿐만 아니라 비신자인 아버지들이 천주교를 더 알고 신앙생활을 시작할 수 있는 디딤돌이 될 수 있다는 점이다. 셋째는 가족 간의 관계회복에 도움을 준다.

16) '사랑의 기쁨 가정'의 해 (2021년 3월 19일~2022년 6월 26일) 공문.
17) 광주대교구 2012~2014년 '가정의 해' 평가와 전망.

무디어지고 목마른 가족 간의 애정 결핍은 대화의 단절과 무관심을 야기한다. 늘 성공할 수는 없지만 아버지학교 교육과정은 가족 안에서 마음의 문을 열고 한 발자국이라도 나아갈 수 있는 계기가 될 수 있다는 점이다. 넷째는 아버지들을 위한 사랑 교육이다. 사회에서 강요된 왜곡된 남성상에서 사랑의 표현이 서툴고 감정 표현도 어려웠던 아버지들이 사랑을 더 받을 수 있도록 감정과 사랑을 잘 표현하고 가족들에게 전달하며 가족들의 목소리를 들을 수 있도록 도와준다. 왜냐하면 아버지들도 사랑이 필요하고 반대로 가족들도 아버지의 마음을 알아야 이해해줄 수 있기에 아버지들은 가족을 위해서라도 변화를 시도하게 된다.

그러나 오랜 시간 성장하고 유지해온 광주 아버지학교도 고인 물이 되지 않기 위해서는 쇄신을 해야 한다. 첫째, 봉사자 양성과 선발이다. 교구에서도 필요한 인재라면 본당에서도 필요하다. 가장 이상적인 봉사자는 본당과 교구에서 조화롭게 활동하면서 시너지(Synergy) 효과를 낼 수 있어야 한다. 충분한 봉사자 확보를 위해 본당 신부님들과 사목회의 이해와 관심이 필요하며 꾸준한 봉사자 역량 강화를 위한 교육이 사목국 내에서뿐만 아니라 본당에서 이어져야 한다. 둘째, 후속 모임 강화이다. 단기간 바뀌기를 바라기보다 꾸준한 만남과 과정은 교육의 성과를 볼 수 있듯이 본당에서 좋아모(좋은 아버지들의 모임)가 이루어질 수 있어야 한다. 그러기 위해서는 아버지학교 교육 후 본당 신부님의 관심과 협조가 요구된다. 셋째, 시대에 맞는 프로그램 개발 및 보완을 위한 연구회가 필요하다. 다문화 인구[18]

에 따른 외국인 아내 비중을 보면 2010년 72.6%, 2019년 69.3%, 2020년 66.4이다.[19] 외국인 남편일 경우 2010년 18.9%, 2019년 17.2%, 2020년 18.7%이다. 이러한 기간별 추이를 살펴보건데 한국인 아버지들과 외국인 어머니들 관계 및 그들의 자녀들에 필요한 도움을 줄 수 있는 시기가 도래한 듯 보인다. 더욱이 사별, 이혼 후 자녀를 두고 있는 아버지들을 위한 배려가 되도록 매뉴얼 개발도 요구된다. 넷째, 지구별 아버지학교 거점 본당이 지정되어야 한다. 한 본당에서 아버지학교를 하기에는 모집도 어려울 뿐만 아니라 그 과정에서 생기는 부담감도 있다. 거점 본당도 순서대로 돌아가면서 할 수 있도록 지구 신부님들의 배려와 도움이 있다면 지구 차원에서 그리고 본당 차원에서 효과를 볼 수 있을 거라고 여겨진다.

성마리아어머니학교
(St. Maria's Mother School)

광주 성마리아 어머니학교는 2015년 45기 중서남부 성요셉 아버지학교의 '어머니교실'이라는 과정에 바탕을 두고 시작되었다. 2004~2005년 성요셉 아버지학교를 구상하는 중에 그 필요성이 요구되었지만 동시에 할 여력이 없었으나 성요셉 아버지학교의 성장과 더불어 어머니들을 위한 교육의 필요성이 더욱

18) 다문화 인구: '다문화 가족지원법'의 정의를 준용하여 한국인과 결혼이민자 및 귀화, 인지에 의한 한국 국적 취득자로 이루어진 가족의 구성원을 의미.

19) https://csense.tistory.com/1358 2021년 6월, 다문화가족과.

절실히 다가오고 있었다. 광주 성마리아 어머니학교는 2019년 교구장님 사목방문으로 어머니학교 필요성을 제안할 때부터 시작되었다. 어머니들이 시대와 사회 환경의 변화에 따라 새로운 어머니상을 정립하고 가족구성원 간의 소통의 부재로 인한 갈등과 상처를 치유할 수 있는 영성과 소명을 일깨우는 교육 프로그램에 대한 지속적인 요구가 있었다. 광주 성마리아 어머니학교는 예수님의 어머니이신 마리아를 본받아 성숙한 신앙인으로서 건강한 어머니상을 확립하도록 돕는데 목적이 있다.[20)]

성마리아 어머니학교의 주제 성구는 "이분이 네 어머니이시다."(요한 19, 27)이고 주제는 "주님, 제가 어머니입니다."이다. 이 주제 문구는 주님 안에서 어머니의 사명과 역할을 분명하게 나타내고, 어머니라는 정체성을 확인해주고 강조하며 어머니 자신을 이해하고 실천으로 옮기도록 도와주는 변화의 슬로건이다.

광주 어머니학교는 2015년부터 2019년까지 해온 성요셉 아버지학교의 '어머니교실'을 20회 진행해온 경험을 바탕으로 전주교구 성마리아 어머니학교의 도움을 받아 구체적으로 구성되고 있다. 2019년 전주교구 15기 성마리아 어머니학교 2박3일 과정에 아버지학교 봉사자인 3명의 어머니들을 파견하였으며, 그렇게 다녀온 수료생 부부로 광주 어머니학교 추진위원회(8명)를 결성하여 시작하게 되었다. 2020년 전주 어머니학교에 봉사자로 파견(준비모임참석 10회)하여 숙련도를 높이면서 2021년 전주교구 16기 성마리아 어머니학교에 담당 수녀님을 포함한

20) 2021. 3. 26. 천주교 광주대교구 성마리아 어머니학교 학칙.

교육생과 봉사자를 파견하여 봉사자를 양성했다. 2021년 8월 8일 광주 성마리아 어머니학교 교무위원회 구성, 발족하여 지금 코로나 상황에 따른 예측 불허의 상황에도 광주 어머니학교의 1기 개설을 준비 중이다. 현대사회와 코로나19는 사회적 거리두기로 가족들이 한 공간에 오랜 시간 접촉하면서 못 보던 모습에 갈등을 겪고 적절치 못하게 반응하게 했다. 그래서 가정폭력, 낙태, 가출 청소년, 1인 가족, 비혼 임신 등이 증가하고 있다. 이런 사회적 분위기에 어머니들도 내적인 대처를 하며 가정의 바로 세우는 노력을 해야 할 상황이다.

광주 성마리아 어머니학교는 2박3일의 심화과정과 2주간의 실천과정 그리고 아마포[21] 모임으로 구성되어 있다. 구체적인 교육과정을 보면 어머니로서 '나 자신의 가치관', '가족 관계를 가로막는 장애 요소', '가정 공동체 안에서의 소명'이라는 개요로 구성되어 있다. 이러한 구성 안에서 다음과 같은 주제들이 다루어진다. 나와 부모, 나와 남편, 나와 자녀, 어머니의 마음(상처), 화해 예절, 어머니의 영성과 소명, 어머니의 새출발(결심), 가족의 변화이다. 어머니인 자신을 온전히 바라보고 어떤 관계에 있으며 어떤 영향을 받고 주었는지 성찰하고 자신이 안고 있는 문제와 아픔을 함께하는 어머니들과 풀어내며 새로운 마음으로 가족과 자신을 위한 변화를 시작하게 된다.

성마리아 어머니학교를 예상되는 효과는 다음과 같다. 첫째, 어머니들의 자기 돌봄의 시간이다. 어머니로서 살아오면서 삶

21) 어머니학교 후속 프로그램: **아**이들의 **마**음을 **포**근하게 감싸주는 어머니 모임.

의 보자기에 담긴 자기 역사와 마주하는 시간이며 부모와 시부모, 남편과 자녀의 관계 안에서 묵혀두었던 상처나 기억들을 들여다보고 받아들이면서 마음의 새살이 돋우는 치유의 시간이다. 혼인 전, 신혼, 임신 중, 자녀의 사춘기 또는 자녀를 독립시킬 때, 남편 은퇴 후 부부생활의 변화로 오는 갈등에서 생긴 묵은 감정들을 조금이나 해소할 기회가 될 수 있다.

둘째, 어머니들이 관계를 돌보는 주체로서 성장의 기회가 된다. 나쁜 엄마는 없다. 다만 성장이 필요하고 도움이 필요한 어머니들은 있다. 딸에서 아내, 어머니가 되는 과정에서 관계문제는 자녀와 갈등뿐만 아니라 남편과의 관계에서도 발생한다. 어머니학교에서 자신이 당면한 문제의 실마리를 풀어가면서 그동안 고착화했던 관계에 따른 행동방식을 바꿔 보려고 한다면 충분히 더 나은 어머니, 사랑받고 사랑해가는 어머니가 될 수 있을 것이다.

셋째, 본당 사목회 구성 및 여성분과 활성화에 도움이 될 수 있다. 본당에 여러 여성 단체들이 있다. 요즘 한 사람이 여러 단체에 발을 담그다보니 지치기도 하고 응집력이 약화되기도 한다. 하지만 어머니학교를 수료하고 성모님의 모범을 따르는 성가정의 중심으로 어머니의 영성을 재충전하면서 가정의 성화를 이루고 교회의 사목에 적극적인 참여와 더불어서 여성 산하 단체에 입문하여 신앙생활을 해 갈 기회가 될 수 있을 것이다.

넷째, 어머니들을 위한 만남과 공감의 시간이 된다. 어머니들만의 통하는 그 무언가가 있다. 가족 이야기를 깊이 있게 나누면서 이해받고 싶고 대화로 충전하고 싶지만 조심스럽기 그지 없다. 제 얼굴에 침 뱉는 격이 될 수 있다. 그래서 마음의 문을 여는 연습과 자신의 이야기를 경청해주는 경험, 나 자신도 남의 말에 집중하고 공감해 보는 경험 등은 어머니들의 '한'[22]을 조금이나마 풀어내고 존중받고 다독여지는 시간이 된다.

앞으로 광주 성마리아 어머니학교가 개선해 나갈 일들도 있다. 첫째, 지속적인 봉사자 발굴과 양성 교육이다. 한 기수 참여 봉사자는 강의 봉사자뿐만 아니라 총 진행자, 사회자, 조장팀, 관리팀, 전례팀, 영상팀 등 다양한 부분에 활동할 수 있는 다각적인 봉사가 가능한 이들을 발굴하고, 현 봉사자들과 연계해 갈 수 있도록 파견해야 하고 공동체 리더십 교육을 해가야 한다. 봉사자로서 배운 것을 내 것으로 만들어 실천해보면서 자아 발전을 할 수 있도록 심리 교육과 파트너십 교육과 더불어 타교구 어머니학교 체험으로 성장 발전을 도모할 수 있어야 한다.

둘째, 외국인 어머니들을 위한 준비이다. 한국 사람과 외국 사람의 국제결혼 비중은 2000년 이후 점점 증가하고 있다. 외국인 여성들이 결혼을 목적으로 한국 사회에 유입된 상태를 '결혼이민'이라고 하고 그들이 속한 가족을 '결혼 이민자가족' 또는 '다문화가족'이라고 한다. 광주는 2016년 6001명, 2017년 6,284명, 2018년 6,455명, 2019년 6,932명으로 증가추세였다가 코로나 이후 주춤한 상황이다. 전남도 2016년 11,749명, 2017년 11,906명, 2018년 12,040명, 2019년 12,722명으로 증가추세였

22) 아버지들과 다른 내면의 침잠된 감정들인데 마음에 담게 되는 응어리짐에 이해받고 싶은 것으로 어머니들끼리 통하는 깊은 유대 관계의 근원이라 할 수 있겠다.

다가 지금은 주춤하거나 감소했다. 또한 다문화 혼인을 한 외국인과 귀화자 아내의 출신 국적은 베트남 23.5%, 중국 21.7% 태국 10.7% 순이다.[23] 이들은 결혼 이후 문화적 차이로 인한 어려움과 취업, 육아, 부부갈등, 이혼, 가정폭력 및 기타 어려움 등을 겪고 있다. 사회가 다문화가족에 관심을 가지듯이 교회에서 그들을 위한 관심과 도움의 차원에서 어머니학교도 외국인 어머니들을 위한 방안을 모색해야 할 것이다.

셋째, 본당과 연계되는 '아마포'의 활성화 및 유지하기. '아마포'는 교육과정 수료 후 이어지는 지속적인 어머니학교 수료생 모임이다. 어머니학교 수료 후 지속적으로 모임을 가짐으로서 어머니학교 교육 효과를 지속시키고 실천 교육의 연장선이 될 수 있다. 이러한 움직임은 본당 내에서 신심활동 단체활동에 활력을 불러일으킬 수 있으리라고 본다. 그러기 위해서는 어머니학교를 위한 연구팀을 구성하여 프로그램 개발 및 아마포 모임을 꾸준히 진행할 수 있는 지침과 배포 할 수 있는 자료들을 만들어가야 할 것이다.

넷째, 아버지학교와 어머니학교의 동반 성장 관계가 되어야 한다는 점이다. 아직 광주 어머니학교는 걸음마 단계이기에 아버지학교의 도움이 필요하다. 아버지학교가 그동안 축척한 경험을 바탕으로 어머니학교를 시작을 이끌어 왔지만 어머니학교를 준비하면서 아버지학교에 필요한 요소들과 보완될 부분을 통해서 변화를 줄 수 있다. 어머니학교가 지금은 아버지학교 산

---

23) https://csense.tistory.com/1358, 다문화가족 관련 연도별 통계 21, 6월, 다문화가족과 참고.

하 단체로 되어 있지만 점차 그 횟수가 늘면 독립된 봉사단체가 되어 파트너십 관계 구축하고 균형 잡힌 가정 성화 프로그램으로 자리 잡아갈 수 있겠다.

다섯째, 어머니학교의 홍보 및 개설 방식의 차별화이다. 아버지학교는 본당으로 찾아가는 방식이지만 어머니학교는 일단은 일정 장소에서 진행한다. 그러면서 충분한 봉사자 확보와 경험이 쌓이고 체계의 안정화가 될수록 한해 개설 수는 2회 이상 증설할 수 있으리라고 본다. 본당에서 신부님들이나 수녀님들뿐만 아니라 신자분들의 많은 관심에 조바심이 생기기도 하지만 본당으로 찾아가는 방식보다는 한 곳의 교육할 수 있는 곳에서 모임을 시작하고 목포, 여수·순천 지역에서도 피정의 집이나 숙박이 가능한 연수원 등 앞으로 개설 장소를 고민해 볼 수 있다. 왜냐하면 2박3일 운영방식은 숙박을 함으로써 끊김없는 대화와 교육의 효과를 극대화 할 수 있는 장점이 크기 때문이다. 특히 남성보다 여성들이 공동생활에 더 적응력이 높다는 점에 이러한 방식을 유지해가는 것이 효과적이라고 하겠다.

부부의 관계성장과 치유를 위한 부부여정

사목 일선에서 가정 사목에 대한 필요성이 증가하고 있지만 가정을 돕기 위한 자원들이 매우 제한적이고 부족한 본당의 고충을 조금이나마 해소하기 위해 본당 자체적으로 운영 가능하도록 서울대교구에서는 '부부여정'이라는 프로그램을 개발하여

2008년 5월부터 운영하기 시작하였다. 특히 본당 자체적으로 프로그램 운영이 가능하도록 전문 운영자의 양성도 함께 지원하고 있으며 이는 본당 사목에 새로운 활력을 불어넣을 것으로 기대하였다.

우리 광주대교구에서는 서울대교구의 지원을 받아 2010년 10월 운영자 양성 프로그램을 실시한 후, 2010년 11월 13일부터 12월 11일까지 광주가톨릭평생교육원에서 1차 부부여정이 시작되었다. 2019년까지 31차례 부부여정을 운영하였으며, 총 335쌍의 부부가 수료하였다. 운영 장소는 총 31회 중 11회는 평생교육원에서, 나머지 20회는 본당에서 실시하였다. 그리고 연도별 운영 횟수는 2011~2013년까지는 연 4회~8회가 실시되었지만 2014~2016년 연 2~3회, 2017~2019년 연 1~2회로 점점 줄어든 상황이다. 사회적으로 부부갈등이 가정폭력과 아동학대로 이어지는 상황에서 부부여정은 더욱 중요시 되지만 시간이 갈수록 참여부부는 많지 않은 실정이다.

부부여정은 나 자신과 배우자의 모습을 객관적인 시각으로 성찰해 볼 수 있는 프로그램이다. 각 주제별 이해를 돕기 위한 실제 체험 사례를 소개하고, 주제와 관련된 다양한 시청각 자료를 다채롭게 제공한다. 수동적인 주입식 위주의 강의 형태가 아니라 부부 서로 간의 적극적인 대화와 나눔이 적절히 조화된 워크숍 형태이며, 매주 3시간씩 5주간 진행되는 프로그램이다.

부부여정의 각 주차별 주제를 살펴보면 1주차 여정에서는 남녀차이와 성격차이, 2주차 여정에서는 대화와 부부갈등관리, 3주차 여정에서는 여가시간과 가정경제, 4주차 여정에서는 성

(性)과 배우자 가족과의 갈등, 5주차 여정에서는 자녀양육과 혼인성사를 다루고 있으며, 이 주제들로 한 주간 가정숙제(가정기도 바치기, 배우자의 50가지 장점 쓰기 등)를 하고 생활에 적용하면서 나눔을 하게 된다. 이러한 과정을 통해서 '부부 상호 간 우호증진', '부부 갈등상황 개선', '혼인성사의 은총 재발견', '비신자 참가자의 가톨릭에 대한 긍정적 인식 제고' 등 참여자들에게 가정생활과 부부관계에 긍정적인 변화를 가져다줄 뿐만 아니라 본당 가정 사목에도 도움을 주어 '행복한 부부'를 만들어 가는 프로그램이다.

부부여정의 기대 효과는 다음과 같다. 첫째, 열려 있는 부부 프로그램이라는 점에서 모든 연령대의 부부뿐만 아니라 가톨릭 신자가 아닌 분들도 거부감 없이 참여할 수 있다. 이는 비신자 부부나 외짝 교우들 모두가 서로 공감할 수 있는 장이 되도록 한다. 30~40대 부부 대상의 프로그램이지만 50~60대 이상 부부들도 참여하여 효과를 보고 있다는 점에서 연령 제한은 없다.

둘째, 부부습관의 변화를 준다. 5주간, 약 28일간 부부가 끊임없이 부딪치고 마음을 깊이 열어갈 수 있는 시간이 된다. 은연중에 자신의 몸에 배어 있는 부부관계의 부정적인 나쁜 습관을 긍정적인 좋은 습관으로 변화시키는 과정은 하루 이틀로는 어렵다. 심리학적 측면에서 자신의 몸에 밴 습관을 고치려면 최소 21일의 시간이 필요하다. 적절한 조치와 함께 일관된 노력으로 한번 몸에 제대로 들인 좋은 습관은 부부가 여생을 서로를 위해 활용할 수 있도록 할 것이다. 그러므로 28일은 긴 시간이 아니다. 사랑하는 배우자와 함께 대화를 나누고, 서로의 다른 모습을 있는 그대로 인정하며, 부부가 함께 즐기는 일에 익숙해지는 좋은 습관이 형성되기 때문이다.

셋째, 부부관계 성장을 도모할 수 있다. 부부관계가 극도로 악화되어 있는 부부, 대화가 단절된 부부, 속으로는 곪아 있지만 겉으로는 잉꼬부부의 가면을 쓰고 살아가는 부부, 섹스리스 부부, 자녀 때문에 이혼하지 못하고 그냥 살아가는 부부, 실제 이혼을 앞두고 마지막이라는 심정으로 살아가는 부부, 한쪽이 절망적인 마음이란 걸 다른 쪽이 모르고 있는 부부들도 이 체험을 통해 긍정적인 변화를 기대해 볼 수 있다. 2014년에 작성된 통계 자료[24]에서 성직자의 만족도(3.33/4)와 신자들의 만족도(3.21/4)를 살펴볼 수 있다.

이러한 부부여정의 개선점과 방향은 다음과 같다. 첫째, 프로그램 홍보와 연계성이다. 본당에서나 신자들 사이에서도 부부여정과 ME를 같은 프로그램으로 여기고 ME 이후 더 나은 부부관계를 위한 노력을 멈추려고 한다. 행복한 부부관계를 만들어 나가는 것을 목적으로 하는 것은 같지만, 다른 점은 크게 운영 일정과 진행방법, 그리고 내용 구성이다. 먼저 운영 일정과 진행방법은 ME가 주말 2박3일 동안 합숙 피정으로 진행되는데, 부부여정은 주 1회 3시간씩 5주 동안 정상적인 가정생활을 하면서 진행된다. 그리고 내용에서 ME가 부부관계에 초점을 맞춘 주제를 중심으로 구성된 반면, 부부여정은 부부관계뿐 아니라 자녀, 가족 등 가정관계로 확대한 주제들로 구성되어 있

24) 광주대교구 2012~2014년 '가정의 해' 평가와 전망.

다. 그래서 ME와 부부여정의 연결성을 두고 ME 과정 후 얼마 기간 후에 부부여정에 참여할 수 있도록 유도해야 할 것이다. 그와 더불어 본당과 신자들에게 홍보할 수 있는 기회를 만들어서 더욱 필요한 부부들에게 참여를 독려해야 한다.

둘째, 프로그램 개발 및 보완, 그리고 봉사자 양성이다. 지금 서울대교구에는 부부여정이 운영되지 못하고 있다. 그동안 우리 교구에서 부부여정 매뉴얼을 부분적으로 수정하였지만 전반적으로 개선할 필요가 있다. 동영상도 시대에 뒤떨어진 상황이라 현시대에 맞는 영상자료를 찾아 보완해야 하는데, 영상 심의 문제도 있어 사용이 조심스럽기에 그에 따른 전문가도 요청된다. 또한 앞서 말한 ME와 비슷한 부분이 있다 보니 참가자 수가 줄어들기에 봉사자 수급도 어려운 현실이다. 좋은 프로그램이지만 봉사자 양성이 되어야 발전적인 준비를 하여 프로그램의 원래 방향성처럼 본당에서도 활발하게 진행될 수 있도록 보급할 수 있을 것이다.

나이 듦을 위한 신앙 도우미 양성 노인사목

'늙은 사람을 멸시하지 마라. 우리들도 늙어 간다.'

(집회 8,6)

광주대교구 노인사목 프로그램에는 노인사목 봉사자 양성 교육과 노인사목 봉사자 하루 교육(재교육)이 있다. 곧 광주대교구의 노인사목의 목적은 노인사목 봉사자 양성이다. 광주대교구의 노인 사목의 관심은 2008년 추계 사제 연수 때 '노인사목의 현황과 전망'은 구체적인 움직임이 시작되었다. 2009년 노인사목 첫 모임의 주체로 당시 사목국장 김종주 신부님이 계셨다. 4차 모임 때 가칭 노인사목협의회를 사용하였으며 2009년 사목국장 박성렬 신부님 때에는 위원회 발족과 본당 노인대학 명칭을 본당 신부님의 재량에 맡기게 된다. 2009년 6차 모임 때 '노인사목위원회' 명칭이 사용되어 사목국에서 노인사목 봉사자 양성을 위한 커리큘럼을 마련하게 되었다. 2011년 노인사목 봉사자 양성 교육 시행되었고 2015년에는 가톨릭 아카데미(어르신대학) 소개와 개설 안내, 프로그램과 운영자료, 교구 노인사목 봉사자 연합회 소개로 더욱 구체화 되어갔다. 2014년 5월~2016년 3월까지 노인사목봉사자 양성 교육은 기초 1~5기, 심화 1~5기를 거쳤고 2016년 7월부터 2019년 까지 양성 교육은 연2회, 하루 교육은 연2회 중이다.

노인사목 봉사자의 양성 목적은 초고령화 사회에 진입하는 시대에 상황에 교회가 응답하기 위함이고 지역사회 안에서 주민과 함께 하는 활기찬 삶에 이바지하며 다양한 프로그램을 통한 어르신들의 자아성취와 계발에 기여하는 데 있다. 현재 노인사목 봉사자 양성 프로그램 내용은 봉사자의 자세, 실용 레크레이션, 노인과 치매, 노인심리, 모둠활동(본당노인사목 및 노인대학 정보 공유), 현장연수(호남대학교, 노인실버타운, 담양 예수마음의 집), 성공적인 노화, 노인복지와 교육, 수료미사 등으로 이루어져 있다. 노인사목 봉사자 재교육은 노인과 관련된 주제

강의와 레크레이션 그리고 미사로 마무리된다.

2014년 노인인구 비율은 전남에서 20%를 넘어섰고 광주도 10%을 넘었다. 2018년 말 광주 노인인구는 18만 7천여 명으로 전체 인구의 12.8%를 차지한다. 올해 2021년에는 노인인구 비율 14%, 2028년에는 20%를 넘어서 초고령사회로 진입할 것으로 예측된다.

엎친데 덮친 격으로 코로나19는 노인 복지의 사각지대를 보여주면서 본당에서 노인사목 행사마저 거의 못하고 있는 실정이다. 코로나 19전에는 본당에서 어르신들을 위한 식사가 주요 행사였지만 그 행사를 하는데 특히 식사 준비를 할 본당 봉사자도 구하기 어렵다고 한다.

노인사목에 있어서 개선점과 방향은 다음과 같다.

첫째, 교구 노인사목의 프로그램 개편과 변화가 필요하다. 코로나19로 인해서 노인들이 신앙생활을 하는 데 큰 어려움을 겪었으며 심지어 노인(어르신, 늘 푸른)대학을 가동할 수 없는 상황에서 집에서만 머물러야 하는 상황은 교회 공동체와 어르신 신자들에게 아픔이 되었다. 단계적 일상회복(with 코로나)을 하더라도 예전처럼 노인사목이 이루어질 것이라고 예상할 수 없다. 미사를 멈추어 봤고 성당 문이 잠긴 것을 보면서 노인들을 위한 다른 대안을 모색할 때이다. 지금까지는 봉사자 양성을 했고 수료증을 주어 본당에서 잘 필요한 봉사자로서 활동할 수 있도록 했지만 수료 후 이어갈 수 있는 과정이 없기에 관심 있는 이들이 찾아다닐 수밖에 없다. 본당에서 요구하는 레크레이션 강사 또는 노인 관련 특강이 가능한 강사 소개들 정도가 전부이다. 그 외 다른 프로그램을 구성하고 유지하기에는 부서 여건상 집중할 수 있는 여유가 없다. 그러다보니 교구 노인성가 경연대회, 노인 성경 공부, 어르신 성지 순례 등 그동안 해왔던 노인사목 방법의 변화를 살펴보게 된다. 교구는 본당 노인 사목 봉사자 양성을 위해 4일간을 소요한다. 그리고 노인봉사에 관심 있는 이들이나 본당 신부님의 도우심으로 노인사목 하루교육에 온다. 이렇게 봉사자 양성을 하지만 본당에 가서 지금 할 수 있는 활동이 없다. 노인(어르신) 대학이 코로나 전부터 안 되는 판에 코로나로 인해 본당 재정이 어려워지면 제일 먼저 노인사목과 관련된 예산이 삭감된다고 한다. 노인사목은 노인복지와 달리 나이 듦에 따라 신앙생활을 할 수 있도록 도와주는 일이다. 그러기 위해서는 교구 노인들의 위한 피정 프로그램을 만들어 연 1~2회 정도 할 수 있도록 구성하고 노인복지에 대한 정보도 공유해주며 본당 노인담당자들의 모임을 통해서 현실적으로 실행 가능한 의견들을 모을 필요가 있다.

둘째, 노인사목에 집중할 수 있는 부서 또는 위원회가 필요하다. 가정 사목 안에서 노인이란 위치를 보면 관계 안에서 바라보고 그렇게 프로그램화하게 된다. 하지만 노인사목이라는 시점에서 보면 노인을 한 개체로 봄으로서 그 대상 위주로 연구되어지고 필요한 부분을 보게 된다. 예를 들어 대전 노인사목부에서는 노인 봉사자 교육, 노인 피정, 노인복지라는 이 세 가지를 중심으로 노인사목을 구현해 가고 있다. 노인 사목은 어르신들이 경로당이나 복지관에서 해주는 것과 차별적이어야 한다. 곧 노인사목은 어르신들이 나이 듦에 따라 자신의 삶을 돌아보고 그동안 마음속에 기억된 하느님의 선물과 은총에 감사하고 삶의 여정 중 생긴 관계 안에서 생긴 감정과 상처를 말씀과 신앙으로 치유되고 하느님께 나아갈 준비를 할 수 있도록 이끌어 주는 복음화이다. 결국 어르신들의 신앙생활을 돕는 일이다.

셋째, 어르신들 교회 활동의 장 마련이다. 노인사목은 노인들을 보호하고 부족하면 필요한 물건을 챙겨주는 일이 아니라 어르신들이 성당에서나 교구에서 하는 행사나 프로그램을 통해서 나이가 많아도 신앙의 모범으로 후세들에게도 닮아가고 싶은 신앙인으로 새롭게 시작하는 데 그 목적이 있다. 교회 안에 나이 들어가는 이들이 많아지는 추세에 노인 일자리처럼 어르신 신자들이 봉사하고 배우고 익히면서 살아가는 재미, 추억들이 복음 안에서 꽃피워지도록 해야 할 것이다.

코로나 19는 앞으로 노인사목을 어떻게 해가야 할지 깊은 고민에 빠지게 한다. 고령자는 늘고 젊은 신자들은 어려운 일을 기피하거나 자기 삶에 치여산다. 또한 한 신자가 여러 가지 직을 도맡아 하기에 본당에서도 맡아주라고 하기가 부담스러울 수밖에 없다. 그럼에도 불구하고 교황청에서는 2021년 7월 25일에 '제1차 세계 조부모와 노인의 날'을 제정하여 주일 미사 가운데 한 대를 조부모와 노인들을 위해 봉헌하게 하였고 그 미사에는 코로나 19로 목숨을 잃은 노인들 기억하며 드리며 거행되어지게 했다. 이때 교황님은 독거노인 방문을 강조하시며 노년의 의미와 가치에 관한 폭넓은 성찰을 권고하셨다. 앞으로 노인사목에 대한 집중적인 대안을 위해 교구와 본당 그리고 전문가와 함께 대안을 제시해야 가야 한다.

본당과 교구가 함께하는 가정(사목)분과 연수

교구의 가정(사목)분과 연수는 2005년 수원교구 가정 사목 연구 소장 송영호 신부님의 '교회의 가정 복음화'라는 주제로 첫발을 내디뎠다. 그 후로 가정분과와 가정 사목의 활성화 방법, 가정에서 부모의 역할, 예방교육, 자녀와 소통 교육, 부부교육, 노년기의 이해와 노인사목 봉사자 교육, 중독, 가정복음화를 위한 파트너십 등의 주제들을 다루어왔다. 참가 대상도 수도자, 사목회장, 가정분과, 여성위원에서 지금은 가정분과, 교육분과 또는 관심 있는 이로 점차 바뀌어 갔다.

가정분과 연수를 하는 이유는 본당 내에서 가정분과를 맡게 된 위원들과 교육 봉사자들이 가정 사목에 가정과 관련된 주제에 대한 강의, 현실적 나눔, 의견수렴과 정보공유를 통해 방향 설정과 더불어 교구와 본당 그리고 자신의 가정 안에서 실천할 수 있는 구체적인 지침과 방법을 제시해줌으로써 본당 사목자와 협력하여 본당 가정 사목 구현할 수 있도록 한다.

교황님께서 제안하신 '「사랑의 기쁨」을 따라 가정들과 함께 걷는 열두 가지 제안'에서 '사회적인 차원에서 가정의 가치를 깨닫는 측면에서만이 아니라 자신의 삶을 통하여 나누고 증거함으로써 어려움을 겪고 있는 이들을 동반할 수 있는 가정들과 사목자들 간의 견고한 네트워크를 만드는 데까지 범위를 넓혀야 하는, 가정생활의 아름다움과 도전들에 대한 성찰과 논의를 위한 모임들을 촉진합시다.'에 따라 가정의 복음화를 위해 교구와 본당이 함께 노력해야 할 것이다.

가정(사목)분과 연수는 교구장님의 가정 사목 방향을 본당 가정 사목과 관련된 분과장과 위원들과 한마음 한 몸으로 교회 공동체에 방향을 이해하고 소통하며 함께 갈 수 있는 기회가 될 수 있다. 또한 각 본당의 정보를 공유함으로써 본당에서의 성공 사례를 통해 자신의 본당에서도 실행해 볼 수도 있겠다. 그리고 사회적으로 이슈가 되는 다문화 가족, 1인가족, 부부갈등, 저출산, 가족 심리 등 현실에 따른 주제로 본당에서 가정 관련된 부분에 좀 더 복음적인 접근 방법을 공동을 모색해 볼 수 있는 자리가 될 수 있다.

그러나 지금까지 가정분과 연수에 있어서 어려운 점이 있다. 첫째, 가정분과의 정체성 확립이다. 많은 본당이 가정분과가 해야 할 일이 무엇인지 갈팡질팡한다. 본당 사목자의 의향에 따라 맡은 일을 수행하다보니 공통적인 임무가 명확하지 않고 혼선이 이루어지기도 하고 어떤 본당에서는 인력 부족으로 가정분과가 없는 곳도 있다. 가정이라는 아주 넓은 범위는 청소년부터 노인까지 생각되어질 수도 있다 보니 '귀에 걸면 귀걸이 코에 걸면 코걸이'처럼 관여 안 된 곳이 없다. 반대로 이미 청소년분과, 사회분과, 빈첸시오회 등 본당에서 있는 각 분과와 액션 단체에서 가정분과의 몫을 하고 있기에 본당 사목자 입장에서도 자리매김하기가 애매할 수 있다. 그러므로 본당 가정분과의 역할과 방향에 대해 제시해 줄 필요가 있다.

둘째, 연수의 적극적인 참여이다. 연수를 공지하면 참여자가 일정 수는 되어야 진행하기에도 현황 파악하기에 수월하다. 하지만 본당 사목자의 관심 덕분에 필요에 의해서 오기도 하지만 어쩔 수 없이 오는 경우에는 중간에 개인 일로 자연스럽게 간다. 그러면서 때때로 자신의 맡은 분과에 대한 사명감이 부족하거나 반대로 어떻게 해야 할지 고민하고 오는 경우도 심심치 않게 본다. 또한 강의 주제가 무엇인지, 강사가 누구인지, 본당 사목자가 공지해주느냐 안 해주느냐 따라서도 참여도에 영향을 준다. 그래서 본당 사목자의 관심도 중요하고 신자들이 원하는 주제와 강사 섭외가 잘 정비되고 장기적인 연수 계획도 수립되어야 할 것이다.

셋째, 장기적인 주제 강의 및 프로그램 강사 인프라 구축이다. 앞으로 사랑 기쁨 가정의 해를 본당에 적용할 수 있는 방안, 다문화 가족의 이해와 자녀와 관계, 1인 가족, 현대사회에서 혼인의 가치와 공동체성을 위한 구체적 방안, 코로나19 이후 가정과 교회 공동체 회복을 위한 방안 등의 주제를 다루고 이에 대한 교회의 입장과 신자들 신앙생활에 길잡이가 될 수 있도록 하며 교구에서 제시하는 것과 본당에서 필요한 것이 일치되도록 구성할 수 있는 위원회를 발족시켜야 할 것이다. 전문가들과 현장에 있는 사람들, 교회적인 입장과 사회적인 시야를 보고 같은 비전을 공유할 수 있는 사람들을 모집하고 확보해야 할 것이다.

결론

광주대교구에서 이루어지는 가정 사목 교육과 프로그램들을 보면 생애주기별로 가정의 시작과 그 여정에 맞추어서 진행되고 있다. 그리고 교황님께서 제시하신 '사랑의 기쁨 가정'의 해를 통한 '가정들과 함께 걷기'(Walking with families)의 12가지 제안을 이미 시행하고 있었다.

성(性)과 관련된 틴스타, 혼인과 관련된 카나혼인강좌·ME·부부여정, 관계회복과 관련된 선택·아버지학교·어머니학교, 노인과 관련된 노인사목봉사자 교육, 교구와 본당과 관련된 가정분과 연수이다.

각 프로그램들은 가족 안에서 관계개선을 돕는데 사람과 사람 곧 남편과 아내, 아버지와 어머니와 자녀, 남성과 여성, 나이듦에 따른 관계의 이해 등을 통해 가족이라는 틀에서 위로와 치유를 위한 대화와 나눔 그리고 직면하기 위한 지침들이 그 과정들 안에 있다.

수강 시간도 2박 3일에서 5주간까지 다양한 형태의 교육 프로그램들이 짜여 있고 그 후에도 그 경험이 이어지도록 본당에서도 진행될 수 있도록 후속 프로그램들이 대부분 되어 있다. 이렇게 진행되고 있는 프로그램의 공통점 정리해보면 다음과 같다.

첫째, 본당과 연계성을 둔 후속 모임이 있다.
둘째, 관계 치유와 회복을 목적으로 두고 있다.
셋째, 신자와 비신자, 젊은 사람과 어르신까지 열려 있다.

그리고 공통적으로 어려운 점은 다음과 같다.

첫째, 참여자가 줄어들었고 봉사자 수급이 어려워지고 있다는 점.

둘째, 세대에 맞는 프로그램 개편과 변화가 필요하다는 점.

셋째, 교구와 본당에 충분한 홍보와 지원이 필요하다는 점이다.

종합적으로 각 프로그램의 연계성이 이루어지고 현실에 맞게 보완과 변화가 필요하기에 충분한 인력과 역할 분담으로 연구와 진행이 함께 이루어져야 한다. 그러한 과정을 효과적으로 시행되게 하는 봉사자 교육과 프로그램을 연구하여 교구 가정의 도움이 되도록 이러한 과제를 성취하기 위해 필요한 전문가들로 구성된 위원회 또는 TF(Task Force)팀이 필요하다. 그리고 가정 사목의 범위가 점점 더 불분명해지고 요구되는 부분이 늘어나기에 각 부분을 이해하고 영향력을 끼칠 수 있는 가정 사목자에 대한 양성이 필요하다. 교구 가정 사목을 전공한 사제는 드물다.

가정에 대한 중요성은 모두가 인지하지만 전체적으로 이해하고 바라보고 유기적인 관리를 통해서 봉사자에게는 활동하기에 충분한 환경을 제공해 주고 교황청과 교구, 교구와 본당으로 교회적인 흐름들이 이어질 수 있도록 할 수 있어야 할 것이다. 생명을 키워가는 일과 한 남자와 여자가 만나 가정을 이루고 그 가정 안에서 부부로서 부모와 자녀 안에서 존중과 사랑은 서로를 향한 섬김이며 우리 가족만이 아니라 본당에서 만나게 되는 인연들은 세상 가정으로 그 확대되는 일치와 소통, 자비와 나눔, 친절과 온유, 위로와 격려, 용기와 인내를 담아내는 공동체로 이루어지게 하는데 그 몫이 바로 교회라고 할 수 있겠다.

■ 참고문헌

관악구에서 '선한 여자들의 방': 다큐ON (토요일 밤 11시 40분 KBS 1TV).

광주대교구 2012~2014년 '가정의 해' 평가와 전망.

'사랑의 기쁨 가정'의 해 (2021년 3월 19일~2022년 6월 26일) 공문.

천주교 광주대교구 성마리아 어머니학교 학칙.

한국 틴스타 교사 양성 워크숍.

2021년 6·7·8월 하늘지기 참조.

https://csense.tistory.com/1358

https://worldcon.kr/12070/

http://kjme.or.kr/

누가 내 어머니고 내 형제들이냐?
— 가정 사목: 성찰과 전망 —

김정용 신부
(전 천주교 광주대교구청 사목국장 / 현 광주가톨릭대학교 교수)

서론

"누가 내 어머니고 내 형제들이냐?"(마르 3,33) 이 물음은 사람들이 예수에게 "스승님의 어머니와 형제들과 누이들이 찾고 계십니다."(마르 3,32)라고 말한 것에 대한 예수의 반문이다. 이 물음은 기존의 관점을 뒤흔들어 놓는다. 예수의 대답 역시 혁명적이다. "당신 주위에 앉은 사람들을 보시며 이르셨다. 이들이 내 어머니고 내 형제들이다. 하느님의 뜻을 실행하는 사람이 바로 내 형제요 누이요 어머니다."(마르 3,35) 예수는 당대 사람들의 사고체계와 가치관, 기존의 이성과 논리에 근원적인 물음을 던졌던 사람이며, 새로운 관점을 제시했다.

예수가 던졌던 물음은 오늘날 한국 가톨릭 가정 사목이 직면한 새로운 상황, 다양한 도전의 맥락에서 볼 때, 여전히 시의적절하며 가족관계의 핵심을 꿰뚫고 있다고 여겨진다. 이를테면 오늘날 혼인·혈연 관계를 기반으로 한 전통적인 가족개념에 대한 인식이 변화하고 있는 현실이나 우리가 만나게 되는 다양한 가족 형태는 가정 사목과 관련한 기존의 관점 및 개념들과 더불어 방향설정을 새롭게 정립해야 할 필요가 있다는 것을 보여준다.[1)]

이른바 '성가정'은 무엇을 근거로 한 개념인가? 가정 사목과 관련하여 수행되는 사목실천들(본당 및 교구 차원에서 실행되고 있는 계획 및 프로그램들)은 오늘의 인간 삶의 현실을 구체적으로 반영하고 있는가? 교구는 가정 사목을 어떻게 수행할 것인가? 본당공동체는 가정 공동체를 어떻게 동반할 것인가? '가정이 가정 사목의 능동적인 주체'가 되어야 한다는 것은 무엇을 의미하며, 또 어떻게 가능한가?[2)] 이런 물음들에 응답하기 위해서는 무엇보다도 가정 현실과 그에 속한 인간의 현실에 대한 애정어린 시선이 필요하다. 가족 및 가정을 바라보는 관점이나 개념들에 대한 새로운 이해와 해석은 궁극적으로 가정의 구원(살림)에 봉사해야 하기 때문이다.

따라서 이 글에서는 가정 사목이 본질적으로 가정의 구원(살림)을 위한 것임을 확인하고자 한다. 아울러 지금까지 가정 사목의 차원에서 수행해온 실천들을 성찰하고 향후 가정 사목이 나아가야 할 방향을 모색하고자 한다. 이 글이 가정 사목의 쇄신을 위한 하나의 징검다리가 되기를 희망한다.

---

1) 여성가족부의 가족다양성에 대한 국민인식조사에 따르면 '혼인·혈연 관계가 아니어도 생계와 주거를 공유하면 가족'이라는 것을 수용하는 비율은 69.7%에 이른다. 여성가족부, 『2025 세상 모든가족 함께』 제4차 건강가정기본계획(2021~2025), 2021, 3쪽 참조.

2) 교종 프란치스코, 『사랑의 기쁨』, 한국천주교중앙협의회, 2016, 200항 참조.

가정 사목
성찰과 전망

■ 가정 사목 개념과 목표

"가정이라는 가장 기초적인 단위로서의 공동체와 관계된 사목 활동 전체"[3]라는 가정 사목의 개념은 가정 사목의 본질과 그것이 지향하는 바를 충분하게 표명하고 있다고 보기 어렵다. 가정 사목은 궁극적으로 모든 가정(모든 사람)의 구원(살림)을 지향하며, "가정에 대한 복음이 인간의 가장 깊은 갈망, 곧 인간 존엄에 대한 응답이며, 상호성과 친교와 출산을 통한 온전한 성취에 대한 응답이라는 것을 체험하게"[4] 하는 데 목표를 둔다. 따라서 가정 사목의 구체적 실행목표는 그에 따라 설정되어야 하고, 가정 사목의 계획과 실천 역시 그에 부합하게 구성되는 것이 바람직하다. 가정 사목이 모든 가정의 구원(살림)을 지향한다면, 가정 사목은 가족의 다양한 형태나 개념의 틀에 갇히거나 배타적 시선에 갇혀 본질적 방향을 놓치지 말아야 한다. 가정 사목은 가정이 처한 구체적 현실로부터 인간 구원을 지향하기 때문이다.

■ 가족 및 성가정의 개념

전통적이고 법적이며 전형적인 가족 개념[5]은 오늘날 큰 변화

---

3) 최홍길, "가정 사목", 한국가톨릭대사전 편찬위원회, 『한국가톨릭대사전』 1, 1995, 55쪽.

4) 교종 프란치스코, 『사랑의 기쁨』, 201항.

를 겪고 있다. 혼인, 혈연, 입양을 중심으로 규정된 가족의 개념과 달리 현실세계 안에서는 다양한 형태의 삶이 존재한다. 앞서 언급한 바와 같이 혼인과 혈연이 아니더라도 '생계와 주거를 같이하면 가족'이라는 인식도 점차 확산되는 추세이다. 다양한 가족 형태에 대한 사회적 수용도가 높아진 것도 현실이다.[6] 이러한 사회적 인식에 대한 교회적 수용 여부와 관계없이 현실을 직시하고, 그 현실로부터 인간 구원을 지향해야 하는 것은 가정 사목이 수행해야 할 본질적 과제이다.

이와 관련하여 "'가족=혈연 가족'이라는 정의는 불변의 진리가 아니라, 특정한 사회적 맥락에서 보편화된 관념일 뿐이다."[7] 라는 시각도 가족의 개념과 의미를 숙고하는 데 유익한 관점을 제공한다. 가족은 표면상 혈연 관계를 통하여 구성되고 지속적으로 계승되는 것처럼 보이지만, 혈연 관계 역시 근본적으로는 나와 너와의 인격적 만남과 관계를 통하여 구성되고 고양된다.

5) 건강가족기본법 제3조 1호에 따르면, "'가족'이라 함은 혼인·혈연·입양으로 이루어진 사회의 기본단위를 말한다." 민법 779조는 가족의 범위를 다음과 같이 규정한다. 가족은 "배우자, 직계혈족 및 형제자매" 그리고 생계를 같이 하는 "직계혈족의 배우자, 배우자의 직계혈족 및 배우자의 형제자매"를 말한다.

6) 음은 사회적 수용도를 나타낸다. 이혼이나 재혼하는 것(85.2%), 남녀가 결혼하지 않고 동거하는 것(85.2%), 결혼하지 않고 아이 낳는 것(67.0%), 성인이 결혼하지 않고 혼자 사는 것(80.9%), 결혼한 부부가 자녀를 가지지 않는 것(67.1%), 외국인과 결혼하는 것(92.7%), 미성년이 자녀를 낳아 기르는 것(29.5%). 여성가족부, 『2025 세상 모든 가족 함께』 제4차 건강가정기본계획(2021~2025), 3 참조.

7) 류도향, "혈연에서 관계로: 확장하는 가족의 원리", 전남대학교 인문학연구원, 『가족인문학: 나는 누구와 함께 살 것인가?』 HK+가족커뮤니티사업단 시민문화총서 2, 2021, 133쪽.

또한 가족의 구성은 설령 다양한 이해관계에서 발생하는 것이라 하더라도 가족의 본질은 언제나 인격적 관계와 친교를 통해서만 구체적으로 드러난다.

이런 맥락에서 다양한 가족 형태의 확산을 혈연을 벗어난 인격적 관계와 만남의 시선에서 조명하는 것도 뜻 깊을 것 같다. 영화 '오베라는 남자'(A Man called Ove, 2016)는, 오베라는 까칠하고 퉁명스러운 노인이 직장에서 정리해고 당하고 부인과 사별하여 삶의 의미와 희망을 상실한 채 고립된 삶을 살아가는 과정에서 낯선 외국인 이웃 가족과의 만남과 관계를 통하여 삶의 의미를 회복하고 그들과 이웃 공동체를 형성한다는 이야기를 잔잔하고 흥미롭게 그려낸다. 이런 경우 가족의 개념에 포함하지 않더라도 이웃과의 만남, 관계를 통하여 이뤄지는 공동체 형성 역시 가족의 의미를 사회적으로 확대하는 차원으로 바라볼 수 있을 것이라 여겨진다.

이른바 '성가정'의 개념 또한 본질적으로 아버지 요셉, 어머니 마리아, 아들 예수의 혈연적 가족관계에 근거하고 있지 않다는 점을 강조하고 싶다. 요셉, 마리아, 예수의 가족 구성은 혈연이 아니라 신적인 차원에 뿌리를 두고 있다. 신적이라 함은 우선, 요셉, 마리아, 예수가 이룬 가족 구성이 인격적, 관계적 만남의 원천인 신적인 것에 근거한다는 뜻이다. 이 신적 원천은 나와 너의 관계를 근원적으로 맺어주는 나와 너 이상의 존재 혹은 나와 너의 관계로 제한되는 것 이상의 존재적 근거를 의미한다. 그리고 이 신적 원천은 나와 너의 자유롭고 인격적인 사랑과 수용을 통하여, 나와 너의 구원으로 표명될 때 비로소 삶의 역사 속에서 그 얼굴을 드러낸다.

우리는 '누가 내 어머니고 내 형제들이냐?'에 대한 대답을 십자가에 달리신 예수의 최후의 삶의 여정에서 듣게 된다. "예수님께서는 당신의 어머니와 그 곁에 선 사랑하시는 제자를 보시고, 어머니에게 말씀하셨다. '여인이시여, 이 사람이 어머니의 아들입니다.' 이어서 그 제자에게 '이분이 네 어머니시다.'하고 말씀하셨다."(요한 19,26-27) 마리아가 어머니로 불리게 된 근본적인 이유는, 자유로운 신앙과 동의로 '하느님의 말씀을 마음과 몸에 받아들이시어 생명을 세상에 낳아 주셨고', 인간 구원을 위한 예수와의 결합이 그리스도의 잉태 때부터 그분의 죽음에 이르기까지 역동적으로 지속되었기 때문이었다.[8] 요셉, 마리아, 예수의 가족은 신적 원천에 근거한 역동적이고 인격적인 상호 관계를 통하여, 그리고 구원을 위하여 '지금, 여기에서' 새롭게 발생되고 생성되는 가족이었다.[9]

▪ 가정 사목 프로그램에 대한 성찰

현재 한국 가톨릭 교회에서 운영되고 있는 가정 사목 관련

8) 제2차 바티칸공의회, 『교회에 관한 교의 헌장』, 한국천주교중앙협의회, 2002², 53항과 57항 참조.

9) 이런 맥락에서 "교회가 '전통적으로 성가정 담론이 중심이 되는 교회의 가족 가구 중심의 시각'만을 유지한다면 '새로운 유형의 가족이나 가구를 포괄하지 못하거나 그 구성원들이 교회와 어떤 관계를 맺어야 하는지 혼란스러운' 상황이 일어날 수 있음을 보여준다."고 하는 점에 동의하기 어렵다. "1인 가구 시대, 가족 중심 사목 구조 넘어서야"(가톨릭뉴스 지금여기, 2021. 12. 3일자) 문제는 성가정 담론에 있는 것이 아니라 성가정에 대한 불명확한 해석에 있다. 물론 교회가 1인 가구를 포함하여 새로운 유형의 가족을 동반해야 하는 것은 마땅하다.

프로그램의 근본문제는 우선, 다양한 가족들의 현실을 충분히 반영하지 못하고 있다는 점이다. 현실 속에 존재하는 모든 가정을 위한 구상과 전망 없이 기존의 협소한 기획에 갇혀있다는 것인데, 이는 가정 사목의 본질적 지향에 부합하지 않으며, 현실 속에 존재하는 다양한 가족을 위해서도 쇄신되어야 할 필요가 있다. 현재 운영되고 있는 프로그램에 대한 성찰과 더불어 새로운 보완과 변화가 요구되는 대목이다.

둘째, 지역의 어려운 처지에 놓인 이웃들(가톨릭 신자와 비신자)이 접근하기에는 교회울타리의 벽이 높아, 교회 내에서도 교육 기회의 차별이 개선되고 있지 않다는 점이다.

셋째, 가정 사목이 교구 중심에서 본당공동체 중심으로 변화할 수 있도록 할 필요가 있다. 교구에서는 본당공동체가 가정 사목의 일차적 장소가 되도록 기획하는 것이 바람직하다. 그래야 가정에 대한 본당공동체(사목자와 공동체 구성원이 함께하는)의 일상적, 지속적 동반이 가능해지기 때문이다.

넷째, 가정 사목은 단순히 여러 사목 분야의 하나가 아니라 모든 사목의 근간을 이루는 것이나 다름이 없다. 따라서 가정 사목은 통합적 시선에서 이루어져야 하며, 프로그램 또한 그런 맥락에서 운영된다면 더욱 바람직할 것이다. 이를 위해서 제반 사목 분야의 유기적 협력과 더불어 교구 조직의 변화를 모색하는 것도 요구된다. 특히 가정 사목과 청소년 사목의 유기적, 통합적 결합은 현재 가정의 변화의 맥락을 반영할 수 있을 것이며, 프로그램 계발과 관련해서도 매우 요긴한 과제가 되리라 여긴다.[10)]

■ 가정 사목의 주체인 모든 가정

가정 사목에서 핵심적인 것은 현실 안에 존재하는 모든 가정이 가정 사목의 주체라는 점이다. 따라서 교회의 근본적인 역할은 모든 가정이 구원(살림)을 지향하도록 협력하는 데 있다. 여기에는 한부모 가족, 조손가족, 입양가족, 이혼가족, 재혼가족, 이주민 가족, 1인 가구(가정), 비혼 동거가족 등 예외 없이 포함되며, 누구도 배제될 수 없다.

모든 가정이 각자의 상황과 처지에서 인간의 존엄성과 소중함, 사랑의 기쁨, 인격적 친교의 행복을 체험하고, 복음 속에서 진정한 자아실현의 원천을 발견하며, 이웃과 세상을 향하여 헌신하는 존재가 될 때 가정 사목의 주체가 되리라 여긴다. 따라서 가정 사목의 실천기획은 이런 지향을 구현하는 방식으로 이루어지는 것이 좋을 것이다.

■ 가정의 사회, 정치적 의미

가정은 외로운 섬이 아니다. 1인 가구(가정) 또한 고립된 섬이 아니다. 가정은 사회 속에 존재하며, 이는 곧 가정이 사회적, 경제적, 정치적 관계로부터 분리될 수 없다는 것을 의미한다. 이런 맥락에서 프란치스코 교종은 가정에서 시작되어 사회로 확산되는 가정의 복음화 여정을 적절하게 제시한다. "가정이 받아들여 심화시킨 신앙은 모든 사회적 관계를 비추는 빛"이 되고

---

10) 한국천주교주교회의 청소년사목위원회, "한국 천주교 청소년, 청년 사목의 현황과 통합 사목적 전망", 한국천주교주교회의, 『한국 천주교회 총람 2013~2017년』, 한국천주교중앙협의회, 2018, 140쪽 이하 참조.

"하느님의 … 자비에 대한 체험으로서 신앙은 형제애의 길로 확장"되어야 한다는 것이다.[11] 또한 프란치스코 교종이 "시장논리를 지나치게 중시하는 등으로 진정한 가정생활을 방해하고 차별과 빈곤과 소외와 폭력을 낳는 문화적, 사회적, 정치적, 경제적 조건들을 숨김없이 고발하는 복음화의 필요성을 강조"[12] 하는 것은 매우 당연하다 하겠다.

이와 관련하여, 영성과 사회성이 결합되지 못하거나 신앙의 사회적 차원과 전망을 확보하지 못하여 탈정치화된 사목 프로그램은 쇄신될 필요가 있다. 자신만의 가정을 벗어나지 못하는 것은 보편적 구원, 공동체 구원을 추구하는 교회의 구원관과 일치를 이룰 수 없기 때문이다.[13]

■ 가정 사목: 본당공동체에서 어떻게 할 것인가?

가정 사목의 일차적 책임자는 주교이며, 주교를 도와 가정 가목을 담당하는 사람은 '결혼과 가정에 대한 교회 직무의 본질적 부분을 담당하는 본당 사목자'이다.[14] 따라서 본당공동체(본당 사목자와 공동체 구성원)가 가정 사목을 실질적으로 주도하는

---

11) 교종 프란치스코, 『신앙의 빛』, 한국천주교중앙협의회, 2013, 54항.

12) 교종 프란치스코, 『사랑의 기쁨』, 201항.

13) 교종 프란치스코, 『사랑의 기쁨』, 186항 : "성찬례 거행은 모든 이가 '자신을 돌이켜보고'(1코린 11,28) 자기 가정의 문을 열어 사회에서 소외된 이들과 더 깊은 친교를 이루고 … 형제애, 사회적 양심, 어려움에 처한 이들을 위한 헌신에 대한 열망을 강화합니다."

14) 교종 요한 바오로 2세, 『가정 공동체』, 한국천주교중앙협의회, 1981, 73항 참조.

주체가 되고, 교구는 협력적, 보조적 역할을 한다면 바람직할 것이나 현재는 그 역할이 뒤바뀌어 있다는 인상을 지울 수 없다. 참고로 2014년 광주대교구 '가정의 해' 평가 설문조사에 따르면, '교구 가정 사목에서 더 강화해야 할 부분'에 대해서 본당 사목자들은 '본당 가정 사목 지원 프로그램과 자료 제공'을 최우선적 과제로 제안하였다. 교구는 마땅히 본당 사목자들의 기대와 요청에 응답하는 것을 우선적으로 수행해야 할 과제로 여겨야 한다. 그러나 본당공동체의 주체적 기획과 모색의 여지는 상당히 미흡한 데, 이 점은 획기적으로 개선되기를 희망해 본다.[15]

우선 본당공동체는 가정 사목에 사목의 초점을 두는 것이 바람직하다. "본당은 여러 가정들이 모여 이루어진 하나의 가정"[16]이기 때문이며, 가정 공동체 구성원들과 직접적, 지속적 접촉이 가능하기에 그렇다. 이와 관련하여 몇 가지 차원을 제안하고자 한다.

첫째, 본당공동체 차원의 가정 사목위원회를 구성하거나 혹은 기존의 가정 분과를 활용하여 체계적이고 통합적인 가정 사목을 기획하고 구축할 필요가 있다. 이를 위하여 필요한 경우 다양한 분야에서 활동하는 전문가들의 도움을 받을 수 있겠지만 일차적으로 본당공동체 사목자와 구성원들이 주도적 역할을 수행하는 것을 권장한다. 물론 교구와의 긴밀한 협력관계가 형

---

15) 천주교 광주대교구 사목국, 『광주대교구 2012~2014년 '가정의 해' 평가와 전망』, 2014, 185쪽 이하 참조.

16) 교종 프란치스코, 『사랑의 기쁨』, 202항.

성된다면 더욱 바람직할 것이다. 가정 사목위원회 혹은 가정분과는 가정들을 위한 전례, 기도, 성경교육 등과 관련하여 다채로운 방안을 마련하여 도움을 제공할 수도 있을 것이다.

둘째, 본당공동체에서 가정 사목을 위하여 활동할 수 있는 평신도를 체계적으로 양성하는 것도 필요하다.

셋째, 본당공동체 차원에서 수행할 수 있는 프로그램을 적극적으로 수용할 필요도 있을 것이다. 이를테면 본당 가정 사목위원회 혹은 가정 분과에서 혼인을 앞둔 약혼한 이들을 위한 프로그램을 구성하여 본당공동체 자체적으로 수행할 여지도 충분히 있다고 여겨진다. 이와 관련해서 교구가 본당공동체 차원에서 자체적으로 수행할 수 있는 프로그램을 적극적으로 개발하여 제시해줄 필요가 있다는 것 또한 두말할 나위가 없다.

넷째, 현재 상호 연계성 없이 분화되어 있는 사목분야를 유기적, 통합적으로 재구성할 필요도 있다. 한 예로 미사 전례의 경우, 어린이, 청소년, 성인 등으로 구분되어 있는 것을 새롭게 구성하여 가정들이 함께하는 전례로 변화를 꾀할 수 있을 것이다.

다섯째, 본당공동체가 지역사회의 가정들을 위하여 기여할 수 실천적인 방안을 마련하는 것도 중요하다. 특히 청년, 중장년, 고령자 1인 가구를 위한 돌봄과 가사지원(식사 등), 빈곤하고 고립된 1인 가구를 위한 돌봄(경제적 어려움, 건강, 외로움, 소외감), 그리고 지역 가정들과의 연대를 위한 돌봄의 실천을 적극적으로 수행하는 것을 적극적으로 고려하는 것도 필요하다.[17)]

결론
가족에서 공동체로!

2018년에 tvN에서 방영되었던 드라마 '나의 아저씨'는 가족과 공동체의 의미를 숙고하는 데 적잖은 실마리를 제공한다. 이 드라마는 불우하고 고립된 가족의 문제가 어떻게 낯선 타자와의 만남을 통하여(이른바 아저씨들과의 만남. 아이유가 열연했던 이지안의 첫 번째 아저씨는 초등학교 졸업식 때 부모가 없는 자리에 함께했던 학교 관리원이었다. 그는 후에 고물상 주인으로 등장하며 이지안의 지속적 후원자 역할을 한다. 이지안이 파견직으로 근무했던 회사의 박동훈 부장은 두 번째 아저씨다. 그리고 이지안이 살고 있는 동네 사람들이 세 번째, 네 번째, 다섯 번째 아저씨가 되어 주었다.) 서로 깊이 공유되고, 연대의식을 불러일으키며, 더 나아가 가족 이상의 공동체 관계를 형성하는지 잘 보여준다. 이지안과 아저씨들은 혈연에 기반을 둔 관계를 뛰어넘어 공감과 연대와 돌봄의 관계를 이룬다.

예수의 '어떤 사마리아인 비유'(루카 10,29-37) 또한 우리가 가족과 공동체를 숙고하는 데 근본적인 시각을 제시한다. 어떤 사마리아인의 비유는 두 가지 형태의 서로 상이한 관계방식을 보여준다. 강도당하여 초주검이 된 사람과 어떤 사마리아 사람

---

17) 참고로 광주·전남의 고령인구 비율은 2020년 현재 18.8%에 이른다(광주: 13.7 / 전남: 23.1%), 고령자 1인 가구 비율은 2020년 현재 10.9%에 이른다(광주: 6.9% / 전남: 14.2%). 1인 가구 비율은 2020년 현재 32.6%에 이른다(광주: 31.9% / 전남: 33.1% /전국: 30.3%). 호남지방통계청 특별기획보고서, 『광주·전남 광역권 통계분석(인구·사회 부문)』, 2021. 참조.

사이에는 그 어떤 연결고리도 없다. 혈연, 민족, 언어, 인종, 종교, 빈부 차이, 성별 차이와 같은 것은 그들 사이에 아무런 기능도 하지 않는다. 어떤 사마리아인과 강도당한 사람 사이에는 어떤 장벽도, 차이도 존재하지 않으며 그들의 관계를 방해하는 것 또한 아무 것도 없다. 두 사람은 고통의 문제 앞에서 서로 만나고 연결되고 연대한다. 반면에 사제와 레위인 그리고 강도당한 사람 사이에는 서로 접촉할 수 없는 배타성으로 가득 차 있다. 서로의 관계 안에는 인간이라는 점과 고통이 엄연히 존재했지만 서로 아무런 영향을 미치지 않는다. 사마리아인과 강도당한 이는 서로 받아들여져 공동체를 이룬 반면(공동체의 발생), 레위와 사제 그리고 강도당한 이는 관계를 형성하지 못하였다. 레위와 사제의 행동의 근간을 이루고 있는 폐쇄성과 배타성은 하늘을 찌르는 고통 앞에서도 무감각했을 뿐이었다.

우리 인간은 근원적으로 혈연이 아니라 무상성(無償性)과 은총을 바탕으로 관계를 형성하는 존재이다. 이 무상성과 은총은 내가 소유한 능력이나 호혜성이 아니라 우리를 무조건적으로 받아들여주는 존재(!)로부터 부여된 것이다. 이 무상성과 은총 체험은 타인과 이웃의 존재를 또 다른 은총으로 체험하게 한다. 이러한 관계는 은총의 순환, 곧 타인을 사랑하는 것으로(의무가 아니라 자유행위로서) 작용한다. 이 만남과 은총 체험은 나와 너의 받아들임의 관계 속에서 이루어지는 신적 체험과 다르지 않다. 가정은 은총 안에서 비로소 인격적 공동체로 존재하기 시작한다.

■ 참고자료

제2차 바티칸공의회, 『교회에 관한 교의 헌장』, 한국천주교중앙협의회, 2002[2].

교종 요한 바오로 2세, 『가정 공동체』, 한국천주교중앙협의회, 1981.

교종 프란치스코, 『신앙의 빛』, 한국천주교중앙협의회, 2013.

교종 프란치스코, 『사랑의 기쁨』, 한국천주교중앙협의회, 2016.

여성가족부, 『2025 세상 모든가족 함께』 제4차 건강가정기본계획 (2021~2025), 2021.

호남지방통계청 특별기획보고서, 『광주·전남 광역권 통계분석(인구·사회 부문)』, 2021.

최홍길, "가정 사목", 한국가톨릭대사전 편찬위원회, 『한국가톨릭대사전』 1, 1995.

천주교 광주대교구 사목국, 『광주대교구 2012~2014년 '가정의 해' 평가와 전망』, 2014.

한국천주교주교회의 청소년사목위원회, "한국 천주교 청소년, 청년 사목의 현황과 통합 사목적 전망", 한국천주교주교회의,『한국천주교회 총람 2013~2017년』, 한국천주교중앙협의회, 2018.

류도향, "혈연에서 관계로 : 확장하는 가족의 원리", 전남대학교 인문학연구원, 『가족인문학 : 나는 누구와 함께 살 것인가?』 HK+ 가족커뮤니티사업단 시민문화총서 2, 2021.

제Ⅲ부

공론장 대담록
인문학과 종교의 상생적 불협화음

☛ 참석자

전남대 인문학연구원

류도향 교수, **최대희** 교수, **추주희** 교수, **한의숭** 교수

천구교광주대교구

김상용 신부, **정규현** 신부, **정영빈** 신부, **최종훈** 신부, **허수정** 수녀

인문학과 종교의 상생적 불협화음

__ 류도향__

안녕하세요. 전남대 인문학연구원과 천주교광주대교구가 올해 3월 준비모임부터 시작해서 4월부터 7월까지 총 7회에 걸쳐 '가정 사목 공동세미나'를 개최하고, 그간 함께 고민한 결과를 책으로 엮기 위해 원고를 작성하는 시간을 가졌습니다. 작성된 원고들을 읽어보고 다시 한 자리에 모이게 되었는데요. 저는 서로의 생각을 더 깊이 이해하게 된 느낌입니다. 수합된 원고를 전체적으로 읽어보신 소감이 어떠셨나요?

__ 한의숭__

저는 인문학연구원이 주체가 되어서 작성된 1부 내용과 광주대교구에서 주체가 되어서 작성된 2부 내용이 자연스럽게 연결되지 못하고 틈이 있다는 생각이 들었습니다. 1부와 2부 간의 격차가 커서 대화라기보다는 각각의 영역이 구축하고 있는 공고한 입장을 고스란히 보여주는 것으로 비추어질까봐 걱정됩니다. 서로 같은 방향으로 조화롭게 나아가는 것이 아닌 것 같아서요.

__ 최대희__

저도 책의 구성이 서로 분리되어 있다는 지적에 동의합니다. 양자 간 입장 차이가 확연하게 눈에 띈다고 생각해요. 그렇지만 이 차이는 어쩔 수 없는 것 같아요. 연구원의 입장에서는 현재 사회에서 가족과 관련된 어떤 이슈들이 발생하는지를 진단하면서 학술적으로 접근하고 있고, 교회에서는 연구원과는 다르게 사목이라는 고민의 지점에서 가족과 사회의 문제에 접근하고 있으니까요. 그런 만큼 양자 간 합의점을 도출하기보다도 불일치를 드러내고, 그 문제에 대해서 함께 고민해보고, 서로 이해하고자 노력하면서 의미를 만들어나가는 식으로, 혹은 첨예하게 대립하는 지점이 있다면 그것이 무엇인지 명확하게 드러내는 식으로 오늘 대담을 진행하는 것은 어떨까 하는데요. 어떻든 이런 작업 역시 열린 대화를 한다는 측면에서 하나의 가능성을 보여주는 것이라고 생각합니다.

__ 최종훈

지금까지 가족의 변화에 대한 논의를 해오면서 저희 교구도 열린 대화를 할 수 있는 것이 매우 고무적입니다. 저희는 기존의 사목 활동 내에서 신자들이 어떻게 가정을 이루고 있는지 살펴보고, 더 나아가 교회적 문제뿐만 아니라 사회적 문제 안에서 가정이 어떻게 변화하고 있는지를 알고 싶었습니다. 그러니까 과거에 머물고 있는 교회가 시대의 요청에 맞게 변화해야 한다는 인식을 하게 된 거죠. 그래서 이 문제의식을 가지고 어떤 방향성을 향해 나아가야 할까 고민하던 중에, 인문학에서는 이 현상을 어떻게 바라보고 있고, 어떤 방식으로 접근하려고 하는지를 들여다보자고 저희 세미나가 출발된 것이었죠. 기존의 사목적 관점에서 가정을 대하는 교회의 문제점은 무엇이었고, 또한 시대의 변화에 맞추어 앞으로 나아갈 방향은 어디여야 하는가라는 고민에서 이 세미나가 시작된 겁니다.

이러한 맥락에서 저도 기본적으로는 교회적 접근과 인문학적 접근 간의 어떤 접합점을 찾아야 한다고 생각합니다. 교회가 혈연 중심으로 가정을 묶는 경향이 있는 반면, 사회는 반드시 혈연만으로 가정이 이루어지는 것은 아니라는 입장으로 향하고 있습니다. 그러면서 교회는 교회대로, 법은 법대로, 윤리는 윤리대로, 교육은 교육대로 계속 각자의 입장을 내세우고 분리되는 일이 초래됩니다. 저는 이번 기회를 통해 그 접합점들을 어떻게 만들어 나갈지를 서로 고민해보자는 의미에서 일종의 대화를 우리가 시도하고 있다고 생각합니다. 이 책의 목적은 사회 안에서 변화하고 있는 가족을 교회의 입장에서 다시 한 번 생각해보는 데 있다고 생각합니다.

_ 허수정

저도 이 책의 의미가 적지 않다고 생각하는데요. 제 원고에서 다룬 가정 사목의 역사를 보시면 아시겠지만, 교회 안에서 가정 사목이 처음에 이루어졌을 때 굉장한 영향을 미쳤습니다. 그런데 어느 시기부터 약간 축소된 느낌을 주었고, 활성화가 잘 이루어지지 않게 됩니다. 저는 저희의 자료들이나 기록들이 다른 교구에 전해지면 가정 사목에 많은 도움을 줄 수 있을 것이라고 생각합니다. 직접적으로 도움을 줄 수 있을지는 모르겠지만, 그 다음 작업을 위한 좋은 징검다리가 될 수 있을 것이라고 생각합니다. 그래서 인문학과 종교의 관점이 다르긴 하지만, 결국 가정, 가족이라는 소중한 신앙의 기초가 되고, 사회를 구성하는 가장 기본적 요소라는 것을 담론화할 수 있을 것이라는 점에서 이 책이 의미를 가질 수 있을 것이라고 생각합니다.

_ 김상용

저는 이 작업 자체가 하나의 사건이라는 생각이 들었습니다. 교회와 세상이 나누는 '파레시아'(parrhesia)라는 점에서 말이죠. 제가 보기에는 인문학적 접근과 교회적 접근 간에 공통적인 지점이 있습니다. 가족에 대한 문제의식을 공유하고 있다는 점에서 그러합니다. 다만 이 문제에 대한 접근과 해결의 방식에서는 서로 차이를 드러내고 있긴 합니다. 하지만, 현대 사회에서 '가족이 정말 중요한 사안이구나'라는 점에 공감하며, 각자의 영역에서 고유한 시각으로 이 사안을 바라보고 서로 교감하려고 시도했다는 데에 중대한 의미가 있는 것이지요. 저는 매우 흥미진진했어요. 인간에 대한 관점을 달리 하기 때문에 가족의 사안에 대해서 인문학적 접근과 신학적 접근은 서로 다른 언어를 생산해 낼 수 있습니다. 그러나 서로 대화하면서 각자의 고유한 시각과 방법을 분명히 드러낼 때, 서로 만날 수 있는 지점이 비로소 명확해질 수 있는 것 아니겠습니까? 교회와 세상이 서로 대화하고 소통하려고 적극적으로 만남을 시도하는 일이 우리나라에서는 사실 자주 있지는 않았지요. 이런 점에서 많은 것을 기대하기보다는 우리가 오늘날 가족의 사안에 대해서 함께 고민하고 대화를 나누었다는 데 큰 의미를 두어야 하지 않을까요? '이만치 서로 다르구나'라는 점을 기록해놓는 일만으로도 하나의 훌륭한 작품이 될 수 있다고 봅니다.

__ **최종훈**

제가 볼 때는 내용적 차원에서 다른 부분도 있겠지만, 무엇보다도 단어를 다르게 사용하기 때문에 인식 상에서 차이를 가져온다고 생각합니다. 그러니까 1부와 2부 안에서 논의되는 이야기들이 서로 많은 것을 공유하면서도 다른 기호들과 상징들, 표현들을 사용하기 때문에 굉장히 이질적인 것으로 그려지는 듯합니다. 김상용 신부님께서 말씀해주신 것처럼 이것은 정말 새로운 시도라고 생각합니다. 부장 신부님께서도 이번 시도가 첫 번째 디딤돌이고, 이 디딤돌을 통해 다음 단계로 넘어갈 수 있을 것이라고 말씀해주셨거든요.

__ **추주희**

이번에 기획된 글을 읽고 난 이후에 저는 오히려 인문학과 종교, 사회과학과 종교적 인식간의 좁혀지지 않은 차이가 보였습니다. 하지만 동시에 이 책의 기획의도를 다시 떠올려보면서, 뭔가 소통하려는 의지와 고민 속에서 일종의 불협화음 같은 울림 역시 있었습니다. 불협화음이 동시에 울릴 때 조화가 잘 되지 않은 소리의 관계를 뜻합니다. 그럼에도 화음이라는 점에서 현재 한국사회의 가족을 둘러싼 다양한 접근에 대한 서로 다른 위치에서의 노력들을 잘 보여준다고 생각하였습니다.

류도향 선생님의 글을 보면 '가족을 보는 두 개의 창'이라고 부제를 붙이셨는데, 저는 인문학과 종교가 가족에 대한 서로 다른 두 개의 창으로서 각각의 입장들이 글 전체에서 읽혀졌습니다. 글 안에서 교회의 입장은 '사회가 도대체 어떻게 변화하고 있는가?'라는 질문을 던지고, 인문학과 사회과학은 가족을 둘러싼 다양한 학문적 담론과 데이터를 소개하면서 이에 대한 현재 우리사회의 인식과 방향을 제시하고 있었습니다. 일종의 대화로 충분히 여겨지는 대목입니다.

그리고 이 과정에서 가족이 변화하고 있다는 데 합의가 도달하고 있고, 카톨릭 내의 가정 사목은 이러한 변화에 발맞추어 계속 달라지려는 시도를 멈추지 않았다는 것 역시 글을 통해서 알게 되었습니다.

_ 최대희

저는 이 책에서 연구원과 교회가 서로 다른 주제들을 이야기 하고 있고, 동일한 주제라 하더라도 서로 다른 관점들을 이야기 하고 있다는 점에서 '불협화음'을 드러낸다는 점에는 동의합니다. 그렇지만 저희가 각각의 관점에서 서로 다른 목소리를 낸다고 해서 이 책이 갖는 의미가 약화된다고 생각하지 않습니다.

우선은 우리가 만나 서로 눈을 마주하면서 가족이라는 주제로 같이 이야기 한다는 것 자체의 의미가 매우 크다고 생각합니다. 그리고 각자의 영역에서 활동하고 고민하던 사람들이 처음 만나 대화를 시도할 때, 서로 다른 경험과 관점들에서 연원하는 차이들이 있기 마련입니다. 또한 그런 차이로 인한 여러 목소리들이 불협화음을 내는 것은 당연한 것이라고 생각합니다. 그렇지만 지금은 그런 '차이'를 전면에 부각시키기보다는 서로 함께 할 수 있는 공통의 것을 중심으로 접근하는 것이 필요하다고 생각합니다. '차이'라는 것은 매우 조심스럽게 다루어야 할 사안이기 때문입니다. 따라서 연구원과 교회가 서로 만나 대화하고, 물론 차이를 확인하지만 이와 동시에 그간 이러한 만남에 서로 부여한 의미와 가치를 있는 그대로 드러내는 방식으로 책의 제목을 정하고 책을 완성해가면 좋겠습니다.

가족을 둘러싼 문제들 : 가족다양성, 사랑, 생명

__ 류도향

그렇다면 서로 다른 목소리를 내는 공통의 주제들에 대해 본격적으로 논의를 시작해보겠습니다. 모두 아시다시피 우리나라 가족이 급변하고 있습니다. 저도 학교에서 학생들과 만나면서 시대 흐름이 아주 빠른 걸 체감하는데요. 이혼 가정이 정말 많고 제 주변에도 1인 가구, 2인 가구 등 가족의 형태가 정말 다양합니다. 소위 MZ세대라고 불리는 젊은 친구들은 결혼이나 출산을 불가능한 현실이라고 말합니다. 앞으로 미래 사회에서 가족은 어떤 모습일까... 나는 나이 들어서 외롭지 않으려면 무엇을 준비해야 할까... 제 자신부터 진지한 고민을 하게 되는데요. 가족이 다양화되는 현상을 어떤 관점에서 바라보는지 인문학과 종교의 입장 차이를 들어보면 좋겠습니다.

__ 정영빈

종교 안에서도 가족다양화 현상을 실감하고 있습니다. 저 같은 경우는 코로나 기간을 제외하고 가정 사목 프로그램을 2년 동안 해오면서 프로그램에 참여한 수강자들의 다양한 가족 이야기를 듣게 되거든요. 특히 가정공동세미나에서 1인 가구나 다문화 가족에 대해 강의하시는 내용을 듣고 소외된 가족들의 현실적인 고충이 와 닿았습니다. 이들을 교회가 어떻게 가정 사목 프로그램 안에 받아들일 수 있고, 교회는 어떤 역할을 수행해야 하는지에 대해 고민하게 되었어요. 만일 그들이 관계를 맺고 싶어서, 혹은 하느님을 만나고 싶어서 교회에 왔는데, 준비가 되어 있지 않다면 문제가 발생할 것 같거든요. 제가 섬에 있었을 때도 태국, 필리핀 등 동남아시아에서 건너와 가족을 이루며 살고 있는 사람들이 느끼는 어려움에 대해서도 변화하는 가족에 대한 인식이 부족하다면 제대로 공감할 수 없겠죠.

__ 허수정

지금의 가족 문제를 이해하기 위해서는 지금까지 가정 사목의 역사를 돌아볼 필요가 있는 것 같습니다. 사실 과거 없는 현재는 없잖아요. 역사 안에서 제가 기록한 부분은 어느 시점이고요. 그리스도교라는 종교는 생명에 대한 존중, 하느님의 창조 사업이 핵심을 이루기 때문에 많은 교황님들이 그 중요성을 강조하셨어요. 변화하는 사회 속에서 이러한 가치를 지키기 위해 교회 안에서 가족은 하나의 연구 대상이 되었습니다. 광주 교구는 늦게 가정 사목이 시작되었지만, 서울이나 수원과 같은 위쪽 지방에서는 가정 사목이 비교적 일찍 시작했습니다.

교회 안에서는 '성가정'이라는 개념이 있는데요. 성가정은 예수, 마리아, 요셉의 가정처럼 하느님 안에서 신앙으로 하나되는 가정을 말하는데요, 사실 성가정은 소위 우리가 생각하는 것처럼 온전한 정상적인 가족의 모습만은 아닙니다. 예수님이 태어날 수 있었던 것은 요셉 성인이 하느님께 대한 순명으로 양부가 되어 주셨고, 동정녀로 잉

태한 마리아가 모진 삶의 고통을 함께 겪고 극복해나가는 과정에서 가능했습니다. 저는 어쩌면 인문학과 종교가 “타인을 향한 사랑”을 추구한다는 점에서 서로 일치하는 지점이 있다고 생각합니다. 우리가 여전히 ‘그래도 가족이다’라고 결론을 내릴 수 있다면, 그것은 사랑하는 사람들 간의 배려와 사랑을 포기할 수 없기 때문입니다.

한편 현대 사회에서 낙태에 대한 견해가 서로 많이 다릅니다. 여성의 권리와 관련해서 충분히 제기될 수 있는 문제라고 생각하지만, 그럼에도 불구하고 가톨릭 교회 안에서는 ‘생명’의 가치를 결코 포기할 수 없고 가족의 본질은 생명에서부터 비롯되기에 낙태를 반대하는 입장에 설 수 밖에 없는 것이지요.

— 류도향

수녀님께서 가족에 관한 논쟁적인 화두를 던져주셨는데요. 가족은 생명을 보존하는 기본 공동체라는 점에서 볼 때 대체불가능한 가치를 갖습니다. 최근에 가족 관련 해외 정책을 조사하고 있는데, 유럽 국가 중에서도 가족 정책이 잘 시행되고 있는 나라로 독일을 꼽습니다. 출산율도 높구요. 독일을 보니까 국가가 지원하는 많은 프로그램과 교육 속에 교회가 중요한 역할을 맡고 있더라구요. 개신교나 가톨릭계에서 관련 프로그램을 만드는 연구소를 운영하고 있고 가족의 가치를 수호하는 데 앞장서고 있었습니다. 종교가 가족 문제에 기여하는 입지가 크다는 것을 확인할 수 있었습니다.

그런데 교회에서 수호하는 가족의 가치가 어느 부분에서는 사회 인식과 간극이 있는 것 같습니다. 예를 들면 아까 허수정 수녀님이 중요하다고 언급하신 낙태는 여러 가지 이유로 너무 많이 실행되는 게 현실이구요. 2020년 헌법재판소의 판결로 2021년 올해 1월부터 낙태 처벌 관련 규정은 폐지되었습니다. 최근에는 연예인 사유리씨처럼 결혼하지 않고 아이를 낳는 비혼 출산에 대한 논의가 뜨거웠죠. 생명의 가치뿐만 아니라, 개인의 선택과 자유도 존중되어야 한다는 인식이 커지고 있는데, 어떤 부분에서는 교회가 수호해온 가치도 현대적인 방식으로 변화를 인정하고 포용해야 하지 않을까 생각이 듭니다. 기존의 가족을 수호하는 사람들과 새로운 가족을 원하는 사람들 사이에 인식 차이나 갈등을 해소해나가는 것도 매우 중요한 문제인 것 같습니다.

— 김상용

저는 이런 물음을 제기하고 싶어요. 가족이 인간을 둘러싸고 있는 수많은 문제들 중의 하나인가? 인간이 태어나면서 죽는 과정에서 발생하는 많은 문제들 중 하나인가? 제가 볼 때, 1부와 2부 간 관점의 차이가 극단적으로 드러나는 지점은 자연과 문화의 관계를 바라보는 그 관점에 있습니다. 교회 바깥에서는 자연을 인위적으로 지배, 착취, 교정, 조작, 변경, 개량할 수 있는 대상으로 이해하여, 그 결과의 산물을 문화라고 봅니다. 하지만 교회의 관점에서 자연은 그저 주어져 있는 소여가 아니라 선물입니다. 땅에 파종하여 물을 주고 거름을 주면서 잘 경작하여 풍성한 열매를 맺는 것, 이것이야말로 교회적 의미에서의 문화(culture)입니다. 자연은 극복할 대상이나 임의적으로 새롭게 구성해서 계발해 나가야 할 무엇이 아닙니다. 더욱 풍성한 인간적 가치, 즉 충만한 인간성을 구현해 가는 데 있어서 절대적으로 필요한 기초로서 거저 주어진 선물인 것이죠.

그러니까 교회의 입장에서 가족의 문제를 여기에 적용시켜보면, 전통적인 가족은 다양하고 새로운 형태의 가족을 이해하고 포용하는 데 있어서 중요한 준거가 됩니다. 풍요롭고 진정한 인간적인 가치를 담지하고 있는 전통적 가족이 있어야만, 이것을 토대로 삼아야만, 그 밖의 다양한 형태의 가족들도 인간의 품위와 자유를 유지하고 발전시켜 갈 수 있는 장소가 됩니다. 제가 볼 때, 전통적인 가족 형태 안에서 중요한 인간적 가치를 제대로 구현하지 못하도록 작용했던 인간학적, 사회학적 요인들이 다른 여러 문제들 또한 야기해 왔습니다. 전통적인 가족 형태를 보존하고 돌봄으로써 그 가족이 담지하고 있는 진정한 가치들이 사회에 뿌리를 내려 풍성한 열매를 맺을 수 있도록 장려할 때 새로운 시대적 환경에서 생겨난 다양한 형태의 가정이 건강하게 성장하고 발전할 수 있다고 봅니다.

__ 최대희

저는 오늘날 전통적 가족의 현실적 중요성을 지적하시는 김상용 신부님의 말씀에 동의합니다. 다만 인문학자의 입장에서 몇 가지 점에서 덧붙이고 싶은 고민이 있습니다. 우선 신부님께서 말씀해 주신 자연과 문화에 대한 구분은 인문학을 공부하는 저에게는 다소 익숙한 개념이기는 합니다. 다만 더 깊이 들어가 보면 무엇이 자연이고, 무엇이 문화인가 그 경계가 무엇인가를 물을 수 있다는 고민이 있다는 말씀을 드리고 싶습니다. 자연과 문화의 경계 설정이 쉽지 않다면, 우리 앞에 주어진 '소여'라는 것도 자연화된 문화일수도 있지 않는가라는 의문을 갖게 됩니다. 즉 문화의 어떤 한 형태가 역사적으로 확고한 자리를 잡아 그리하여 본질화되어 '자연'으로 불리지나 않는지 의문이 듭니다. 가령 부부중심의 전통 가족이라는 것도 선사시대부터 시작하여 역사적으로 볼 때, 여러 대안적인 가족들의 형태 중에서 선택되어 오늘날 우리사회의 가장 중심이 되는 전통 가족으로 자리 잡지 않았나 하는 생각입니다. 즉 전통 가족이란 형태는 시대적, 역사적 산물이라는 것입니다.

그렇다면 우리는 왜 전통 가족에서 출발해야만 하는가라는 질문을 던질 수 있습니다. 지금 우리 앞에 '소여'로서 존재하는 전통가족이

'선물'이고 역사적으로 존재한 다른 형태의 가족들이 '선물'이 아니라는 것을 무엇을 근거로 전제해야만 하는가라는 질문입니다. 그 경계는 누가 정하는가 무엇을 기준으로 정하는가라는 질문입니다. 교회의 관점에서도 전통가족이 '성가정'의 참모습인지 아니면 '진정한 사랑'을 담는 일종의 역사적 그릇에 불과한지 질문을 할 수 있다고 생각합니다. 저는 이런 질문을 따라가다 보면, 우리는 과연 전통 가족을 중심으로 두고 그 이외의 가족을 포용하는 형태로 사고해야만 하는가라는 의문에 다시 부딪히게 됩니다. 중심이 단 하나만 존재하는가 그리고 그 이외의 것은 모두 탈중심적인 위치에 두어야 하는가라는 의문이 드는 것이죠. 제가 보기에 오늘날 인문학의 관점은 탈중심적 사고를 전제하는 것 같습니다. 그러한 시각에서 가족을 바라보려고 하는 것 같습니다.

— 김상용

그리스도교가 가지고 있는 관점을 로고스 중심주의적이라고 이해하여, 하나의 진리만을 주장하기 때문에 역사적, 사회적, 문화적으로 폭력적 구조를 생산해 내는 데 주요한 역할을 했다고 비판하는 시각도 분명히 존재합니다. 이런 점에서 '과연 무엇이 중심인가'라는 질문은 매우 유의미한 질문입니다. 이런 질문을 던지는 것에 대해서 전적으로 동의합니다. 이제 중심 지점이 어디이고, 내가 서 있는 곳은 어디인가를 알아가는 것, 그러한 질문을 던지는 것이 중요한 것 같고요. 참고로, 그리스도교는 타자 중심적 관점을 견지하고 있다는 점을 말씀드리고 싶습니다. 우리가 이러한 대화를 나누고 담론화하는 과정 중에 건강한 인간관계와 건전한 사회를 구성하려는 교회와 세상의 노력과 협력이 싹트는 것이 아닌가 하는 생각을 해봅니다.

가정 사목의 역사적 변화와 지향

__ 류도향

말씀하신 것처럼 한국교회도 지금까지 한국사회의 변곡점마다 현실과 상호작용하며 역사적으로 변화해왔습니다. 이것은 종교의 절대적 지향을 지켜가면서, 동시에 현실적으로 변용하는 쉽지 않은 과정인 것 같습니다. 자체 모순과 갈등도 없지 않을 것 같습니다. 이 부분에 대해서 좀 더 얘기를 심화시켜보면 어떨까요?

__ 추주희

저도 가정 사목의 변화과정에 대한 글과 현재 가정 사목에 대해 평가해주신 신부님과 수녀님의 글을 흥미롭게 읽었습니다. 그 과정에서 가정 사목의 변화는 교황님 담화문과도 밀접한 연관성이 있었다고 보여졌는데요. 교황님의 담화문을 중심으로 그 변화를 추적해보면 교회 내에서 실질적으로 어떤 변화들의 씨앗들이 있었는지 살펴볼 수 있겠다는 생각이 들었습니다.

가정 사목과 관련해서는 크게 두 가지 측면에서 궁금해졌습니다. 첫번째는 지금까지 시행해온 가정 사목 프로그램들을 살펴보면, 프로그램들이 노인, 아버지, 어머니, 부부 등 대상 중심으로 구성이 된 것 같습니다. 그런데 내용을 들여다보니 각각의 대상들이 갖고 있는 구체적인 맥락 내에서 접근하는 방식이 변화하고 있는 것도 발견할 수 있었습니다. 그러니까 한편으로는 복음을 전파하려는 시도가 있는가하면 다른 한편에서는 복음과 현실 간 모순을 직시하려는 시도 역시 보입니다. 현실의 모순과 변화들을 직면하면서, 교회 안에서, 가정 사목 안에서 어떤 어려움들이 있으셨는지 좀 더 구체적으로 듣고 싶었습니다.

두 번째는 정영빈 신부님께서 쓰신 글 중에 가정 사목에 있어서 정체성이 중요하다는 문장이 나오는 데요. 가정 사목을 하는 입장과 동시에 가정 사목의 패러다임을 바꾸어 가는 입장에 있어서 바로 이 정체성을 확립하는 문제가 다른 어떤 것보다도 선행되어야 하고 고민해봐야 할 지점이 아닌가 싶습니다. 그래서 신부님께서도 가족에 대한 정체성의 확립이 가장 어려운 문제라고 인식하셔서 가정을 위해 국가가, 교회가 해야 할 일이 무엇인가를 고민할 때도 갈팡질팡하게 된다고 적어주신 것 같습니다. 그런 갈등의 지점과 고민들을 조금 더 구체적으로 말씀해주셨으면 합니다.

마지막으로 저는 두 분의 글을 읽으면서, 결국 우리가 '가족이란 무엇인가?'라는 질문을 던지는 순간, 기존의 통념 속에서 가족에 대한 접근을 고민해보게 되는 것 같습니다. 그렇다면 이제 가족 그 자체에 대하여 괄호 치고, 지금 만나고 있는 관계들에서부터 시작하게 된다면, 그것은 생활 공동체일 수도 있고, 기존의 틀에서 가족으로 묶이지는 않지만 서로 돌보고 친밀감을 형성하는 관계들일 수도 있을 것입니다. 그리고 아직 이러한 관계들에 어떻게 접근해야 할 것인지에 대한 교회적 입장이 분명하지 않기 때문에 사목적 활동에서도 어려움이 발생하지 않는가라는 생각을 해보았습니다. 이 지점에서 신부님과 수녀님들의 현실적인 고민들, 그리고 현존하는 가정 사목에 대한 적극적인 비판 혹은 대안들에 관한 이야기를 듣고 싶습니다.

__ 허수정

가정 사목 프로그램의 역사를 살펴보면 변화의 지점들을 발견할 수 있습니다. 초창기 가정 사목은 시대가 변화하면서 가정에 초래될 수 있는 위험에 대응하기 위해 '행복한 가정 운동'이라는 이름으로 시작되었습니다. 그렇지만 이 운동은 결국 출산을 억제하고, 혼전에 순결을 지켜야한다는 것으로 의미가 축소되었고, 지금까지도 여전히 이러한 부분은 지속되고 있습니다.

그런데 가톨릭 가정 사목 프로그램 중 하나인 '카나 혼인강좌'를 할 때마다 모순에 부딪히는 지점들을 발견하게 됩니다. 이 프로그램은 가톨릭의 혼인 생활 안에서 모범적인 가정 생활의 형태를 가르쳐줍니다. 예를 들어 이혼은 절대 안 된다, 부부 싸움을 자제해야 한다 등 구체적인 내용들을 담고 있는데요. 문제는 제 주변에도 이혼을 하신 분들도 많고, 가정 생활에서 어려움을 호소하시는 분들도 많은데 이것을 가르쳐야 한다는 것입니다. 그 중에서는 무신론자도 있고요.

가족의 다양한 형태들이 있고 문제점들에 봉착하게 되는 것도 사실입니다. 그렇지만 가톨릭 교회는 가정 안에서의 '생명에 대한 존중'이라는 중요한 가치를 결코 포기할 수 없습니다. 또한 가족에 대한 중요한 보수적 가치도 놓칠 수 없습니다.

그러나 이것을 모두 아우르는 더 큰 범주는 바로 "구원"일 것입니다. 그 어떤 프로그램이든, 어떤 미션이든 간에 그리스도교에서 최종 목표는 "구원"입니다. 그리고 가정의 형태도 바로 이 "구원"이라는 측면에서 고려되어야 할 것입니다.

__ 추주희

혹시 드라마 '마인' 알고 계실까요? 마인에서 굉장히 외롭고 불안하게 살아가고 있는 상류층 가족이 나오는데요. 그 가족에서 핵심 인물로 나오는 분이 수녀님이시거든요. 수녀님이 각각의 가족 구성원들을 상담하면서 한편으로 그 구성원들이 구원받을 수 있도록 복음을 전파하고, 다른 한편으로 혈연으로 묶여 있지 않지만 혈연으로 묶인 가족보다 더 가족과 같은 관계를 형성하면서 생명을 나누는 모습을 보여주거든요. 드라마였지만, 오늘 이야기를 나누면서, 현대사회에서 가정 사목의 의미를 떠올려보기도 하였습니다.

오랫동안 사목 프로그램들은 계속 있어왔지만 그 안에서의 모습은 다양할 수밖에 없을 것 같습니다. 결혼 생활 초반에는 행복했지만 이혼한 부부도 있을 것이고요. 이러한 현실적이고 경험적인 부분에 있어서 가정 사목은 신자들의 다양한 삶의 맥락 내에서 어떻게 접근하고 있는지 궁금합니다.

— 허수정

사실은 제가 저희 교구에서 하고 있는 프로그램을 중심으로 글을 작성했지만, 사회복지쪽에서 상담사들도 활동하고 있고, 낙태치유피정과 같은 프로그램 역시 존재하거든요.

교회는 시대의 징표에 맞춰 따라가야 한다고 생각해요. 저희 교회의 입장도 시대의 고유한 목적이나 영성이 있지만 시대마다 발생하는 가난하고 소외된 사람들을 향해 늘 먼저 마음을 쓰고 열려 있습니다.

가정을 보는 시각도 다르지 않습니다. 물론 교구마다 강조하는 지점이 다르고 프로그램도 상이하지만 기본적으로 공유하고 있는 중심은 가정의 소중함이 아닐까 싶습니다.

— 김상용

구원이 단지 종교적인 언어만은 아닐 것입니다. 교회 바깥에서는 인간 구원을 인간의 진보와 해방으로 이야기하지요. 여기서 '인간은 누구인가?'라는 질문이 먼저 제기되지 않을 수 없지요. 그래야만 인간 존재의 심화와 확장을 실현해 나가는 방식을 선택할 수 있을 테니까요. 세상은 교회를 '안 돼!'라고만 말하는 터무니없이 엄격한 규범 집단으로 보기도 합니다. '동성애 안 돼!', '피임 안 돼!' 등의 형식으로 말한다고 생각하기 때문이지요. 일부 가톨릭 신자들 또한 그렇게 여깁니다. 이런 생각은 '안 돼!'만을 바라보기 때문입니다. 그래서 교회를 현대 사회에 합리적으로 적응하지 못하는 완전히 낡고 저능한 집단으로 여깁니다. 그렇지만 교회는 '안 돼!'를 말하기보다는 더욱 큰 '돼!'를 말하고자 합니다. '동성 간에는 성적 결합을 떠나 서로를 위해 목숨을 바치는 영원한 우정과 사랑을 나눌 수 있어!', '자연적인 성 행위로 사랑을 보다 풍요롭게 향유할 수 있어!'라고 말하는 것이지요. 부부 간의 사랑은 부모와 자녀 간의 사랑과 그 방식을 달리 합니다. 동성 간의 사랑이 이성 간의 사랑과 그 방식을 달리하는 것은 자연스러운 일입니다. 피임 주장은 인공수정 주장과 맥락을 같이 합니다. 인간이 인간의 실존을 자의적으로 거부하거나 생산해낼 수 있다고 보는 거지요.

교회가 '안 돼'라고 말하는 이유는 '생명', '사랑'의 현상학적, 존재론적 구조와 관련되어 있습니다. 생명과 사랑은 모두 자아 중심적이 아니라 타자 중심적인 구조를 지니고 있지요. 그런데 시대와 문화가 변하고 기술이 발전하면서 이 개념들 역시도 굉장히 유동적인 구조로 개조되었어요. 인문학에서도 가족의 유동성에 대해서 말하게 되었지요. 그런데 이 같은 유동성 자체를 아주 자연스럽게 받아들이고 있는 현실에 대해서 잘 생각해봐야 합니다. 이 유동성이 과연 인간의 자유를 확대시키고 인간의 삶을 풍요롭게 하고 있는가? 역사적으로 생산된 다양한 것들이 정말 모두 좋은 것인가? 교회는 이런 질문을 던지며 정화의 역할을 수행하고자 합니다. 이런 점에서 교회가 세상이 내놓는 이야기에 귀를 기울일 필요가 있는 것처럼, 세상 역시도 교회의 이야기를 경청할 필요가 있는 것이지요.

_ 추주희

가정 사목 프로그램을 이끌어오신 정영빈 신부님께도 말씀을 들어보고 싶습니다. 가정 사목의 방향성과 실제 현실에서 괴리되는 부분은 어떤 점이 있으신가요?

__ 정영빈

일단 이혼에 대한 부분을 말씀드리자면, 이혼했기 때문에 죄가 아니라 하느님의 자비를 보지 못할 때 죄라고 할 수 있겠습니다.

한편 가정 사목은 본당에서 아직은 자리를 잡지 못하고 있습니다. 사실 성당 안에서는 이미 청소년 분과, 사회 분과, 레지오 등 다양한 분과들이 기능할 하고 있다가, 교황님의 말씀에 따라 가정 분과가 갑자기 만들어지게 된 거예요.

그러다보디 가정 분과는 본당 신부님의 의향에 따라 그 성격과 역할도 달라지게 되어서 이렇게도 되었다가 저렇게도 되었다가 하게 됩니다. 이 지점에서 제가 고민을 하게 되는 거죠. 가정 분과에 대한 정확한 지침을 내려주어야 하는지, 혹은 방향성 정도만을 정해주어야 하는지를 말이죠.

또 저는 제가 직접 했던 프로그램 안에서의 경험을 중심으로 가정 사목을 바라보면, 가정 패러다임 변화는 필요하다고 생각하면서도 급진적으로 바꿀 수는 없기 때문에, 점진적으로 변화시켜나가야 한다고 봅니다. 예를 들어 아버지 학교에서의 경험을 말씀드리자면, 5주 차 프로그램은 아버지의 상처를 다루게 됩니다. 이 프로그램을 모델로 삼아 어머니 학교에서도 아버지의 상처와 관련된 내용을 강의할 때, 한 수강자가 한 봉사자에게 화를 내는 거예요. 아버지에 대한 좋은 기억을 간직하며 살았는데, 왜 당신들이 나쁜 기억을 자꾸 꺼내게 만드냐고요. 그 이후 어머니의 상처라는 주제에서 어머니의 마음이라는 주제로 바꾸게 되었습니다.

틴스타의 경우에도 비슷한 문제에 부딪히게 됩니다. 틴스타는 그리스도교적 성교육을 하는 프로그램인데요, 이 교육 과정에서 생명과 자신의 몸을 소중히 다루는 것을 배우게 됩니다. 그런데 틴스타를 수강한 봉사자마저도 그 안에서 틴스타 정신으로 이야기하는 것이 아니라 사회적 관점을 가지고 이야기를 하고, 실제로 본인도 그렇게 생각하지 않는다는 데서 위기의식을 느끼게 되는 것이죠.

가정 사목 안에서 구원은 상처가 있다면 치유가 되는 것이고, 외로움이 있다면 외로움을 없애는 것일 겁니다. 불행에서 행복으로 가는 길, 그것이 구원인 것이죠.

관계 속에서도 대물림이라는 것이 발생합니다. 부모가 자식에게, 또 자식이 부모가 되어서 자신의 자식에게 대물림을 합니다. 예를 들어서 제가 시골에서 사목할 때, 한 형제님께서 돌아가신 아버지한테 인정 못 받은 데 대한 상처가 너무나 커서 술로 그 마음을 달래는 겁니다. 그런데 술을 먹으면 부인이나 딸에게 또 상처를 주게 되어서 저와 만났을 때는 상태가 좋아졌다가 다시 또 갈등이 발생하게 되는 현상이 반복되지요.

이런 점에서 본다면 사목 프로그램은 해결책이 아니라 어디까지나 예방책이라고 봅니다. 프로그램 안에서 정말로 가족이 관계를 회복하려면, 가족 구성원 전체가 모두 참여해서 협업해야만 가능합니다. 그리고 너무 심한 경우는 사목 프로그램이 아니라 상담소에 가야겠지요.

또 '선택' 프로그램 같은 경우 미혼 남녀가 참여하는 사목 프로그램입니다. 이 프로그램은 가족에 대한 소중함을 느낄 수 있도록 도와줍니다. 그런데 한 남자와 한 여자가 지금까지 각기 다른 삶을 살다가 20대에 만나고, 요즘에는 30대, 40대에 만나고 있잖아요. 과연 이들이 잘 맞추어 나갈 수 있는지를 잘 모르겠어요. 그럴수록 관계를 위한 프로그램이 더욱 절실해진다고 봅니다. 다들 관계가 중요한지는 압니다. 하지만 엄두를 못 내기도 하고 스스로 고립된 시간을 어쩔 수 없이 고수하기도 합니다. 하지만 인간이 사회적 동물이긴 하나 결국 관계 속에서 스스로를 발견하고 관계를 맺어가는 과정들은 성장이고 어쩌면 자신의 미래를 정하는 시간일 수 있습니다.

특히 코로나 이후에 가족 내부의 갈등 상황은 더욱 심각해진 것 같습니다. 각자 밖에서 생활하다가 집 안에서만 생활하게 되니, 보이지 않던 문제들이 터져 나오고, 부부 갈등, 가족 싸움이 더욱 적나라하게 드러나는 것 같아요. 이제 저는 인문학 하시는 선생님들에게 묻고 싶은데요. 인문학에서는 우리 교회가 이런 상황에서 무엇을 할 수 있겠는지, 무엇을 도와줄 수 있겠는지, 어느 방향으로 나아가면 좋겠는지요?

가정의 위기에 대하여

__ 류도향

인문학에서는 무엇보다 가족인식의 개선 문제가 시급하다고 생각합니다. 바람직한 실천은 늘 바림직한 인식을 동반합니다. 실천과 인식은 별개의 것일 수 없고, 항상 서로를 보완하고 추동합니다. 기존의 가족인식은 너무 고정적이고 협소해서 현실의 가족들을 다 포용할 수도 없고, 다양한 형태의 가족실천을 불가능하게 합니다. 부부와 자녀로 구성된 핵가족만 가족이라고 고집하니까 가족이 내적으로 붕괴하고 있다고 저는 생각합니다. 전통사회에서는 동네에 친척들이 모여살고, 친척이 아니어도 이웃집 숟가락이 몇 개인지 안다고 할 만큼 상부상조하며 살았습니다. 서로 의지할 수 있는 다양한 관계망이 있었기 때문에 가족 문제가 해소될 수 있는 여러 가지 통로가 존재했던 거죠.

내 자식, 내 부모만 고집하고, 가족이 아니면 세상에 기댈 데가 없다고 여기는 인식이 가족을 더욱 불행하게 만드는 것 같습니다. 아무리 사랑하는 부부도 두 사람의 힘만으로 복잡한 삶의 문제들을 다 풀어내지 못해요. 서로 간에 친구도 있어야 하고, 좋은 이웃도 있어야 하고, 동네가 살기 편해야 하고, 지역공동체나 국가가 두 사람의 삶을 지원하는 시스템이 필요합니다. 협력자들이 갖춰져 있지 않은 상태에서 내 남편은, 내 아내는 나를 다 이해해주겠지, 도와주겠지 기대는 커지고, 그게 채워지지 않을 때 갈등은 커질 수밖에 없습니다. 갈등의 표면적인 요인은 가족구성원들 개개인에게 있는 것처럼 보이지만, 보다 근본적으로 갈등을 유발하는 요인은 가족의 외부, 즉 사회문화적이고 구조적인 문제에 있습니다. 가족에 관련된 법과 제도도 달라져야겠지만, 사회적 인식 변화가 있어야 사회도 달라지겠죠. 반드시 결혼해서만 가족이 아니라, 진실하고 친밀한 관계들이 또 하나의 가족이라는 유연한 사고방식을 확산할 수 있어야 하고, 저는 인문학뿐만 아니라 교회가 중요한 역할을 맡아야 한다고 생각합니다.

__ 최대희

저희가 이전에 세미나를 진행하면서 논의를 한 바 있고 또 김정용 신부님이 쓰신 '누가 내 어머니고 내 형제들인가'라는 글에서도 '성가정'에 대한 개념과 소개가 나오는데요. 신부님께서는 그 글에서 현상적으로 존재하는 모든 가정의 형태가 과연 진보적인가? 라는 질문을 던지셨습니다. 김정용 신부님은 그 글에서 '성가정'의 개념을 소개하면서, 그것을 판단의 출발점으로 삼아야 한다고 지적합니다. 신부님은 우선 성가정 개념에서 가족의 본질은 언제나 인격적 관계와 친교를 통해서 드러남을 강조하십니다. 나아가 신부님은 이 글에서 아버지 요셉, 어머니 마리아, 아들 예수가 혈연적 가족 관계에 근거하고 있지 않다는 점도 아울러 강조하면서, 이것이 혈연이 아니라 신적 차원에서 관계를 형성하고 있다고 말씀하십니다. 비신도인 저에게 이런 신적 차원은 해석하기 쉽지 않습니다. 그렇지만 김 신부님이 신적 차원은 인격적, 관계적 만남의 원천인 신적인 것에 근거한다는 의미라고 부연설명을 덧붙이고 있습니다. 그리하여 저는 일단 "나와 너의 관계를 본능적으로 맺어주는" 것을 넘어서 있는 그리고 "나와 너의 관계로 제한되는" 것을 넘어서 있는 존재적 근거, 즉 신적 원천이 성가정의 판단 기준이라고 이해합니다. 비신자인 저는 구원과 같은 맥락은 잘 이해하지는 못하지만, 그 구원이 삶의 역사 속에서 "나와 너의 자유롭고 인격적인 사랑과 수용을" 통해 표명된다는 지적은 다소 쉽게 이해가 됩니다. 그리고 이러한 사랑이 신적인, 즉 보편적인 사랑을 지향하고 있다는 것으로도 이해가 됩니다. 다만 제가 주목하는 것은 성경이 강조하는 바, 삶의 역사에서 펼쳐지는 인격적이고 상호적인 관계적 측면입니다. 이러한 측면에 주목한다면, '가족이란 무엇인가?'에 대한 성경적인 판단 기준은 전통가족이 터하고 있는 혈연적 관계가 아닐 것이고, 어떤 '가족'이란 것이 전통가족에서 크게 벗어나 있다 하더라도 그 안에서 오히려 나와 너의 자유롭고 인격적인 사랑이 작동한다면 그러한 관계를 그러한 가족을 성가정의 출발점으로 볼 수 있지 않을까 하는 점입니다. 저는 성경에서 '성가정'이란 개념이 구체적으로 어떤 의미로 사용되었는지 논할 위치에 있지 않습니다. 다만 저는 인문학자로서 그 개념을 일종의 '메타포'로서 읽어내고 싶고, 그것의 기표와 기의를 그것이 사용된 역사적 맥락에서 이해하고 싶습니다.

만약 우리가 인격적 상호관계를 성가정의 출발점으로 삼는다면, 그렇다면 우리는 오늘날의 여러 가족 형태들을 새롭게 읽어내는 것도 가능하다고 생각합니다. 혈연에 초점을 둔 전통가족이 우리 사회의 중심에 서 있는 것이 아니라, 거꾸로 인격적 관계와 사랑이 넘치는 곳이 바로 가족이 만들어지고 있는 곳이 아닌가? '누가 너의 이웃인가?'라는 어느 랍비의 질문에 예수님은 '이웃'이라는 명사에 주목할 것이 아니라, 아프고 병든 자를 찾아 나서 그 사람의 이웃이 되라고 말씀하신

착한 사마리아인의 이야기를 떠올려 봅니다. 저는 예수님의 말씀의 여러 깊은 뜻을 다 새기지는 못합니다. 다만 '가족'이라는 고정된 명사적 틀이 중요한 것이 아니라, 내가 누군가를 찾아가서 만남을 가지고 친구가 된다면, 즉 내가 그의 이웃이 된다는 동사적 측면은 저에게 매우 소중한 인식을 전달합니다. 바로 누군가와 인격적 만남을 하고 친교를 맺는 것, 즉 동사적 움직임이 가족의 본질이고 그런 만큼 명사적으로 주어지는 시대적, 역사적 가족의 틀은 언제나 유동적이라는 것 그리고 이러한 인식을 '성가정'의 출발점과 연관지어 고민해 볼 수도 있지 않을까 생각해 봅니다.

__ 정규현

저는 교수들과 세미나를 하면서 '가정의 위기나 가정의 해체라는 것이 개념적으로 정리가 되는 것인가'에 대한 생각을 하게 되었어요. 제가 보기에 '가정 위기'와 같은 것은 인간이 가지고 있는 근본적인 위기인 것 같아요. 즉 인간이 가지고 있는 근본적인 물음인 듯 합니다.

얼마 전 사회복지회에 계신 신부님과 만나서 이야기를 나누었는데, 10년 전쯤에 조손 가정에 대한 문제가 엄청나게 대두되어 그것에 대한 보호 장치나 필요한 배려를 논했다면, 10년이 지난 지금은 그 아이들이 모두 커서 또 다른 새로운 문제에 직면하고 있다는 것입니다. 아이들이 자라 20대가 되었는데, 그 아이들을 키웠던 할머니, 할아버지가 더 이상 일을 하지 못하게 되자 이제 그들이 할머니, 할아버지를 돌보게 되었다는 것이예요. 이러한 문제를 가톨릭 사회복지회에서는 인식하고 있고 어떤 식으로 지원을 할지 고민하고 있다는 이야기를 신부님으로부터 전해 들었습니다.

그러니까 교회 안에서 우리는 1인 가구, 미혼모, 이주 가족, 새터민 가족 등 어떤 형태의 가족이든 그들이 가지고 있는 다양한 고민들과 어려움들을 도와 구원을 향한 움직임으로 이끌어 가려고 노력하고 있습니다.

교회는 사회에서 바라보고 있는 가정의 관점을 충분히 수용하고 품어내는 방식을 취하고 있습니다. 교회는 공동체 안에 그 누구를 막론하고 다양한 사람들을 엮어내고자 합니다.

그런데 저희가 정말로 문제 제기하고자 하는 것은 전통적으로 기둥이 되어야 할 가정이 관계중심적으로 나아가지 못하고 있다는 것, 하느님 사랑을 담지하는 관계로 나아가지 못하고 있다는 것이고, 이 문제들을 직시하면서 관계 중심적이고 하느님의 사랑을 담아내는 관계를 어떻게 만들어 나갈 수 있는가입니다. 가정 안에서 자라날 수 있는 사랑의 결실들과 사랑의 뿌리를 어떻게 하면 살려내고 풍성하게 만들 수 있는가를 고민하고 있다는 것이죠. 그러니까 우리가 가정 사목 안에 다른 형태를 품어내지 않겠다는 것이 아닙니다. 다양한 형태들을 안고 가되, 전통 가족 안에서의 사랑 역시도 지켜내겠다는 것입니다. 저는 교황님의 회칙도 이러한 문제의식을 기반으로 해서 나오는 것이 아닌가 싶어요.

__ 최종훈

정규현 신부님의 말을 보충하자면, 저는 용어의 범위 자체가 일반 사회학하고 교회하고 다른 것 같아요. 일반 사회학에서 가족은 어떤 인격적 관계, 친밀한 친교를 뜻하는 것 같아요. 반면 교회 안에서는 김정용 신부님이 썼던 "누가 내 어머니고 누가 형제냐"에서 보여질 수 있듯이, 혈연적 관계가 아니라 하느님과 친교와 일치를 이루며 살아가는, 하느님을 믿는 공동체입니다. 내가 이 사람과 관계를 맺으면서 하느님을 믿고, 인격적 관계를 맺으며, 친교를 나누는 가운데 하느님의 자녀가 되어감으로써 새로운 가족으로 나아간다는 것이죠. 이와 같이 교회적 관점에서 가족을 보게 되면 가족의 범위 자체가 너무 넓게 됩니다.

다음으로 교회 안에서는 또한 전통적 가족에 대해서만 시선을 맞추고 있죠. 그러다 보니 전통적 가족 안에서 생명이 빠지게 되면 아무것도 되지 않게 됩니다. 이러한 생각은 교회의 입장 안에서 지극히 개인적인 제 생각입니다만, 저는 가족을 더욱 세분화시켜야 한다고 봅니다. 교회 역시 사회에서 말하고 있는 가족 패러다임에 발 맞춰나가야 한다고 보기 때문입니다. 제 글도 가정 사목 안에서의 가족 패러다임에서 한발 물러나 등을 돌려 어떻게 하면 중심적인 시각에서 조금 더 넓은 시각으로 확장시켜 나아갈 수 있을까하는 문제의식으로부터 시작된 것입니다. 그 근거를 성경에서 찾아보자는 것이죠.

저는 친교를 이루기 위한 우리들의 문제점들을 바라볼 수 있도록 해주는 키워드가 "외로움", "원초적인 외로움"이라고 해석합니다. 가정 사목은 고독을 없애주기 위한 방향으로 나아가야 합니다. 기존의 가정 패러다임에서는 1인 가족은 가족이 아니기에 가정 사목 안으로 들어올 수 없었습니다. 하지만 가정 패러다임을 전환해 확장하기 시작하면 그들도 가정 사목 안에서 돌봐주어야 할 대상이 됩니다. 어떻게 하면 그들을 잘 돌보아서 외로움을 덜어줄 수 있을까? 이런 고민들을 할 수 있게 됩니다.

— 류도향

어떻게 보면 우리가 근본적으로 다른 말을 하고 있지 않다고 느낍니다. 친교하고 가장 깊은 유대를 느끼고 사랑을 이어나가는 그런 관계를 가족이라고 말씀하시는 것 같습니다. 교회가 이런 부분에 많은 노력을 기울여온 것을 부정하는 것은 아닙니다.

그렇지만 이런 부분을 감안하더라도 사회의 시선에서 교회에 이런 물음을 던질 수 있을 것 같아요. 정규현 신부님의 원고를 보면 '사목적 식별'이라는 말을 나오는데요. 식별한다는 것은 좋은 가정, 하나님의 사랑이 있는 가정, 어떻게 보면 건강한 가정과 그렇지 않은 가정을 구분한다는 말입니다. 그것과는 다른 가정들, 예를 들어 동거, 사실혼, 이혼, 재혼 등의 다른 가정들이 있는데, 이 가정들에도 교회는 자비를 베풀어야 한다는 것이구요. 물론 교회가 이러한 사목적 식별을 선한 의도로 한다는 것을 알고 있지만, 이런 식별이 다양한 형태의 가족들에게는 낙인이 될 수 있습니다. 제가 아는 분도 천주교 신자인데 이혼을 했어요. 그런데 교회를 가기 싫다는 거예요. 그 이유는 신부님께서 강론말씀 때 이혼은 죄라고 말씀하셨다는 거예요. 이혼할 수밖에 없었던 현실이 원망스러우면서, 자기가 죄인으로 느껴지더래요.

사람들이 언제 잘 산다고 생각할까 생각해보면... 물질적으로 풍요로우면 잘 사는 걸까요? 경제적으로 안정되는 것도 중요하지만, 그것만으로 삶의 여유가 생기는 것 같지는 않습니다. 다른 사람들에게 너는 잘 살고 있다 인정받을 때, 한 사람으로 존중받고 귀하게 여겨질 때 진짜 행복감과 여유가 생기는 것 같아요. 소외된 계층이 마음 깊이 바라는 것은 물질적 지원이 아니라, '너도 다르지 않아, 이혼했지만 잘 살 수 있어. 행복하게 살 권리가 충분히 있어'라고 격려 받고 똑같이 대우받는 것일지 모릅니다. 이러한 인정받음이야말로 인문학적으로, 종교적으로 채워져야 할 영혼의 양식이 아닐까요? 우리가 교회에 가서 위로를 받고 사회에서 경쟁하는 관계와는 다른 친밀한 관계를 맺고 싶은데, 사목적 식별이 진입의 문턱이 되는 건 아닐까요?

— 정규현

맞아요. 그리고 사목적 식별은 제 표현이 아니고 교황님의 표현입니다. 사실 교회가 전통적으로 가지고 있었던 윤리관에 대한 다양한 도전들에 대해 교황님께서는 지금 굉장히 폭넓은 시선으로 풀어내고자 하면서도, 동시에 저희가 가지고 있는 가치관은 포기하는 것이 아니라고 장엄하게 이야기하고 계십니다. 교황님께서는 사목자로 하여금 신도들이 하나님을 향해 나아가도록 이끌어 계시면서도, 법적으로는 실제로 가톨릭 윤리에서 벗어나 있는 문제들을 사목적인 배려라는 이름으로 교회 안에서 품을 수 있도록 해주는 비공식적 장치들을 용인합니다.

물론 교회 안에 들어오고 싶고 공동체 안에 포함되고 싶은데도 나만 바깥에 있는 듯 한 느낌을 교회가 줄 수도 있다고 생각해요. 그렇지만 제가 강조하고 싶은 것은 교회가 교회 바깥에 있다고 생각하는 이들이 교회 안에 들어올 수 있도록 그들을 초대하고 다가서는 것을 포기하지 않고 계속해서 시도하고 있다는 것, 그리고 사회 혹은 교회에서 죄라고 여기는 것들도 함께 고민하고 포용하면서 구원으로 이끌어가고자 한다는 것입니다.

__ 최대희

앞서 제가 '중심'과 '탈중심'이라는 말을 사용했었는데요. 우리는 사람과의 관계를 이야기 할 때, 흔히 배려, 환대, 관용 이런 좋은 말들을 사용합니다. 이러한 좋은 말들이 사회에서 구체적으로 실천될 때 우리사회가 좀 더 따스해지고 풍성해진다는 점에 대해서는 전혀 의심할 여지가 없습니다. 다만 우리가 이 좋은 말들을 사용할 때 우리가 '중심'을 상정하게 되면, 중심은 '정상'이 되기 십상이고 그 외 다른 것은 그것으로부터 이탈되어 있는 결손 또는 결핍으로, 요컨대 '비정상'으로 이해되기 십상이라는 점입니다. 결혼으로 묶여 법적으로 안전하게 잘 사는 부부도 사랑 없이 살 수도 있고, 법적으로 묶여 있지 않은 동성애자 커플이라도 서로 아끼고 배려하는 관계가 있을 수 있습니다.

우리가 '정상성' 사고로부터 일단 벗어나면, 윈도우 부부와 동성애자 커플 사이의 위계를 쉽게 설정할 수는 없습니다. 저희들은 어느 쪽이 보다 완전한 가족의 형태이고 어느 쪽이 결핍된 형태인지 그 경계를 설정하는 것이 쉽지 않다는 생각을 하는 것입니다. 우리가 수용, 배려, 사랑, 포용해야 할 대상이라는 좋은 표현들을 사용할 때, 신중해야하는 이유입니다. 또한 중심은 시혜자의 관점에 서고, 그것으로부터 벗어나 있는 것은 수혜자로 타자화가 되기 십상입니다. 관용이라는 것은 위계질서에서 상위에 있는 자가 그렇지 않은 자에 대해 가지는 일종의 여유라고 해석될 수도 있습니다. 관용이란 권력을 가진 자가 그렇지 않은 자의 행동과 태도가 불편하나, 그것을 참아주고 배려하는 것입니다.

인문학자는 이러한 위계 관계 자체를 일단 의문시하는 버릇이 있습니다. 그리하여 관계를 맺고 연대하고 사랑할 때, 인문학적 관점에서 '주체'라는 관점이 매우 소중함을 강조하고 싶습니다. 서로가 서로에 대해 주체로 인정하지 않을 때, 그들 사이에는 연대와 친교가 성립될 수 없기 때문입니다. 우정이라는 것은 동등한 사람들 사이에서 생겨나는 태도이고 감정입니다. 비록 신자가 아니지만 상호주체적 만남이 가능한 공간으로서 교회라는 공간을 상상해 봅니다.

어떻게 가정을 이어갈 것인가

__ 류도향

활발하게 토론이 오가다 보니까 벌써 마칠 시간이 가까워오네요. 이제 한 분씩 돌아가면서 마지막으로 꼭 하고 싶은 얘기를 나누고 끝냈으면 합니다. 마무리 발언은 가족과 관련해서 우리가 앞으로 어떤 지향을 가지고 어떤 실천을 해야 할까에 초점을 맞춰보면 어떨까요? 혹은 글을 작성하면서 느끼신 바나 못 다한 이야기를 해주셔도 좋습니다.

저는 교회가, 또는 인문학이 사람들이 안전하게 느끼는 장소를 더 많이 만들어줬으면 좋겠다는 생각을 하는데요. 안전하다고 하는 것은 내가 누군가에게 약한 모습 보여도 뒤통수 안 맞는다는 신뢰, 내가 힘들고 어렵지만 손을 뻗으면 주변에 도움을 줄 수 있는 사람들이 있다는 최소한의 믿음이 있는 상태인 것 같아요. 저도 제 어머니가 암 투병 중이시고, 거기다 얼마 전에 동생네 아기가 태어나서 다사다난한 가족풍경 속에서 살고 있는데요. 양육과 돌봄의 영역에서 가족이 똘똘 뭉쳐도 해결하기에 힘이 부친 거예요. 이럴 때 기대고 연결할 수 있는 관계망이 있으면 너무 좋겠다는 생각이 드는 거죠.

독일 같은 선진국은 자원봉사 체계가 너무 잘 되어 있더라구요. 예를 들면 다세대 하우스라는 센터가 전국 곳곳에 세워져 있는데, 집이 없는 노인들을 위한 공동주택 시설이에요. 그런데 단순한 노인 요양원 같은 시설이 아니라, 탁아소, 식당, 거실 등 다양한 목적 시설이 겸비된 공간이에요. 이 공간은 여러 세대들이 함께 모여 서로 각자의 재능을 기부하면서 자원봉사하고 소통하는 목적으로 사용됩니다. 은퇴한 노년층은 아이들을 위해 동화책을 읽어주는 봉사를 하고, 젊은이들은 노인들에게 스마트폰 사용법을 알려줍니다. 심심할 때 가서 티타임을 즐기며 대화를 하고 취미생활도 합니다. 지역 주민들이 해결하고 싶은 문제가 생기면 자기네들끼리 자발적으로 모임을 만들구요.

이런 관계의 장소들이 한국에서는 정말 너무 부족하고 모든 돌봄의 지점들을 가족들이 떠안고 있어서 결국에는 불행해질 수밖에 없는 악순환이 반복되는 것 같아요. 교회나 국가에서도 많은 지원들을 하면서 관련 정책들이 점점 늘어나고 있긴 하지만 아직도 턱없이 부족한 현실입니다. 이러한 현실적인 문제들이 저희의 고민이고, 앞으로 작으나마 교구와 함께 연결망들을 만들어나가고 확장시킬 수 있었으면 좋겠어요.

_ 추주희

저는 위기가 위기를 둘러싼 층위마다, 개인마다 다르다는 점을 강조하고 싶습니다. 종교와 사회가 보는 위기가 다르고, 또 위기가 누구의 입장을 통해서 해석되느냐에 따라 다릅니다. 누가 위기를 말하는가에 따라서도 위기를 다르게 규정할 수 있습니다. 어떤 개인에게는 가족이 더 위험한 요소가 될 수 있고, 또 어떤 개인에게는 국가 안에서, 제도적 가족에서 배제되면서 위기를 겪기도 합니다.

이런 의미에서 우리가 위기의 가족 혹은 그 위기를 겪는 개인을 이야기할 때 "위기"에 대한 주류적이고, 다수자적인 정의를 통해서 이야기하는 것은 한계가 있다고 생각합니다. 코로나 팬더믹의 위기를 모두가 경험하지만, 지금 상황에서 모두가 동일한 위기를 똑같이 경험하는 것이 아닌 것처럼 말입니다. 그렇기에 각기 다른 위치와 맥락을 더 들여다 볼 수 있어야 한다고 말씀 드리고 싶습니다. 덧붙여서 말씀드리면, 지금 현재 우리 사회 속에서 다양한 가족 형태를 인정하고 포용하는 것처럼 이야기하지만, 사목 현장에서도 또한 연구 현장에서도 그러한 인정과 포용이 단순히 다양하다는 말로 모두 포용되거나 인정되지 않는다는 점도 알고 있습니다.

그럼에도 불구하고 우리가 왜 가족과 관련된 이야기를 해야 하는가를 물었을 때, 기존의 언어로는 포착될 수 없는 새롭게 등장하는 차별의 지점들에 대해 말하고, 또한 보이지 않은 차별을 경험하는 사람들이 직접 말할 수 없는 차별에 접근할 수 있도록 하는 하나의 지점과 언어를 제공할 수 있기 때문입니다. 동시에 교회와 인문학이 각기 다른 입장에서 또한 각자의 언어를 만들어 나가고 있다고도 볼 수 있겠죠.

저는 가정 사목의 역사 안에서 변화하는 가족 형태를 수용하려는 노력에도 불구하고 여전히 사회적 인식과 괴리되는 지점들이 존재하고, 이를 솔직하게 들여다보고 이야기 나누는 것도 중요하다고 생각합니다. 오늘 이 자리가 그런 첫 출발점이라고 생각합니다.

덧붙여 저는 우리가 인식할 수 없었지만 사라지고 있는 삶의 단편을 찾고 불평등이라는 관점에서 다양한 위치에 놓여 있는 청년들의 목소리를 듣고자 글을 썼습니다. 어떤 청년들은 '가족을 만들지 않겠다'고 선언하고, 또 어떤 청년들은 계급적으로 조건이 맞는 사람들하고만 만나겠다고 합니다. 이처럼 청년들은 다양한 스펙트럼 속에서 사람들과의 관계를 형성하고 있습니다. 이들의 이러저러한 선택은 오랜 세월 동안 우리 사회 속에서 축적된 사회의 구조적인 문제나 불평등과 연결되어 결정된다는 점에서 비판적인 물음을 던지고 싶었습니다. 사회복지 현장에서 부딪히는 문제들도 이와 연결되는 부분이 있지 않을까 생각해봅니다.

— 김상용

저는 우선 차이와 차별을 구분할 필요가 있다고 봅니다. 차이(difference)를 말하는 것이 제약과 구속을 주장하는 것은 아닙니다. 차별을 조장하는 것이 아니라는 것이지요. 오히려 그리스도교의 입장에서 보면 차이는 인간에게 축복입니다. 차이는 인간의 진보와 구원을 실현해 나가는 일에 있어서, 또한 친교와 일치를 이루는 일에 있어서 없어서는 안 되는 요소입니다. 그래서 차이는 차별(discrimination)과 다르죠. 인간과 하느님, 여성과 남성, 개인과 공동체 간에 존재하는 차이성은 근본적인 것이지요. 그런데 차이와 차별을 등치시켜서 보면 인간성을 오해하거나 그것을 파괴하게 되는 무서운 결과가 초래됩니다.

가족에 대한 물음은 기억에 대한 물음으로 수렴되는 것 같아요. 인간의 '처음'에 대하여 던지는 질문, 이 질문이야말로 현대 가족이 위태롭고 불안한 이유를 올바로 묻고 이에 대한 적절한 답변에 점근해 갈 수 있는 길을 열어 준다고 봅니다. 인간인 '나'의 존재의 기원은 가족입니다. 교회는 가족의 원형과 완성을 삼위일체 하느님에게서 발견합니다. 하느님께서는 인간을 당신의 모상으로 창조하셨지요. 성부, 성자, 성령이라는 삼위 간의 차이성과 동일성이 역동적으로 구현해내는 일치와 친교에 참여하도록 하기 위해, 즉 하느님 당신이 누리는 행복을 향유하도록 하기 위해 인간을 가족, 즉 아버지, 어머니, 자녀로 구성되는 공동체 생활로 초대하신 것입니다.

이렇게 하느님 자신이 일치를 이루는 가족인 것처럼, 인간도 가족을 이룸으로써 구원의 삶을 성취하라는 뜻입니다. 하느님처럼 살라, 하느님처럼 살 수 있다는 의미이지요. 가족의 상황이 아무리 힘들고 어렵다고 하더라도, 아니 그럴수록 그것을 통과해 나가며 자유와 해방의 인간으로 성장해 가라는 메시지입니다. 그래서 그리스도교의 관점에 볼 때, 가족은 복음입니다. 해방의 길이지요. 타자로부터 태어나고 타자 때문에 살아가고 타자를 위해 죽는 것이 인간이 성취할 수 있는 최고의 자유이며 행복이라는 사실이 계시되고 구현되는 장소는 다름 아닌 가족이지요. 나의 '처음'이 기쁜 소식으로, 기쁨으로 내 존재가 시작되었다는 사실을 우리가 잘 알아볼 수 있을 때, 아무리 어려운 삶의 환경에서도 기대와 희망은 건재하게 됩니다. 기쁨의 기억은 나의 현재를 보존하고 나의 미래를 구축해 가는 데에 있어서 힘과 빛이 되는 거지요. 인간의 가장 근원적인 기억은 하느님의 창조를 담고 있습니다. 이러한 관점에서 가족을 질문할 필요가 있다고 말씀드리고 싶네요.

__ 허수정

저는 종교적인 측면에서 어떤 주제를 다룬다는 것이 다소 추상적이고 비현실적이라는 생각을 할 수 있기에 이 세미나를 시작하면서 가족에 대한 종교와 인문학이 함께 찾아갈 수 있는 접점이 무엇일까 라는 궁금함이 있었습니다. 그런데 이번 종교와 인문학의 대화 안에서 알게 된 것은 가족에 대한 연구가 현실의 가족을 반영하고 보다 더 가정 안으로 다가갈 수 있는 가족에 대한 인간적인 시도였다고 봅니다.

그리고 카나 혼인강좌를 할 때 한 쌍의 선남선녀를 보게 되는데, 그 분들이 결혼하더라도 아이를 낳을지, 또 그들의 결혼 적령기가 늦어지는 것에 대해 약간은 염려를 하게 되는데요, 그렇게 바라보는 저의 시선도 좀 바뀌어야하지 않나 라는 생각도 했고, 교회가 사회에서 품지 못하는 사람들을 가족으로 맞아들이는 역할을 계속해야 하지 않을까, 그것이 우리가 계속 수행해야 할 미션이라 생각합니다.

__ 정규현

사실은 동성애에 대한 고민도 많이 했고, 교회 안에서 정상이 아닌 가족을 정상 범주 안으로 받아들인다는 것이 어렵다는 것도 알고 있습니다. 이 지점에서 가정 사목의 역할들에 대해서 고민을 했고요. 우리가 그렇게 구분하고 제시하고 있는 이유는 하느님에 대한 역사 체험에서 나온 성경 안에서 계신 하느님의 질서 때문에 그렇습니다. 우리가 이것을 포기하지 않는 한, 정상 가족 범주 바깥에 있는 사람들이 편안한 마음으로 초대에 응하는 것도 쉽지 않을 것이라는 것도 인정하고 있습니다.

교회는 죄인들의 공동체이기 때문에 스스로 죄인이라고 느끼는 사람들에게 언제나 문이 열려있다고 말하며 그들을 초대하지만, 이것은 저희의 관점일 뿐이지 다른 사람들은 그렇게 느끼지 않으리라는 것도 알고 있습니다. 다만 저는 사목을 하는 입장에서 교회가 수호하고자 하는 가치를 포기하지 않으면서도, 그들이 손을 편안하게 잡을 수 있는 장치를 마련해주고 자유롭게 문턱을 넘나들 수 있도록 도움을 주는 역할을 맡고 싶습니다. 아직 그 방식에 대해서는 잘 모르겠지만, 저희가 해야 할 일은 바로 이런 것은 아닐지 고민해봅니다.

__ 최종훈

저는 사실 가정 사목 혹은 가족에 대해서 별로 고민해보지 않았어요 왜냐하면 내 일이 아니니까요. (웃음) 어쩌다가 세미나에 참여하게 된 것이죠.

제가 주로 하는 일은 성격에 대한 해석을 하는 것입니다. 그런데 제가 공부하면서 계속 느끼는 것은 해석들은 언제나 지금을 반영해야 된다는 것입니다. 성경은 5천 년 전에 씌여진 것이지만 바로 지금의 관점에서 성경을 새롭게 바라보고 해석해야만 생명력을 가질 수 있다는 것이죠.

이 글을 작성하면서 나의 생각과 교회의 입장에 대한 것들을 얘기하기보다는 지금을 반영할 수 있기를 바라는 마음에서 교수님들의 글들을 읽고 키워드들을 뽑아봤습니다. 최대희 교수님께서는 국가주의 이후에 모든 인간이 이주적 삶을 살아간다는 모티브를 던져주셨습니다. 성경 안에서도 "떠남"은 가족을 구성하는 중요한 주제입니다. 창세기의 마지막 구절에 모든 남자와 여자는 자기의 부모를 떠나 한 몸이 된다는 구절이 있거든요.

또 류도향 교수님과 추주희 교수님께서는 "공간" 개념을 제시해 주셨는데, 가족 안에도 심리적 공간 혹은 관계적 공간이 있다는 생각을 가지게 되었고, 이 공간이 어떻게 보면 가족 안에서 굉장히 중요한 몫이 될 수 있겠다고 느꼈습니다. 가족은 물리적 공간뿐만 아니라 심리적 공간, 관계적 공간이 되어야 하고, 같음과 다름을 나누고 나눔 속에서 일치를 이룬다는 믿음을 형성할 공간이 되어야 한다고 생각합니다.

이러한 문제의식을 성경 안에서 "갈빗대"의 비유를 통해 해석해 보았습니다. 남자의 갈비뼈를 뽑아 남자의 살을 메꾸고, 그 갈비뼈로 여자를 만드는 창조 행위는 공간적 다름과 공간적 같음의 일치를 모두 보여주고 있습니다.

저는 이 모임이 가정 사목의 발전 혹은 성경을 해석하고 신학을 발전시켜 나가기 위한 중요한 모티프가 되었으면 좋겠다고 생각합니다. 다른 신부님들께도 '이렇게 다른 시선으로 바라보고 다른 형식에서 신앙을 바라볼 수 있는 사목도 있습니다'라고 말할 수 있는 계기가 되었으면 좋겠어요. 성경을 연구하고 성경을 해석하는 입장에서 저는 이번 기회를 통해 교회가 우리 안에서만 머물렀던 시선을 다양한 시각으로 채울 수 있었으면 하는 바람입니다.

__ 최대희

저는 개인적으로 사목 활동을 하고 계신 신부님, 수녀님이 정말 존경스럽고 또한 감사한 마음을 가지고 있습니다. 교회는 분명 다양한 가족을 품어내기 위한 혼신의 노력을 다하고 있고 또 엄청난 성과도 이루고 있습니다. 제가 앞에서 한 몇몇 지적들이 교회의 이러한 노력에 대한 조그마한 폄훼로도 이해되지 않았으면 합니다. 저는 만남에 내재되어 있는 가능성을 강조하는 것으로 이야기를 마무리 짓고자 합니다. 최근 뇌과학의 연구를 보면, 사람이 사람과 눈을 마주치고 대화를 하면 자연스레 사랑과 연대의 정신이 싹튼다고 합니다.

우리가 서로 만나 대화를 하게 되면, 아기 때부터 가지고 있는 뇌 안의 돌기가 서로 연결이 돼서 시냅스를 활발하게 형성하게 된다고 합니다. 비대면보다 대면으로 직접 사람을 만나면, 뇌파가 더욱 강렬

해지고 시냅스가 활성화된다고 합니다. 사람들은 바로 이러한 과정에서 서로 영향을 주고받으면서 연대의 정신, 사랑의 정신을 형성해 나간다고 합니다. 전남대학교 인문학연구원과 광주가톨릭교회가 가족을 바라보는 관점에서 서로 차이가 있을 수 있지만 그럼에도 서로 만나 눈을 맞추게 된 것은 매우 소중한 성과인 것 같습니다. 이러한 만남을 통해 우리 사이에 연대와 친교의 가능성이 더욱 넓어졌을 것이라고 믿고 싶습니다.

— 류도향

네, 아쉽지만 대담을 마쳐야 할 시간이 되었습니다. 진지하고 풍성한 얘기를 나누다보니 약속한 3시간이 너무 짧게 느껴지네요. 함께 해주신 모든 분들 수고 많으셨습니다. 우리가 함께 나눈 시간과 노력이 책으로 엮어져서 가족에 대해 더 많은 이야기를 나누는 계기가 되었으면 좋겠습니다. 감사합니다.

저자 약력

류도향 전남대 인문학연구원 교수
오영은 전남대 인문학연구원 HK연구교수
정미라 전남대 철학과 교수
최대희 전남대 인문학연구원 HK연구교수
추주희 전남대 인문학연구원 HK연구교수
한의숭 전남대 인문학연구원 교수
김상용 광주가톨릭대학교 교수
김정용 전) 천주교 광주대교구청 사목국장
현) 광주가톨릭대학교 교수
정규현 천주교 광주대교구청 사목국 부국장
정영빈 전) 천주교 광주대교구청 사목국 부국장(가정 사목 담당)
최종훈 천주교 광주대교구청 사목국 부국장
허수정 전) 천주교 광주대교구청 가정 사목 담당수녀(예수의 까리따스수녀회)
현) 천주교 광주대교구청 성사 담당수녀

전남대학교 인문학연구원 HK+가족커뮤니티사업단 시민문화총서 4

우리 시대의 가족을 묻다:
인문학과 종교의 대화

인 쇄 2022년 2월 25일
발 행 2022년 2월 28일

저 자 류도향·오영은·정미라·최대희·추주희·한의숭
김상용·김정용·정규현·정영빈·최종훈·허수정
발행인 정성택
발행처 전남대학교출판문화원

등 록 1981. 5. 21. 제53호
주 소 61186 광주광역시 북구 용봉로 77
전 화 (062) 530-0571~2
마케팅 (062) 530-0573
팩 스 (062) 530-0579
홈페이지 http://www.cnup.co.kr
이메일 cnup0571@hanmail.net

값 17,000 원

ISBN 978-89-6849-869-5 (93330)

이 저서는 2018년 대한민국 교육부와 한국연구재단의 지원을 받아 수행된 연구임
(NRF-2018S1A6A3A04042721)